고1,2
주제별
영어독해

역사가 반복되듯
수능도 반복된다!

고1,2 역대 7개년 모의고사, 공무원
반복되는 주제를 엄선하여 학문별 분류

배경 지식과 영어 독해를 한 방에!

◀ 불안해? 스트레스 받아? 화나? 그럼 하품해~! (생물)

◀ 어떻게 핑크 코끼리를 모르는 척 할 수 있어? (언어)

◀ 솔직히 내가 예쁜건 아니지만 좀 귀엽긴 하지? (심리)

#빅테이터 #우선순위 #빈출순

수능X내신 고등영단어

수능, 내신, EBS 연계 교재,
교육부 지정 어휘 모두 포함

수능X내신 고등 영단어

저자: 김찬수

편집: 타보름 교육 편집팀

발행인: 이선미

발행일: 초판 1쇄 2021년 11월 10일

           2쇄 2023년 2월 20일

발행처: 타보름 교육

단어장 설명

1. 수능, 내신, EBS 연계교재의 빈출 필수 영단어 10,000개 포함

2. 자주 사용되는 순서대로 2,500단어씩 총 4개의 파트로 구분

3. 유사 어원/파생어군 통합 배치하여 암기 작업 최소화

4. 독해에 꼭 필수적인 뜻만 포함하여 불필요한 암기 최소화

5. 1페이지에 25단어씩 동일하게 배치

6. 단어 테스트지 생성기 무료 다운로드 http://taborm.com

목차

※두뇌 최적화 암기 요령

1. 쓰지 않고 눈으로만 보고 외운다.

2. 한 번 외우고 10분 이내에 복습한다.

3. 다음날까지 3번 이상 복습한다.

4. 시간을 측정하면서 최대한 빨리 외운다.

+@ 단어 테스트지를 풀어본다.

	in order to V in.ɔr.dər.tə	~하기 위하여	1
	in order that in.ɔr.dər.ðæt	~하기 위하여	2
부	**thus** ðʌs	따라서	3
접	**in that** in.ðæt	~라는 점에서	4
접	**so that** soʊ.ðæt	그래서, ~하려고	5
접	**now that** naʊ.ðæt	~이므로	6
동	**do away with** də.ə.weɪ.wɪθ	~을 없애다[버리다]	7
동	**do without** də.wɪð.aʊt	~없이 지내다	8
동	**undo** ʌn.du	풀다, 되돌리다 ③ undo | undid | undone	9
	dos and don'ts dɒs.ənd.doʊnts	행동 수칙	10
동	**be likely to** bi.laɪk.li.tu	~할 것 같다	11
형부	**likewise** laɪk.waɪz	마찬가지로, 또한	12
형	**unlike** ən.laɪk	다른, 같지 않은	13
형부	**alike** ə.laɪk	비슷한, 닮은, 같게	14
형	**unlikely** ʌn.laɪ.kli	~할 것 같지 않은	15
명	**likelihood** laɪk.li.hʊd	가능성, 십중팔구	16
동	**dislike** dɪs.laɪk	싫어하다	17
형	**like-minded** laɪk.maɪnd.ɪd	마음 맞는	18
	on the other hand ɑn.ði.ʌð.r.hænd	다른 한편으로는	19
부	**otherwise** ʌð.r.waɪz	그렇지 않으면, 다르게	20
	one another wʌn.ə.nʌð.r	서로(서로)	21
부	**sometimes** sʌm.taɪmz	때때로	22
부	**somewhere** sʌm.wer	어딘가에, 대략	23
부	**somehow** sʌm.haʊ	어떻게든, 어쨌든, 왠지	24
부	**someday** sʌm.de	언젠가, 훗날	25

형/부	**sometime** sʌm.taɪm	언젠가, 이전의	26
부	**somewhat** sʌm.wət	약간, 어느 정도	27
부	**someplace** sʌm.pleɪs	어딘가에	28
동	**have to V** həv.tə	~해야 하다	29
동	**had better V** həd.be.tər	~하는 편이 낫다	30
동	**have difficulty ~ing** həv.dɪ.fɪk.əl.ti	~하며 고생하다	31
동	**have to do with** həv.tə.də.wɪθ	~와 관련 있다	32
동	**be able to V** bi.eɪb.l.tə	~할 수 있다	33
명	**ability** ə.bɪ.lə.ti.tə.vi	능력	34
동	**enable** e.neɪb.l	가능하게 하다	35
형	**unable** ʌ.neɪb.l	~할 수 없는, 무능한	36
명	**inability** ɪ.nə.bɪ.lə.ti	무능, 무력	37
명	**disability** dɪ.sə.bɪ.lə.ti	무능, 무자격, 장애	38
동	**disable** dɪ.seɪb.l	무력하게 하다, 불구로 만들다	39
형	**disabled** dɪ.seɪb.ld	불구의, 고장난	40
동	**rehabilitate** ri.hə.bɪ.lə.tet	재활하다	41
	not only ~ but also nɑt.oʊn.li ~ bət.ɒls.oʊ	~뿐만 아니라 ~도	42
	not just ~ but also nɑt.dʒəst ~ bət.ɒls.oʊ	~뿐만 아니라 ~도	43
부	**nonetheless** nʌn.ðə.les	그럼에도 불구하고	44
명/부	**none** nən	없(-다), 않(-다)	45
전/부	**notwithstanding** nɑ.twɪθ.stænd.ɪŋ	그럼에도 불구하고	46
	not at all nɑt.ət.ɔl	전혀 아닌, "전혀"	47
	none at all nən.ət.ɔl	전혀 없는[않는], "전혀"	48
동	**be good at** bi.ɡʊd.æt	~에 능숙하다	49
	at best ət.best	잘 해봐야	50

명	goody (pl. goodies) gu.di	맛있는 것	51
동	be better for bi.be.tər.fər	~에 좋다	52
형	better off be.tər.ɒf	더 잘 사는	53
동	do one's best də.wʌnz.best	최선을 다하다	54
형	good for nothing gʊd.fər.nʌ.θiŋ	쓸모 없는	55
	in ~ing in	~하는데 있어서, ~할 때	56
형	inner ɪ.nər	내부의, 내적인	57
	in 색상 in	~색으로, ~색 옷 입고서	58
형	insofar ɪn.səfar	~하는 한	59
	in most ɪn.moʊst	대부분	60
형	innermost ɪ.nəmoʊst	가장 깊은	61
동	be into bi.ɪn.tu	~에 관심가지다	62
동	come from kəm.frʌm	~출신이다, ~에서 오다	63
동	overcome oʊv.ə.kʌm	극복[정복]하다 ③ overcome | overcame | overcome	64
동	come to kəm.tu	~이 되다, ~에 오다	65
동	come in kəm.ɪn	들어오다	66
동	come up kəm.ʌp	나오다, 생기다	67
동	come at kəm.æt	오다, 덤비다	68
동	come into kəm.ɪn.tu	~하게 되다, ~로 들어가다	69
동	come up with kəm.ʌp.wiθ	~을 마련하다, 떠올리다	70
동	come about kəm.ə.baʊt	생기다, 이뤄지다	71
동	come down kəm.daʊn	내리다, 떨어지다	72
형	upcoming ʌpk.əm.ɪŋ	임박한, 다가오는	73
동	come across kəm.ə.krɒs	~을 우연히 보다, 제공하다	74
동	come as kəm.æz	~이다	75

4

동	come down with <small>kəm.daʊn.wɪθ</small>	병 걸리다, 내놓다	76
동	come on <small>kəm.ɑn</small>	"빨리", 나오다, 작동하다	77
동	come together <small>kəm.tə.ge.ðər</small>	합치다, 모이다	78
명	comeback <small>kʌm.bæk</small>	복귀, 재기	79
명	newcomer <small>nuk.ʌ.mər</small>	신인, 이민자	80
동	come by <small>kəm.baɪ</small>	~을 얻다, 들르다	81
동	come close to <small>kəm.kloʊs.tu</small>	~에 근접하다	82
동	come up to <small>kəm.ʌp.tu</small>	~에 이르다[오다]	83
동	come upon <small>kəm.ə.pɑn</small>	~을 우연히 보다, 오다	84
동	come in handy <small>kəm.ɪn.hæn.di</small>	도움되다	85
동	come naturally to <small>kəm.næ.tʃə.rə.li.tu</small>	~에게 쉽다	86
동	come off <small>kəm.ɔf</small>	떼어지다, 성공하다	87
동	come to terms with <small>kəm.tə.tɜrmz.wɪθ</small>	~와 타협하다	88
동	come under fire <small>kəm.ʌndə.r.faɪər</small>	비난 받다	89
동	work on <small>wɜk.ɑn</small>	진행[열중]하다	90
명	work(s) of art <small>wɜk.es.əv.ɑrt</small>	예술 작품	91
동	work at <small>wɜk.æt</small>	~에 일하다[몰두하다]	92
명	workplace <small>wɜk.pleɪs</small>	직장, 작업장	93
	at work <small>ət.wɜk</small>	직장[업무]에서, 작동하는	94
동	work out <small>wɜk.aʊt</small>	운동하다, 잘 풀리다	95
명	workshop <small>wɜk.ʃɑp</small>	작업장, 연수회	96
명	workout <small>wɜk.aʊt</small>	운동, 연습	97
명	working-class <small>wɜk.ɪŋ.klɑs</small>	노동자 계급의	98
명	coworker <small>kowɜrkər</small>	동료	99
동	work up <small>wɜk.ʌp</small>	~을 내다, 자극하다	100

영	workforce wɜːk.fɔːrs	노동력	101
영	workload wɜːk.loʊd	작업량	102
영	workflow wɜːk.floʊ	작업 흐름	103
동	overwork oʊv.ə.wɜːk	과로하다	104
동	get[set] to work get[set].tə.wɜːk	업무에 착수하다	105
형	hard-working wɜːrkɪŋ	근면한	106
형	irksome ɜːk.səm	귀찮은, 지루한	107
형	out-of-work aʊt.əv.wɜːk	실직 중인	108
동	be willing to V bi.wɪl.ɪŋ.tə	~을 기꺼이 하다	109
부	willingly wɪ.lɪŋ.li	자진해서, 기꺼이	110
형	unwilling ʌn.wɪl.ɪŋ	내키지 않는	111
영	willingness wɪ.lɪŋ.nəs	기꺼이 함	112
영	willpower wɪl.pɑ.wər	의지력	113
영	goodwill gʊ.dwɪl	호의, 친선	114
형	wilful = willful wɪl.fəl	고의의, 고집 센	115
형	freewill fri.wɪl	자유 의지의	116
형	would-be wʊd.bi	~지망의, 자칭 ~, ~할 작정인	117
동	would sooner A than B wʊd.su.nər.ðən	B 하느니 A 하겠다	118
	for ~ing fər	~하는데, ~하느라	119
	for the first time fər.ðə.fɜːst.taɪm	처음으로	120
	for a while fər.ə.waɪl	잠시 동안	121
동	take place teɪk.pleɪs	시행[개최]되다	122
동	take away teɪk.ə.weɪ	~을 빼앗다, 없애다	123
동	take over teɪk.oʊv.r	대신하다, 빼앗다	124
영	takeover teɪko.ʊ.və	인수인계, 탈취	125

	영어	뜻	번호
동	take advantage of teɪk.æd.væn.tɪdʒ.ʌv	~을 이용해 먹다	126
동	take care of teɪk.ker.ʌv	~을 돌보다[맡다]	127
동	take into account teɪk.ɪn.tu.ək.aʊnt	~을 고려하다	128
동	take in teɪk.ɪn	섭취하다, 들이다	129
명	intake ɪn.tek	섭취(량), 흡입	130
명	uptake ʌp.tek	이해, 흡수	131
동	take part (in) teɪk.pɑrt.ɪn	참가하다	132
동	take up teɪk.ʌp	차지[계속]하다	133
동	undertake ʌn.dər.tek	책임지다, 착수하다 ③ undertake | undertook | undertaken	134
동	take after teɪk.æf.tər	~을 닮다[쫓다]	135
동	take apart teɪk.ə.pɑrt	분해하다	136
동	take off teɪk.ɒf	이륙하다, 벗다, 쉬다	137
동	overtake oʊv.ə.teɪk	추월[압도]하다 ③ overtake | overtook | overtaken	138
동	take a trip teɪk.ə.trɪp	여행하다	139
동	take a[the] risk (of) teɪk ə[ði:] rɪsk.ʌv	위험을 감수하다	140
동	take aback teɪk.ə.bæk	깜짝 놀라다	141
동	take down teɪk.daʊn	내리다, 걷어내다, 기록하다	142
동	take for granted teɪk.fər.græn.təd	~을 당연시하다	143
동	take notice of teɪk.noʊ.tɪs.ʌv	주목하다	144
동	take out teɪk.aʊt	가지고 나가다, 빼다, 얻다	145
명	takeout teɪk.ɑʊt	포장 음식(점)	146
동	take pride in teɪk.praɪd.ɪn	~이 자랑스럽다	147
동	take a close look at teɪk.ə.kloʊz.lʊk.æt	~을 자세히 보다	148
동	take a picture teɪk.ə.pɪk.tʃər	사진을 찍다	149
동	take against teɪk.ə.genst	~에 대항하다	150

품사	단어	뜻	번호
동	**take sides** teɪk.saɪdz	편들다	151
동	**take the place of** teɪk.ðə.pleɪs.ʌv	~을 대신하다	152
명	**undertaker** ʌn.dər.teɪkər	장의사, 인수인	153
명	**party** pɑr.ti	정당, 단체, 잔치	154
명	**department** də.pɑrt.mənt	부서, 학과	155
명	**partnership** pɑrt.nər.ʃɪp	동업 관계	156
명	**counterpart** kaʊn.tər.pɑrt	상대(방), 대응물, 사본	157
형	**third-party** θɝd.pɑr.ti	제3자의	158
동	**partake** pɑrteɪk	참가하다 ③ partake | partook | partaken	159
동	**participate** pɑrtɪ.sə.pet	참가하다	160
명	**participant** pɑrtɪ.sə.pənt	참가자	161
명	**participation** pɑrtɪ.sə.peɪʃ.n	참여, 참가	162
형	**participatory** pɑr.tɪ.sə.pə.tɔ.ri	참가하는	163
형|부	**partly** pɑrt.li	부분적으로, 조금은	164
형	**partial** pɑr.ʃl	부분[편파]적인	165
명	**partiality** pɑr.ʃi.æ.lə.ti	편애, 편파	166
형|부	**apart** ə.pɑrt	떨어져, 분리된, 별개로	167
전	**apart from** ə.pɑrt.frʌm	~빼고는	168
동	**depart** də.pɑrt	출발하다, 떠나다	169
명	**departure** də.pɑr.tʃər	떠남, 출발, 벗어남	170
명	**partition** pɑrtɪʃ.n	칸막이, 분할	171
명	**compartment** kəm.pɑrt.mənt	구획, 칸막이	172
형	**part-time** pɑrt.taɪm	시간제의	173
동	**impart** ɪm.pɑrt	알리다, (나눠)주다	174
형	**impartial** ɪm.pɑr.ʃl	공정한, 편견 없는	175

명	**impartiality** ɪm.pɑr.ʃi.æ.lə.ti	공정(성), 공평	176
명	**personality** pər.sə.næ.lə.ti	개성, 성격, 기질	177
형	**interpersonal** ɪn.tər.pɝ.sən.l̩	대인관계의	178
명	**persona** pərso.u.nə	등장 인물, 사람, 인성	179
명	**personnel** pər.sə.nel	인사(과), 인력, 직원	180
형	**impersonal** ɪm.pɝ.sən.l̩	비인간적인, 비특정인의	181
명	**personalization** pər.sə.nə.lə.zeɪ.ʃən	개인화	182
동	**personalize** pɝ.sə.nə.laɪz	개인화[인격화]하다	183
	in person ɪn.pɝ.sn̩	직접적으로	184
명	**숫자-person** pɝ.sn̩	~인칭	185
동	**be used to V** bi.just.tə	~에 사용되다	186
동	**be used to ~ing** bi.just.tu	~하는데 익숙하다	187
동	**get used to ~ing** get.just.tu	~에 익숙해지다	190
동	**used to V** just.tə	~하곤 했다	188
동	**use up** juz.ʌp	~을 다 쓰다	189
형	**useful** ju.sfəl	유용한	191
형	**useless** ju.sləs	쓸모없는	192
동	**reuse** ri.jus	재사용[재생]하다	193
형	**reusable** ri.u.zəb.l̩	재사용 가능한	194
명	**usage** ju.sədʒ	사용, 활용, 용도	195
명동	**misuse** mɪ.sjuz	오용[남용, 학대](하다)	196
형	**unused** ʌ.njuzd	미사용의, 미숙한	197
동	**overuse** ouv.ə.juz	과용[남용]하다	198
명	**usability** ju.zə.bɪ.lə.ti	실용성	199
형	**usable** ju.zəb.l̩	사용 가능한	200

명	usefulness ju.sfəl.nəs	유용성	201
명	end-user end.juz.ər	소비자	202
동	peruse pə.ruz	정독하다	203
	so far sou.far	지금까지	204
	so[as] far as sou.far.æz	~하는 한, ~라고 까지	205
	with all wɪθ.ɔl	~에도 불구하고	206
명	widow wɪdo.ʊ	과부	207
명	widower wɪdo.ʊə	홀아비	208
	less than les.ðæn	~미만의	209
접	unless ən.les	~이 아니라면	210
접	lest lest	~하지 않게, ~할까봐	211
동	lessen les.ŋ	줄(이)다	212
	much less mʌtʃ.les	더 적은, 하물며	213
	no less nou.les	마찬가지로, 역시	214
	a little ə.lɪt.l̩	조금, 약간	215
동	belittle bə.lɪt.l̩	얕보다	216
명	interaction ɪn.tə.ræk.ʃŋ	상호작용, 교류	217
동	react ri.ækt	반응[대답]하다	218
형	active æk.tɪv	활동적인, 유효한	219
명	reaction ri.æk.ʃŋ	반응, 반발	220
동	activate æk.tə.vet	활성화[작동]하다	221
동	deactivate di.æk.tɪ.vet	비활성화[정지]시키다	222
동	interact ɪn.tə.rækt	상호작용[소통]하다	223
형	interactive ɪn.tə.ræk.tɪv	상호적인	224
명	activation æk.tə.veɪʃ.ŋ	활성화	225

10

통	act as ækt.æz	~의 역할을 하다	226
형	actionable æk.ʃə.nəb.l	소송[기소]가능한	227
명	activist æk.tɪ.vəst	운동가	228
통	enact e.nækt	입법하다	229
명	enactment e.nækt.mənt	입법	230
형	inactive ɪ.næk.tɪv	비활성의, 나태한	231
명	inaction ɪ.næk.ʃn	나태, 무행동	232
통	overreact oʊv.r̩.ri.ækt	과잉 반응하다	233
형	proactive proʊ.æk.tɪv	사전의, 예행의	234
통	transact træn.zækt	처리[거래]하다	235
명	transaction træn.zæk.ʃn	처리, 거래	236
명	reactor ri.æk.tər	원자로	237
형	reactive ri.æk.tɪv	반응하는	238
통	counteract kaʊn.tə.rækt	대처[해소]하다	239
통	act out ækt.aʊt	실행하다	240
명	Act ækt	법령, 조례	241
부	anyway e.ni.we	어쨌든, 결국	242
부	anyhow e.ni.haʊ	어쨌든, 아무렇게나	243
	any given e.ni.gɪv.n	어떤 ~(상황)에서도	244
	any longer e.ni.lɔŋ.gər	더 이상	245
통	go on goʊ.ɑn	계속하다, ~에 가다	246
통	go out goʊ.aʊt	나가다, 탈락하다	247
통	undergo ʌn.dərgo.ʊ	겪다, 견디다 ③ undergo | underwent | undergone	248
통	go through goʊ.θru	통과하다, 겪다, 가다	249
통	go ahead goʊ.ə.hed	진행하다, 앞서다	250

품사	단어	뜻	번호
동	**go for** gou.fɔr	~하러 가다, ~을 좋아하다	251
형	**bygone** baɪ.ɡɑn	과거의	252
동	**go over** gou.ou.r	~로 건너가다, 검토하다	253
동	**forgo** fɔrɡo.ʊ	포기하다, ~없이 살다 ③ forgo | forwent | forgone	254
명	**goer** ɡou.ə	행인	255
형	**ongoing** ɑn.ɡou.ɪŋ	진행 중인	256
형	**outgoing** aʊtɡo.ʊŋ	출발하는, 외향적인	257
형	**easy-going** ɡouɪŋ	느긋한, 게으른	258
동	**go at** ɡou.æt	~에 열중하다	259
동	**go by** ɡou.baɪ	~타고 가다, 지나가다	260
동	**go in** ɡou.ɪn	~로 들어가다	261
동	**go into** ɡou.m.tu	업계[검토, 장소]에 들어가다	262
동	**go off** ɡou.ɑf	떠나다, 터지다	263
동	**go through the roof** ɡou.θru.ðə.ruf	치솟다	264
동	**go under** ɡou.ʌnv.r	파산하다, 가라앉다	265
	and then ənd.ðen	그러고는	266
	and so on ənd.sou.ɑn	기타 등등	267
	no longer nou.lɔŋ.ɡər	~을 더는 않(-하다)	268
동	**long for** lɔŋ.fɔr	갈망하다, 그립다	269
동	**prolong** prə.lɔŋ	연장하다[시키다]	270
	in the long run ɪn.ðə.lɔŋ.rən	결국에는	271
부	**long before** lɔŋ.bɪ.fɔr	오래 전에	272
동	**elongate** ə.lɔŋ.ɡet	늘리다	273
명	**longevity** lɔn.dʒev.ət.i	장수, 수명	274
명	**longitude** lɑndʒ.ə.tud	경도 *지구의 동서 위치	275

형	long-standing ˈlɔːŋ.stændɪŋ	오래된	276
형	long-range ˈlɔːŋ.reɪndʒ	장기적인, 장거리의	277
형	long shot ˈlɔːŋ.ʃɑt	승산 없음	278
명	length leŋkθ	길이, 시간	279
형	lengthy ˈleŋ.θi	장황한, 긴	280
동	lengthen ˈleŋ.θən	연장하다	281
	at length ət.leŋkθ	길게, 상세히	282
형부	lengthwise ˈleŋ.θwaɪz	세로의, 길게	283
동	linger ˈlɪŋ.ɡər	시간 보내다, 오래 남다	284
	about 숫자 əˈbaʊt	대략 ~쯤	285
	at about ət.əˈbaʊt	쯤에	286
형	selfish ˈself.ɪʃ	이기적인	287
명	selfishness ˈself.ɪʃ.nəs	이기주의, 이기심	288
형	unselfish ʌnˈsel.fɪʃ	이타적인	289
	by oneself baɪ.wʌnˈself	홀로 *by itself 저절로	290
동	may have p.p meɪ.həv.pi..pi	~했을지 모른다	291
동	may well V meɪ.wel	~하는 것은 당연하다	292
형	mighty ˈmaɪ.ti	강한, 굉장한	293
형	almighty ɔlˈmaɪ.ti	전능한	294
동	make sure meɪkˈʃʊr	확실히 하다	295
동	make sense meɪkˈsens	말[이해] 되다	296
동	make up for meɪk.ʌpˈfɔr	~을 보상[보충, 대체]하다	297
동	make a difference meɪk.əˈdɪ.fə.rəns	차이[변화]를 만들다	298
동	make (both) ends meet meɪk.boʊθˈendzˈmit	수지타산 맞다	299
동	make for meɪkˈfɔr	~에 기여하다, ~로 향하다	300

통	make of meɪk.ʌv	~라 생각하다, (~로) 만들다	301
통	make up meɪk.ʌp	화장하다, ~을 이루다	302
통	make a[the] case for meɪk.ə[ðiː].keɪs.fɔr	~을 정당화[입증]하다	303
통	make a point of meɪk.ə.pɔɪnt.ʌv	~을 꼭 하다	304
통	make believe meɪk.bə.liv	~인 체하다	305
통	make do with meɪk.də.wɪθ	~로 때우다	306
통	make happen meɪk.hæ.pən	실현하다	307
통	make one's way meɪk.wʌnz.weɪ	출세하다, 가다	308
통	make over meɪk.oʊv.r	바꾸다, 내다, 건네다	309
통	remake ri.meɪk	개조하다	310
형	man-made meɪd	인공의	311
형	human-made hju.mən.meɪd	인간이 만든	312
통	make a allowances for meɪk.ə.ə.laʊən.səz.fɔr	~을 감안하다	313
통	make a fortune meɪk.ə.fɔr.tʃən	부를 쌓다	314
통	make A into B meɪk.ə.ɪn.tu.bi	A를 B로 만들다	315
통	make off meɪk.nf	도망치다	316
통	make out meɪk.aʊt	~을 알다, 작성하다	317
통	make the most of meɪk.ðə.moʊst.ʌv	~을 최대한 이용하다	318
형	ready-made re.di.meɪd	기성품의	319
부	mostly moʊst.li	대개, 거의	320
형	utmost ʌtmoʊst	최대의, 최고의	321
	most often moʊst.əf.n	거의 항상[대부분]	322
형	uppermost ʌ.pəmoʊst	가장 위의	323
	at most ət.moʊst	기껏해야	324
	for the most part fɔr.ðə.moʊst.part	대부분	325

	단어	뜻	번호
명	way weɪ	방법, 길	326
동	convey kən.veɪ	나르다, 전달하다	327
전	via vaɪə	~을 경유[통]하여	328
	in this way ɪn.ðɪs.weɪ	이런 식으로	329
	no way noʊ.weɪ	절대 안 되는, "안 돼"	330
	by the way baɪ.ðə.weɪ	그런데, 도중에	331
	on the way ɑn.ðə.weɪ	도중에	332
	under way ʌnd.ɾ.weɪ	진행 중	333
	on one's way to ɑn.wʌnz.weɪ.tu	~로 가는 길에	334
형	one-way wʌn.weɪ	일방적인, 편도의	335
형	two-way tu.weɪ	양방향의, 쌍방의	336
형	halfway hæf.weɪ	중간에, 절반의	337
	in no way ɪn.noʊ.weɪ	결코 ~않(-다)	338
	way off weɪ.ɒf	잘못된, 먼	339
	the other way around ði.ʌð.ɾ.weɪ.ə.raʊnd	반대로	340
	숫자 times taɪmz	~번, ~배, ~곱하기	341
	at the same time ət.ðə.seɪm.taɪm	동시에	342
	in time ɪn.taɪm	제시간에	343
	on time ɑn.taɪm	제시간에	344
	at that time ət.ðət.taɪm	그때(에)	345
	by the time baɪ.ðə.taɪm	~(할)때에	346
	at times ət.taɪmz	가끔	347
	from time to time frəm.taɪm.tə.taɪm	가끔	348
형	timetable taɪm.teɪb.l̩	시간표	349
	for the time being fər.ðə.taɪm.biɪŋ	당분간	350

	영어	발음	뜻	번호
	in no time	m.nou.taım	즉시, 곧	351
형	real-time	ri.l.taım	실시간의, 동시의	352
형	time-consuming	taımk.ən.su.mıŋ	시간을 잡아먹는	353
형	all-time	taım	역대의	354
형	big-time	bıg.taım	일류의	355
	in the nick of time	ın.ðə.nık.əv.taım	아슬아슬한 때에	356
형	full-time	fʊl.taım	종일(의), 전임의, 상근의	357
	Long time no see	lɔŋ.taım.nou.si	"오랜만이야"	358
형	timely	taım.li	시기적절한	359
명	overtime	ouv.r.taım	초과 근무	360
명	timeline	taım.laın	일정, 연표	361
형	timeless	taım.ləs	영원한	362
	on scheduled time	ɑn.skedʒ.uld.taım	정시에	363
명	time difference	taım.dı.fə.rəns	시차	364
명	time span	taım.spæn	기간	365
명	pastime	pæ.staım	오락, 취미	366
명동	cause	kəz	원인, 유발하다	367
접	because	bıkɒz.ʌv	때문에	368
명동	excuse	ık.skjus	변명, 용서하다	369
형	causal	kɒz.l	인과적인	370
명형	cause-and-effect	kɒz.ənd.ı.fekt	인과 관계(의)	371
접	simply because	sım.pli.bıkɒz	~라는 이유만으로	372
형	alive	ə.laıv	살아있는, 활발한	373
형	lively	laı.vli	활발한, 의욕적인	374
동	live with	laıv.wıθ	~와 살다, 감내하다	375

동	live on laɪv.ɑn	~을 먹고 살다, ~에 살다	376
형	short-lived ʃɔrt.lɪvd	단명하는, 짧은	377
명	liveliness laɪ.vli.nəs	활기	378
명	nonliving nɑn.lɪv.ɪŋ	무생물	379
명	livelihood laɪ.vli.hʊd	생계(수단)	380
동	live by laɪv.baɪ	~에 따라 살다, ~로 먹고살다	381
동	live up to laɪv.ʌp.tu	~에 부응하다, ~까지 살다	382
형	long-lived lɔŋ.lɪvd	장수하는	383
동	outlive ɑwt.lɪv	~보다 오래 살다[남다]	384
동	enliven en.laɪv.n	활발하게 하다	385
형	different from dɪ.fə.rənt.frʌm	~와 다른	386
동	differ dɪ.fər	다르다	387
동	differ in dɪ.fər.ɪn	~에서 다르다	388
동	differ from dɪ.fər.frʌm	~와 다르다	389
부	differently dɪ.frənt.li	다르게	390
동	differentiate dɪ.fə.ren.ʃi.et	구별[차별]하다	391
형	indifferent ɪn.dɪ.frənt	무관심한, 공평한	392
형명	differential dɪ.fə.ren.tʃl	차별(적인)	393
명	indifference ɪn.dɪ.fə.rəns	무관심, 냉담	394
형	needy ni.di	가난한	395
	in need of ɪn.nid.ʌv	~가 필요하여	396
형	needless nid.ləs	불필요한	397
동	be familiar with bi.fə.mɪ.ljər.wɪθ	~에 익숙하다, ~을 잘 알다	398
형	unfamiliar ʌn.fə.mɪ.ljər	낯선, 모르는, 이상한	399
형	familial fə.mɪ.ljəl	가족적인	400

동	familiarize fə.mɪ.ljə.raɪz	익숙하게 하다	401
명	familiarity fə.mɪ.ljɛ.rə.ti	친밀, 익숙함	402
명	family name fæ.mə.li.neɪm	성씨	403
동	look familiar lʊk.fə.mɪ.ljər	낯이 익다	404
형	parental pə.ren.tl	부모의	405
명	parenting pe.rənt.ɪŋ	양육	406
명	parenthood pe.rənt.hʊd	부모 역할, 부모 자식 관계	407
명	motherhood mʌð.r.hʊd	어머니 노릇, 모성	408
명	mother-in-law mʌð.r.ɪn.lɔ	시어머니, 장모	409
명	stepmother step.mə.ðər	양어머니	410
형	maternal mə.tɜ.nl	모성의	411
명	matrix meɪ.trɪks	모체, 행렬	412
명	maternity mə.tɜ.nə.ti	모성	413
명	fatherhood fɑð.r.hʊd	아버지 노릇, 부성	414
명	father-in-law fɑð.r.ən.lɔ	시아버지, 장인	415
명	forefather fɔr.fɑ.ðər	조상	416
명	godfather gɑd.fɑ.ðər	대부	417
형	paternal pə.tɜ.nl	아버지의	418
명	paternity pə.tɜ.nə.ti	부성, 아버지임	419
명	spouse spaʊs	배우자	420
명	groom grum	신랑	421
명	bride braɪd	신부	422
명	daughter-in-law dɔr.tə.rɪn.lɔ	며느리, 의붓딸	423
명	son-in-law sʌn.ɪn.lɔ	사위, 의붓아들	424
형명	sibling sɪb.l.ɪŋ	형제자매(의)	425

18

명	**brotherhood** bɾʌ.ðəɾ.ʌd	형제애	426
명	**brother-in-law** ɹcl.nɪɾ.ðʌ.bɾʌ	매형, 형부, 처남	427
명	**sister-in-law** sɪ.stə.ɾɪn.lɔɾ	형수, 시누이	428
명	**nephew** ne.fju	남자 조카	429
명	**niece** nis	여자 조카	430
형부	**overall** ouv.ə.ɾɔl	전반적인, 전부, 종합적으로	431
	all over ɔl.ouv.ɹ	곳곳에	432
	almost all ɔlmoust.ɔl	거의 전부	433
	all but ɔl.bʌt	거의	434
	all along ɔl.ə.lɒŋ	내내, 처음부터	435
	all in all ɔl.ɪn.ɔl	대체로	436
	all-out ɒ.laut	전면적인	437
	all by oneself ɔl.baɪ.wʌn.self	혼자서	438
	all the way ɔl.ðə.weɪ	내내, 완전히	439
형	**all-in** ɪn	전부의	440
형	**all-in-one** ɔ.lɪn.wʌn	일체형의	441
명	**knowledge** nɑ.lədʒ	지식, 인지	442
형	**known as** noun.æz	~로서 알려진, ~라 불린	443
형	**known to** noun.tu	~에게 알려진	444
형	**known for** noun.fɔɾ	~로 알려진	445
형	**unknown** ənnoun	알려지지 않은, 셀 수 없는	446
형	**knowledgeable** nɑ.lə.dʒəb.l	많이 아는	447
형	**best-known** best.noun	가장 잘 알려진	448
형	**well-known** wel.noun	유명한	449
부	**knowingly** noun.li	고의로	450

동	know better than to V nou.be.tər.ðən.tə	~할 바보는 아니다	451
형	knowable nou.eıb.l	알 수 있는	452
동	look for luk.fər	~을 찾다[바라다]	453
동	overlook oυv.ə.luk	간과[감독]하다	454
동	look like luk.laɪk	~같다, ~을 닮다	455
동	look up luk.ʌp	찾다, 보다	456
동	look up to luk.ʌp.tu	~을 존경하다	457
동	look after luk.æf.tər	~을 돌보다	458
동	look in luk.ın	들르다	459
동	look into luk.ın.tu	~을 살펴보다	460
명	outlook aυt.luk	전망, 세계관	461
동	look back luk.bæk	돌아보다, 회고하다	462
형	good-looking gud.lukıŋ	잘 생긴	463
동	look on luk.ɑn	보다, ~라 여기다	464
동	look out luk.aυt	조심하다, 밖을 보다	465
동	look to luk.tu	~에 주의하다[기대하다]	466
동	look around luk.ə.raυnd	둘러[찾아]보다	467
동	look down on luk.daυn.ɑn	~을 깔보다	468
동	look through luk.θru	~을 통해 보다, 훑다	469
	such as sətʃ.æz	~와 같은	470
	such a (형) 명 sətʃ.ə	정말~, 이처럼~	471
	as such əz.sətʃ	이처럼	472
명	society sə.saɪə.ti	사회	473
명동	associate əso.υ.siət	제휴[연관, 교제]하다, 동료	474
동	be associated with bi.əso.υ.ʃieɪ.tɪd.wɪθ	~와 관련되다	475

명	association əso.u.ʃi.eɪʃ.n	협회, 연계, 제휴	476
형	associative əso.u.sia.tiv	결합된, 연관된	477
부	socially sou.ʃə.li	사회[사교]적으로	478
형	sociable sou.ʃəb.l	사교적인	479
명	socialism sou.ʃə.lɪ.zəm	사회주의	480
명	socialist sou.ʃə.lɪst	사회주의자	481
형	sociocultural sou.sio.uk.ʌl.tʃə.rəl	사회 문화적인	482
형	societal sə.saɪət.l	사회적인	483
동	socialize sou.ʃə.laɪz	사회화하다, 어울리다	484
명	sociology sous.i.ɑl.əd3.i	사회학	485
형	sociological sous.iə.lɑd3.ɪk.l	사회학적인	486
부	moreover mɔro.u.və	게다가	487
	more often than not mɔr.ɔf.n.ðɑn.nɑt	주로	488
	more or less mɔr.ɔr.les	거의, 대략	489
형	productive prə.dək.tɪv	생산적인	490
명	productivity prodək.tɪ.və.ti	생산성	491
명	producer prə.du.sər	생산자, 연출가	492
동	reproduce ri.prə.dus	재생[복제, 번식]하다	493
명	reproduction ri.prə.dək.ʃn	재생, 복제(품), 번식	494
형	reproducible ri.prə.dju.səb.l	재생[재현]가능한	495
형	reproductive ri.prə.dək.tɪv	생식의, 번식의	496
명	mass-production mæs.prə.dək.ʃn	대량 생산	497
명	by-product baɪ.prɑ.dəkt	부산물, 부작용	498
형	counterproductive kaun.tər.prə.dək.tɪv	역효과의, 비생산적인	499
명	overproduction ouv.r.prə.dʌk.ʃn	과잉 생산	500

명	underproduction ʌn.də.prə.dʌk.ʃn	저생산	501
형	unproductive ʌn.prə.dək.tɪv	무익한	502
부	therefore ðer.fɔr	그러므로, 그 결과	503
부	thereby ðer.baɪ	그 때문에	504
부	thereafter ðe.ræf.tər	그 후에	505
부	thereof θe.rəv	그것에 대하여	506
부	therein ðe.rɪn	그 안에	507
부	thereto ðeə.tu	거기에	508
	over there oʊv.r.ðer	저쪽에	509
	so there soʊ.ðer	그래서	510
명	means minz	수단, 소득	511
형동	mean min	의미[의도]하다, 비열한, 평균의 ③ mean | meant | meant	512
형	meaningful mi.nɪŋ.fəl	의미 있는	513
명부	meantime min.taɪm	그동안(에), 동시에, 한편	514
형	meaningless mi.nɪŋ.ləs	의미 없는	515
명	misdemeanor mɪs.də.mi.nər	경범죄	516
동	demean dɪ.min	비하하다	517
	by all means baɪ.ɔl.minz	어쨌든	518
	by means of baɪ.minz.ʌv	~을 써서	519
	by no means baɪ.noʊ.minz	~이 절대 아니(-다)	520
	at all ət.ɔl	조금도	521
	at least ət.list	적어도	522
	at first ət.fɜst	처음에는	523
동	realize ri.laɪz	깨닫다, 실현하다	524
	in reality ɪn.ri.æ.lə.ti	사실은	525

형	realistic riə.lɪ.stɪk	현실[실질]적인	526
부	realistically riə.lɪ.stɪk.li	현실적으로	527
명	realization ri.lə.zeɪʃ.n	실현, 깨달음	528
명	realism ri.lɪ.zəm	현실주의	529
명	surrealist sə.riə.lɪst	초현실주의자	530
형	unreal ʌn.ril	비현실적인	531
형	unrealistic ən.ri.lɪ.stɪk	비현실적인	532
형	unrealized ʌn.riə.laɪzd	미실현의	533
형	surreal sə.ril	초현실적인	534
명	thought θɔt	생각, 사상	535
동	think of θɪŋk.ʌv	~을 생각하다	536
동	think about θɪŋk.ə.baʊt	~에 대해 생각하다	537
명	thinker θɪŋkər	사상가	538
형	thoughtful θɔt.fəl	사려깊은, 신중한	539
형	unthinkable ʌn.θɪŋk.əb.l	상상할 수 없는	540
명	afterthought æft.ər.θɔt	뒷전, 뒤늦은 생각	541
명동	rethink ri.θɪŋk	재고(하다), 생각을 고치다	542
동	think back θɪŋk.bæk	되돌아보다	543
동	think highly of θɪŋk.haɪ.li.ʌv	~을 높이 평가하다	544
형	thoughtless θɔt.ləs	생각 없는	545
동	lead to led.tu	~을 야기하다, ~로 통하다	546
동	lead off led.ɒf	개시[시작]하다	547
명	leadership li.dər.ʃɪp	지도력	548
동	mislead mɪs.lid	오해시키다, 잘못 이끌다	549
부	solely soʊ.li	단지, 단독으로	550

형	**solitary** sɑ.lə.te.ri	혼자의	551
형	**singular** sɪŋ.gjə.lər	유일한, 독특한, 유례 없는	552
형명	**sole** soʊl	유일한, 발바닥	553
명	**solitude** sɑ.lə.tud	고독, 고립	554
형명	**solo** soʊloʊ	독주, 단독의	555
명	**singleton** sɪŋ.gəl.tən	단독, 독신	556
부	**twice** twaɪs	두 번, 두 배로	557
명	**duo** duo.ʊ	2인조	558
형	**dual** duəl	둘의, 이중의	559
명	**duality** du.æ.lə.ti	이중성	560
명	**duet** du.et	이중주, 한 쌍	561
명	**duel** duəl	결투	562
형	**secondary** sek.ən.de.ri	둘째의, 2차적인, 2류의	563
형	**second-hand** sekənd.hænd	간접적인, 중고의	564
명	**trinity** trɪ.nə.ti	삼위일체, 3인조	565
명	**trio** trio.ʊ	삼중주	566
명	**trilogy** trɪ.lə.dʒi	3부작	567
명	**quarter** kwɔr.tər	4분의 1, 분기	568
형	**quad** kwɑd	4개의	569
형	**quadruple** kwɑdrup.l̩	4겹의, 4배의	570
명	**decade** dek.eɪd	10년간	571
명	**millennium** mə.le.niəm	1,000년간	572
형	**myriad** mɪ.riəd	1만의, 무수한	573
명	**billion** bɪ.ljən	10억, 수십억(billions)	574
명	**trillion** trɪ.ljən	1조	575

명	factor fæk.tər	요소, 원인	576
	in fact ɪn.fækt	사실은	577
	as a matter of fact əz.ə.mæ.tər.əv.fækt	사실은	578
형	factual fæk.tʃuəl	사실[실제]적인	579
명	faculty fæk.əl.ti	능력, 태도, 교수진	580
명	feature fi.tʃər	특징, 생김새	581
명	relationship ri.leɪ.ʃən.ʃɪp	관계	582
형명	relative re.lə.tɪv	상대적인, 관련된, 친척	583
명	relation ri.leɪʃ.n̩	관계, 관련	584
부	relatively re.lə.tɪ.vli	비교적으로	585
명	relativity re.lə.tɪ.və.ti	관련성, 상대성 이론(Relativity)	586
형	unrelated ʌn.rə.leɪ.təd	관계 없는	587
동	relate rə.leɪt	관련시키다, 이해[이야기]하다	588
	in[with] relation to ɪn[wɪθ] ri.leɪʃ.n̩.tu	~에 비하여[관하여]	589
동	interrelate ɪn.tər.rə.leɪt	밀접하게 하다	590
명	correlation kɔ.rə.leɪʃ.n̩	상관관계	591
동	correlate kɔ.rə.let	연관이 있다	592
형	relational ri.leɪʃ.nəl	관계 있는	593
접	even if iv.n̩.ɪf	~라 할지라도	594
접	even though iv.n̩.ðoʊ	~라 할지라도	595
	even more iv.n̩.mɔr	훨씬 더	596
	even so iv.n̩.soʊ	그렇지만	597
형	uneven ʌ.niv.n̩	불균등한	598
동	get rid of get.rɪd.ʌv	제거하다, 버리다	599
동	get in get.ɪn	들어가다	600

동	**get in the way** get.ɪn.ðə.weɪ	방해되다	601
동	**get in touch with** get.ɪn.tətʃ.wɪθ	~와 연락하다	602
동	**get into** get.ɪn.tu	~에 들어가다[들이다], 입다	603
동	**get over** get.oʊv.r	극복하다	604
동	**get to V** get.tə	~하게 되다	605
동	**get together** get.tə.ge.ðər	모으다, 합치다, 만나다	606
동	**beget** bɪ.get	낳다, 초래하다 ③ beget | begot | begotten	607
동	**get ahead** get.ə.hed	출세하다, 앞서다	608
동	**get away** get.ə.weɪ	~에서 떠나다[도망치다]	609
동	**get away with** get.ə.weɪ.wɪθ	어물쩍 넘어가다, ~을 훔치다	610
동	**get back** get.bæk	돌아오다, 돌려받다	611
동	**get by** get.baɪ	지나가다	612
동	**get cold feet** get.koʊld.fit	겁먹다	613
동	**get out** get.aʊt	나가다, 떠나다	614
동	**get through** get.θru	통과[통화]하다, 끝내다	615
동	**get wrong** get.rɒŋ	오해하다	616
동	**get well** get.wel	병이 나아지다	617
동	**get along** get.ə.lɒŋ	어울리다, 떠나다	618
동	**get at** get.æt	~에 도달하다, ~을 알아내다	619
동	**get off** get.ɒf	내리다, 끝내다	620
동	**get off one's chest** get.ɒf.wʌnz.tʃest	진심을 말하다	621
동	**get on** get.ɑn	타다, 계속하다, 잘 지내다	622
동	**get on one's nerves** get.ɑn.wʌnz.nɝvz	신경을 건드리다	623
동	**get the better of** get.ðə.be.tər.ʌv	~을 이기다	624
동	**get the hang of** get.ðə.hæŋ.ʌv	~을 파악하다	625

동	get the point get.ðə.pɔɪnt	요점을 이해하다	626
형	unwanted ʌn.wɒn.təd	원치 않는	627
	given that gɪv.n.ðæt	~을 고려하면	628
동	be given to bi.gɪv.n.tu	~에 주어지다, ~하기 좋아하다	629
동	give rise to gɪv.raɪz.tu	~이 생기게 하다	630
동	give a hand gɪv.ə.hænd	돕다, 박수치다	631
동	give way gɪv.weɪ	양보하다, 무너지다	632
동	give in gɪv.ɪn	항복[제출]하다	633
동	give back gɪv.bæk	~을 돌려주다	634
동	give off gɪv.ɒf	내뿜다, ~의 분위기를 내다	635
동	give up gɪv.ʌp	포기하다, 내주다	636
동	give away gɪv.ə.weɪ	내놓다, 나누다	637
동	give birth to gɪv.bɚθ.tu	낳다	638
동	give out gɪv.aʊt	나눠주다, 내보내다	639
동	learn lɚn	배우다, ~을 알게 되다	640
명	outlet aʊt.let	배출구, 할인점	641
형	outer aʊt.tər	외부의, 외피의	642
	out there aʊt.ðer	그곳에, 밖에	643
명	outskirts aʊt.skɚts	변두리	644
명	outback aʊt.bæk	미개척지	645
부	newly nu.li	새롭게, 최근에	646
동	renew rə.nu	재개[갱신]하다	647
형	renewable ri.nuəb.l	재생[갱신]가능한	648
명	renewal rə.nuəl	갱신, 부활	649
형	brand new brænd.nu	신상품의, 새로운	650

부	nevertheless ne.vər.ðə.les	그럼에도 불구하고	651
	the beginning of ðə.bi.gɪn.ɪŋ.ʌv	~의 시작[초기]	652
명	beginner bi.gɪn.ər	초보자	653
	to begin with tə.bi.gɪn.wɪθ	우선, 처음에는	654
명	trial traɪəl	재판, 시도, 실험	655
동	give it a try gɪv.ɪt.ə.traɪ	시도하다	656
동	try on traɪ.ɑn	~을 해보다, 입어 보다	657
동	try out traɪ.aut	시도하다	658
부	especially ə.speʃ.li	특히	659
형	specific spə.sɪ.fɪk	명확한, 특별한, 특정한	660
동	specialize spe.ʃə.laɪz	전문화[특수화]하다	661
명	specialization spe.ʃə.lə.zeɪʃ.n	특수화, 전문화	662
명	specialist spe.ʃə.ləst	전문가	663
부	specially spe.ʃə.li	특(별)히	664
명	specialty spe.ʃəl.ti	전문, 전공, 특성, 특산물	665
동	specify spe.sə.faɪ	명시[구체화]하다	666
형	unspecified ʌn.spe.sə.faɪd	불특정한	667
부	highly haɪ.li	매우, 높이	668
명	height haɪt	높이, 키	669
명동	highlight haɪ.laɪt	중요한[밝은]곳, 강조(하다)	670
동	heighten haɪt.n	높이다	671
형	high-tech haɪ.tek	첨단 기술의	672
형	high-end haɪ.end	최상급의	673
명	highland haɪ.lənd	산악지대	674
형	high-risk haɪ.rɪsk	고위험의	675

	영어	한국어	번호
	at the height of ət.ðə.hait.ʌv	~이 절정일 때	676
형	**haughty** hɔ.ti	오만한	677
	a number of ə.nʌm.br.ʌv	많은, 몇몇의	678
	the number of ðə.nʌm.br.ʌv	~의 수	679
형	**numerous** nu.mə.rəs	다수의, 수많은	680
형명	**numeral** nu.mə.rəl	숫자(의)	681
형	**numerical** nu.me.rək.ḷ	수의, 수적인	682
동	**outnumber** aut.nəm.bər	(~보다) 수가 많다	683
동	**enumerate** ə.nu.mə.ret	열거하다	684
형	**innumerable** ɪ.nu.mə.rəb.ḷ	셀 수 없는, 많은	685
명	**an even number** ən.iv.ṇ.nʌm.br	짝수	686
명	**an odd number** ən.ud.bu.nʌm.br	홀수	687
	only after oʊn.li.æf.tər	~이후에야	688
	only for oʊn.li.fɔr	~전용의, ~동안만	689
동	**seem** sim.tə.vi	~처럼 보이다, ~같다	690
부	**seemingly** si.mɪŋ.li	겉보기에	691
접	**though** ðoʊ	비록 ~일지라도	692
접	**although** ɔlðo.ʊ	비록 ~일지라도	693
접	**even though** iv.ṇ.ðoʊ	비록 ~일지라도	694
접	**albeit** ɔl.biət	비록 ~일지라도	695
접	**as though** əz.ðoʊ	~인 것 같은	696
명동	**disease** dɪ.ziz	병(들게 하다)	697
부	**easily** i.zə.li	쉽게, 편안히	698
형동	**ease** iz	편하게 하다, 편함, 완화, 쉬움	699
형	**easygoing** i.zɪgo.oɪŋ	태평한, 게으른	700

	단어	뜻	번호
형	uneasy ʌ.ni.zi	불안한, 불편한, 어려운	701
동	make it easy meɪk.ɪt.i.zi	편하게 해주다	702
	with ease wɪθ.iz	용이하게	703
형	diseased dɪ.zizd	병든	704
부	firstly fɜst.li	첫째로, 먼저	705
형부	firsthand fɜrst.hænd	직접적으로, 직접의	706
	first of all fɜst.əv.ɔl	무엇보다도	707
형	first-rate fɜst.reɪt	일류의	708
명	movement muv.mənt	운동, 움직임	709
형	moved muvd	감동받은	710
형명	moving muv.ŋ	이동(하는), 감동(시키는)	711
동	move on muv.ɑn	나아가다, 넘어가다	712
형	movable mu.vəb.l	움직이는, 이동하는	713
형	immovable ɪ.mu.vəb.l	고정된	714
동	move in muv.ɪn	이사 오다	715
동	move out muv.aʊt	이사 나가다	716
접부	whatever hwʌt.ev.ɹ	무엇이든지	717
	what if ~ ? hwʌt.ɪf	"~면 어떡해?[어때?]"	718
	whatsoever hwʌt.sou.ev.ɑr	무엇이든지, 어떤 ~일지라도	719
	what about ~ ? hwʌt.ə.baʊt	"~은 어때?"	720
	what's up? hwʌts.ʌp?	"무슨 일이야?"	721
	seeing (that) si.ŋ.ðæt	~을 고려하면	722
동	see A as B si.ə.zbi	A를 B라고 간주하다	723
형	unseen ʌn.sin	보이지 않는, 본적 없는	724
동	oversee ouv.ə.si	감시[감독]하다 ③ oversee | oversaw | overseen	725

수능X내신 고등 영단어

동	see eye to eye si.ai.tə.ai	의견이 맞다	726
동	see off si.ɒf	~을 배웅하다[쫓아내다]	727
동	see to si.tu	~을 처리하다	728
동	foresee fɔr.si	예상[예지]하다 ③ foresee | foresaw | foreseen	729
형	foreseeable fɔr.siəb.ļ	예상 가능한	730
형	unforeseen ʌn.fɔr.sin	뜻밖의	731
	as you see əz.ju.si	보다시피	732
동	communicate kə.mju.nəket	소통[전달]하다	733
부	commonly ka.mən.li	흔히, 주로	734
형	uncommon ʌnk.a.mən	드문, 비상한	735
명	commonplace ka.mən.ples	아주 흔한(것)	736
명	commons ka.mənz	평민, 식사	737
명	commoner ka.mə.nər	평민	738
명	communist ka.mjə.nəst	공산주의자	739
명	communism ka.mjə.nɪ.zəm	공산주의	740
형	communal kə.mjun.ļ	공동의, 공공의	741
	in common ɪn.ka.mən	공동[공통적]으로	742
명	commonality ka.mə.næ.lə.ti	공통점	743
명	commonwealth ka.mən.welθ	연방, 연합	744
형	communicable kə.mju.nək.əb.ļ	전염성의, 통하는	745
명	miscommunication mɪ.skə.mju.nək.eɪ.ʃən	불통, 소통 장애	746
형	communicative kə.mju.nək.ə.tɪv	소통하는, 말 많은	747
형	scientific saɪən.tɪ.fɪk	과학적인	748
형	unscientific ən.saɪən.tɪ.fɪk	비과학적인	749
형	few fju	거의 없는	750

	a few əˌfju	몇몇의, 조금의	751
	only a few oʊnˌliˌəˌfju	몇 안되는	752
	or so ɔrˌsoʊ	~쯤, ~정도	753
	or else ɔrˌels	그렇지 않으면	754
동	**stand p.p** stændˌpiˌpi	(~입장에) 있다	755
동	**stand in** stændˌɪn	대신하다, ~에 서있다	756
동	**stand out** stændˌaʊt	두드러지다	757
형	**outstanding** aʊtˌstændˌɪŋ	뛰어난, 눈에 띄는	758
동	**stand by** stændˌbaɪ	대기하다, ~을 지지하다	759
동	**stand up for** stændˌʌpˌfɔr	옹호하다	760
동	**stand up** stændˌʌp	일어서다	761
동	**stand for** stændˌfɔr	~을 용납[대표]하다	762
동	**stand alone** stændˌəloʊn	독립하다, 분리되다	763
동	**withstand** wɪðˌstænd	견디다, 저항하다 ③ withstand | withstood | withstood	764
명	**bystander** baɪˌstænˌdər	구경꾼	765
명	**stature** stæˌtʃər	키, 성장	766
명	**statue** stæˌtʃu	조각상	767
동	**standardize** stænˌdərˌdaɪz	표준화하다	768
명	**variety** vəˌraɪəˌti	다양성	769
	a variety of əˌvəˌraɪəˌtiˌʌv	다양한	770
동	**vary** veˌri	다양하다, 다르다, 바꾸다	771
동	**vary from** veˌriˌfrʌm	~마다 다르다[다양하다]	772
형명	**variable** veˌriəbˌl	(잘) 변하는, 변수	773
명	**variation** veˌriˌeʃˌn	변화, 변형, 변주곡	774
명	**variability** veˌriəˌbɪˌləˌti	변동성, 다양성	775

수능X내신 고등 영단어

형	**variegated** veə.ɹɪ.geɪ.tɪd	다양한, 잡색의	776
명	**variance** ve.rɪəns	차이	777
형	**invariable** ɪn.veə.rɪəb.l	변하지 않는	778
	anything but e.ni.θɪŋ.bʌt	(~이) 절대 아닌	779
접	**but for** bət.fɔr	~이 없었다면	780
명	**development** dɪ.ve.ləp.mənt	개발, 발전	781
형	**developmental** dɪ.ve.ləp.men.tl	개발적인, 발달상의	782
명	**developer** dɪ.ve.lə.pər	개발자	783
형	**undeveloped** ʌn.də.ve.ləpt	미개발된	784
형	**underdeveloped** ʌn.dər.dɪ.ve.ləpt	저개발된	785
동	**redevelop** ri.dɪ.ve.ləp	재개발하다	786
부	**perhaps** pər.hæps	아마도	787
명	**happening** hæ.pən.ɪŋ	일, 사건	788
동	**happen** hæ.pən.tu	생기다, 일어나다	789
	as a result əz.ə.rə.zəlt	결과적으로, ~의 결과로	790
동	**result in** rə.zəlt.ɪn	~을 야기하다, ~이 되다	791
동	**result from** rə.zəlt.frʌm	~때문이다	792
형명	**resultant** ri.zʌl.tənt	그에 따른, 결과	793
동	**turn out** tɜn.aʊt	밝혀지다, 되어 가다, 끄다	794
형동	**turn to** tɜn.tu	~할 차례, ~로 바꾸다	795
	in turn ɪn.tɜn	결국, 차례로	796
동	**turn into** tɜn.ɪn.tu	~로 변하다	797
동	**turn around** tɜn.ə.raʊnd	돌다, 바꾸다	798
동	**turn off** tɜn.ɒf	끄다, 잠그다, 벗어나다	799
동	**turn on** tɜn.ɑn	켜다, 작동하다	800

동	**turn up** tɜn.ʌp	나타나다, 찾다, 높이다	801
동	**overturn** ouv.ə.tɜn	뒤집다, 전복하다	802
동	**turn back** tɜn.bæk	되돌아가다	803
동	**turn down** tɜn.daʊn	거절하다, 줄이다	804
동	**turn one's head** tɜn.wʌnz.hed	돌아보다	805
명	**turnover** tɜno.ʊ.və	매출, 이직, 회전	806
명	**turnout** tɜ.naʊt	참가자, 산출량	807
명	**turnaround** tɜ.nə.raʊnd	전환, 선회	808
동	**turn away** tɜn.ə.weɪ	외면하다	809
전	**up to** ʌp.tu	~까지	810
형	**upper** ʌ.pər	위의, 상부의, 상류의, 상위의	811
동	**upend** ʌpend	뒤집다, 거꾸로 놓다	812
	ups and downs əps.ənd.daʊnz	기복, 우여곡절	813
접	**whether** we.ðər	~인지 아닌지	814
	either i.ðər	둘 중 하나(의), 또한	815
	neither ni.ðər	둘 다 아닌	816
	either A or B i.ðər.ɔr	A이거나 B인	817
	neither A nor B ni.ðər.nɔr	A, B 모두 아닌	818
	whether or no(t) we.ðər.ɔr.noʊ	어쨌든	819
명	**growth** groʊθ	성장, 발전, 증가	820
형	**grown** groʊn	성장한	821
명	**grower** groʊə	재배자, 사육자	822
동	**outgrow** aʊtgro.ʊ	더 커지다, 벗어나다 ③ outgrow | outgrew | outgrown	823
형	**ever-growing** e.və.groʊɪŋ	계속 증가하는	824
동	**grow on** groʊ.ɑn	~에서 자라다, 점점 좋다	825

형명	**grown-up** groon.ʌp	성숙한, 어른	826
접	**even if** iv.ŋ.ɪf	~라 할지라도	827
접	**as if** əz.ɪf	~인 것처럼	828
접	**if only** ɪf.oʊn.li	~라면 좋을 텐데	829
	if you insist (on it) ɪf.ju.ɪn.sɪst	정 그렇다면	830
	if anything ɪf.e.ni.θɪŋ	무슨 일이라도, 오히려	831
	if at all possible ɪf.ət.ɔl.pɑ.səb.l	가능하다면	832
	if you ask me ɪf.ju.æsk.mi	내 생각에는	833
형	**unstudied** ʌn.stʌ.dɪd	자연스런, 배우지 않은	834
전부	**through** θru	~을 통해[지나서], 줄곧, 완전히	835
전부	**throughout** θru.aʊt	도처에, 내내	836
동	**go through** goʊ.θru	통과하다, 겪다, 가다	837
동	**put through** pʊt.θru	이루다, 연결되다	838
동	**be through** bi.θru	~을 끝내다	839
형	**thorough** θɾo.ʊ	철저한, 완전한	840
	as well as əz.wel.æz	~뿐만 아니라, 게다가	841
명	**well being** wel.biɪŋ	행복, 복지	842
명	**welfare** wel.fer	행복, 복지	843
명	**farewell** fer.wel	작별, "잘 가세요"	844
명동	**handle** hæn.dl	다루다, 손잡이	845
	on the other hand ɑn.ði.ʌð.ɾ.hænd	다른 한편으로는	846
	on the one hand ɑn.ðə.wʌn.hænd	한편으로는	847
형	**handful** hænd.fʊl	한 줌의	848
	a handful of ə.hænd.fʊl.ʌv	소수의, 한 줌의	849
명	**handicap** hæn.dikæp	장애, 불리함	850

	단어	뜻	번호
	at hand ət.hænd	가까이에	851
동	**hand over** hænd.oʊv.r	넘겨주다	852
형	**handy** hæn.di	편리한, 가까운, 능숙한	853
형	**hands-on** hændz.ɑn	실제의	854
동	**hand down** hænd.daʊn	물려주다, ~을 내리다	855
동	**hand in** hænd.ɪn	제출하다	856
동	**hand out** hænd.aʊt	나누어 주다	857
동	**surround** sə.raʊnd	둘러싸다	858
명	**surroundings** sə.raʊn.dɪŋz	주변, 환경	859
	around the world ə.raʊnd.ðə.wɜrld	세계 일주의	860
부형명	**round** raʊnd	둥근, 회전, 둘레에, 대략	861
동	**go around** goʊ.ə.raʊnd	돌다, 돌아다니다	862
동	**be around** bi.ə.raʊnd	곁에 있다, ~쯤이다	863
형	**rounded** raʊnd.ɪd	둥근	864
	around (the) corner ə.raʊnd.ðə.kɔr.nər	가까운, 모퉁이를 돌아서	865
동	**round up** raʊnd.ʌp	모으다, 반올림하다	866
형	**roundabout** raʊnd.ə.baʊt	간접적인, 우회하는	867
	around the clock ə.raʊnd.ðə.klɑk	24시간 내내	868
형	**well-rounded** wel.raʊn.dɪd	살찐, 다재다능한	869
명	**creature** kritʃ.r	창조물, 생물	870
형	**creative** kri.eɪt.ɪv	창조[독창]적인	871
명	**creativity** kri.eɪ.tɪv.ət.i	창조성, 독창성	872
명	**creation** kri.eɪʃ.n	창조, 창작	873
명	**critter** krɪ.tər	생물	874
형	**recreational** re.kri.eɪ.ʃə.nəl	오락의, 기분전환의	875

명	recreation re.kri.eɪʃ.n	오락, 기분전환	876
동	recreate re.kri.et	재현[휴양]하다	877
명	era e.rə	시대, 연대	878
형/부	yearly jɪr.li	연간의, 매년	879
형	year-round jɪr.raʊnd	1년 내내의	880
	the following year ðə.fɑlo.ʊɪŋ.jɪr	다음 해	881
명	interest ɪn.trəst	관심, 이자, 이해관계	882
동	be interested in bi.ɪn.trə.stəd.ɪn	~에 관심이 있다	883
명	self-interest self.ɪn.trəst	이기심	884
부	interestingly ɪn.tə.re.stɪŋ.li	흥미롭게, 재미있게	885
형	uninterested ʌ.nɪn.trə.stəd	무관심한	886
형	disinterested dɪ.sɪn.trə.stəd	공평한, 무관심한	887
형	uninteresting ʌ.nɪn.trə.stɪŋ	흥미 없는	888
형	masculine mæ.skjə.lən	남성적인	889
명	mankind mænk.aɪnd	인류	890
형	manned mænd	사람이 있는[탑승한]	891
형	unmanned ən.mænd	무인의	892
명	manpower mæn.pɑ.wɔr	인력	893
형	manly mæn.li	남자다운	894
형	unmanly ʌn.mæn.li	남자답지 않은	895
명	womanhood wʊ.mən.hʊd	여자다움, 여자임	896
명	womb wum	자궁	897
명	nature neɪ.tʃər	자연, 본성	898
부	naturally næ.tʃə.rə.li	자연스럽게, 당연히	899
형	supernatural su.pər.næ.tʃə.rəl	초자연적인	900

형	**unnatural** ʌn.næ.tʃə.rəl	부자연스런, 비정상적인	901
형	**naive** nɑ.jiv	순진한, 원시의	902
명	**naturalist** næ.tʃə.rə.ləst	자연주의자	903
명	**supernaturalism** su.pər.næ.tʃə.rə.li.zəm	초자연주의	904
	Mother Nature mʌð.r̩.neɪ.tʃər	대자연	905
형부	**nearly** nɪr.li	가까이, 거의	906
형부	**nearby** nɪr.baɪ	근처의, 가까운, 가까이	907
전	**next to** nekst.tu	~옆에	908
형	**sensitive** sen.sə.tɪv	세심한, 예민한	909
형	**sensible** sen.səb.l̩	분별[알고]있는, 현명한	910
명	**sensation** sen.seɪʃ.ŋ	대사건, 느낌	911
형	**sensational** sen.seɪʃ.nəl	선풍적 인기의, 선정적인	912
동	**sensationalize** sen.se.ʃə.nə.laɪz	과장(보도)하다	913
형	**sensory** sen.sə.ri	감각의, 지각의	914
동	**make sense of** meɪk.sens.ʌv	~을 이해하다	915
명	**nonsense** nɑn.sens	헛소리	916
명	**scent** sent	냄새, 후각	917
명	**sensibility** sen.sə.bɪ.lə.ti	감정, 감각	918
명	**sensitivity** sen.sə.tɪ.və.ti	민감성, 예민함	919
동	**sensitize** sen.sə.taɪz	민감하게 하다	920
명	**sensuousness** sen.ʃʊə.snəs	감각성	921
형	**sentient** senʃnt	지각[감각]있는	922
명	**sentiment** sen.tə.mənt	감정	923
	in a sense ɪn.ə.sens	어떤 의미에서	924
형	**sentimental** sen.tə.men.tl̩	감정[감상]적인	925

형	insensitive ɪn.sen.sə.tɪv	무감각한	926
	nothing to do nʌ.θɪŋ.tə.du	관련 없는, 할 게 없는	927
	nothing (else) but nʌ.θɪŋ.els.bʌt	~에 불과한	928
	first thing fɜst.θɪŋ	맨 먼저	929
	last thing læst.θɪŋ	마지막으로	930
	the thing is ðə.θɪŋ.ɪz	사실은, 문제는	931
부	certainly sɜ.tən.li	확실히	932
명	certainty sɜ.tən.ti	확실성	933
형	certified sɜ.tə.faɪd	증명된, 승인된	934
형	uncertain ʌn.sɜ.tn	불확실한	935
	for certain fər.sɜ.tn	확실히	936
명	certification sər.tə.fək.eɪʃ.n	증명(서)	937
동	ascertain æ.sər.teɪn	규명[확인]하다	938
명	uncertainty ʌn.sɜ.tən.ti	불확실	939
명	certificate sər.tɪ.fɪkət	증명서	940
동	certify sɜ.tə.faɪ	증명하다	941
형	upright ə.praɪt	올바른, 직립한, 정직한	942
부	rightly raɪt.li	정확히, 정당히	943
명	rightness raɪt.nəs	옳음	944
형	outright aʊ.traɪt	완전한, 전면적인	945
형	right-wing raɪt.wɪŋ	우익의	946
형	righteous raɪ.tʃəs	옳은	947
형	rightful raɪt.fəl	합법적인, 정당한	948
형	right-hand raɪt.hænd	오른쪽(용)의, 믿을 만한	949
동	write in raɪt.ɪn	써넣다	950

통	write down raɪt.daʊn	~을 적다	951
명	handwriting hæn.draɪt.ɪŋ	친필, 필적	952
통	rewrite ri.raɪt	다시 쓰다 ③ rewrite | rewrote | rewritten	953
통	underwrite ʌn.dər.raɪt	지급보증[승인]하다 ③ underwrite | underwrote | underwritten	954
통	overwrite oʊv.ə.raɪt	덮어쓰다 ③ overwrite | overwrote | overwritten	955
통	feel like fil.laɪk	~을 하고싶다, ~같은 느낌이다	956
통	feel as fil.æz	~처럼 느끼다	957
통	feel at home fil.ət.hoʊm	마음이 편하다	958
통	feel free to V fil.fri.tə	~을 마음대로 하다	959
통	feel small fil.smɒl	주눅들다	960
형	political pə.lɪ.tək.l	정치적인	961
명	policy pɑ.lə.si	정책	962
명	politics pɑ.lə.tɪks	정치(학), 정책	963
통	poll poʊl	선거[투표]하다	964
명	politician pɑ.lə.tɪʃ.n	정치가	965
명	policymaker pɑ.lə.si.mekər	정책 입안자	966
명	policymaking pɑ.lə.si.mekɪŋ	정책 입안	967
형	politically correct pə.lɪ.tɪk.ə.li.kə.rekt	정치적으로 옳은	968
전부	besides bə.saɪdz	~외에, 게다가	969
부	aside ə.saɪd	따로 두고, 곁에, 옆에	970
전	aside from ə.saɪd.frʌm	~외에는	971
전	beside bə.saɪd	~의 곁에, ~에 비해서	972
	inside out ɪn.saɪd.aʊt	뒤집어서, 철저히	973
형	lopsided lɑp.saɪ.dəd	편향된, 기울은	974
명	upside ʌp.saɪd	위쪽, 상승, 좋은 면	975

형	downside daʊn.saɪd	아래쪽, 하강, 불리한 면	976
형	sideline saɪd.laɪn	부업	977
	on the other side of ʌn.ði.ʌð.r.saɪd.ʌv	~의 반대쪽에	978
형	one-sided wʌn.saɪd.ɪd	일방적인	979
형	outsider aʊt.saɪ.dər	외부인, 제3자	980
부	upside down ʌp.saɪd.daʊn	거꾸로, 혼란하여	981
형	sidekick saɪdkɪk	조수, 보조	982
부	meanwhile min.waɪl	그 동안에, 한편	983
부	awhile ə.waɪl	잠시	984
형	justice dʒʌst.ɪs	정의, 재판	985
동	justify dʒʌ.stə.faɪ	정당화하다	986
부	justifiably dʒʌ.stə.faɪə.bli	정당화하여	987
형	justification dʒʌ.stə.fɪk.eɪʃ.n̩	정당화, 옹호	988
형	injustice ɪn.dʒə.stəs	불법, 부당함	989
형	unjust ʌn.dʒəst	불법의, 불공평한	990
형	justifiable dʒʌ.stə.faɪəb.l̩	정당한	991
동	do justice to də.dʒʌst.ɪs.tu	공평히[잘]다루다, ~을 잘 먹다	992
형	unjustified ʌn.dʒə.stə.faɪd	부당한	993
형동	startup stɑr.tʌp	신생 기업, 개시(하다)	994
동	start out stɑrt.aʊt	시작하다, 나서다	995
동	start over stɑrt.oʊv.r̩	다시 시작하다	996
접	provided (that) prə.vaɪ.dəd.ðæt	~라는 조건이면	997
접	providing (that) prə.vaɪd.ɪŋ.ðæt	~라는 조건이면	998
동	provide A with B prə.vaɪd.ə.wɪθ.bi	A에게 B를 제공하다	999
형	provision prə.vɪʒ.n̩	조항, 대비, 공급	1000

형	provisional	임시의	1001
명	term	기간, 학기, 용어	1002
명	terms	조건, 용어	1003
	in terms of	~의 측면에서	1004
형	long-term	장기적인	1005
형	short-term	단기적인	1006
형명	midterm	중간의, 중간기	1007
	on good terms	사이 좋게	1008
명	terminology	용어(학)	1009
접	whereas	~에 반하여, 그러나	1010
부	wherever	어디든, 어딘지, 어디에서	1011
부	nowhere	어디에도 없(-다)	1012
형	whereby	~하는	1013
접부	wherein	어디에, ~에서	1014
명	whereabouts	행방	1015
	out of nowhere	아무도 없는 곳에서, 갑자기	1016
	too ~ to V	~해서 ~하지 않는	1017
형	effective	효과[효율]적인	1018
명	effect	영향, 결과, 효과	1019
명	side effect	부작용	1020
형	ineffective	비효율적인	1021
	to the effect(s) of	~의 영향으로	1022
형	cost-effective	가성비가 좋은	1023
	to the effect that	~라는 취지의	1024
	one's own	자신의	1025

명	**ownership** ou.nər.ʃɪp	소유권	1026
형	**pre-owned** pri.ound	중고의	1027
명동	**research** ri.sɜtʃ	연구[조사](하다)	1028
	in search of ɪn.sɜtʃ.ʌv	~을 찾아서	1029
형	**searchable** sɜtʃ.ɛrb.l̩	찾을 수 있는	1030
명	**status** stæ.təs	상태, 신분	1031
명	**statement** steɪt.mənt	성명서, 진술	1032
형	**state-of-the-art** steɪt.əv.ðɪ.ɑrt	최첨단의	1033
형	**statewide** steɪt.twaɪd	주 전체의	1034
동	**reinstate** ri.ɪn.steɪt	원복[복직]시키다	1035
동	**overstate** ouv.ə.steɪt	허풍떨다	1036
형	**state-owned** steɪt.ound	국유의	1037
형	**low-status** lou.stæ.təs	낮은 지위의	1038
명	**stating** (that) steɪt.ŋ.ðæt	~라는 진술	1039
명	**status quo** stæ.təs.kwou	현재 상태	1040
	even then iv.n̩.ðen	그래도, 때에도	1041
	but then bət.ðen	그렇지만	1042
	now and then nau.ənd.ðen	때때로	1043
동	**heal** hil	치료하다, 고치다	1044
명	**healthcare** helθker	의료 서비스	1045
형	**unhealthy** ʌn.hel.θi	해로운, 건강하지 못한	1046
형	**healthful** helθ.fəl	건강에 좋은	1047
명	**importance** ɪm.pɔr.təns	중요성	1048
형	**unimportant** ə.nɪm.pɔr.tənt	중요하지 않은	1049
형명	**lifetime** laɪf.taɪm	평생(의)	1050

형	lifelong laɪ.flɒŋ	평생의	1051
형/명	lifesaving laɪf.sev.ɪŋ	구조(하는)	1052
명	lifespan laɪf.spæn	수명	1053
명	lifeline laɪ.flaɪn	구명줄	1054
명	afterlife æf.tər.laɪf	사후	1055
명	life-expectancy laɪf.ɪk.spek.tən.si	기대 수명	1056
형	lifeless laɪ.fləs	죽은, 죽은 듯한	1057
동	upset əp.set	화나다, 전복하다 ③ upset | upset | upset	1058
동	set up set.ʌp	설치[설립]하다	1059
명	setback set.bæk	차질, 좌절, 후퇴	1060
동	set off set.ɒf	출발[유발]하다	1061
형	besetting bə.set.ɪŋ	붙어 다니는	1062
동	reset ri.set	재설정하다	1063
동	set down set.daʊn	~을 내려놓다[정하다, 적다]	1064
동	set in set.ɪn	시작하다, ~에 자리하다	1065
동	set out set.aʊt	출발하다, 나서다	1066
명/동	offset ɒf.set	상쇄(하다)	1067
명	onset ɒn.set	시작, 습격	1068
명	subset sʌb.set	부분 집합	1069
명	outset aʊt.set	시작, 발단	1070
동	beset bə.set	시달리다, 포위하다 ③ beset | beset | beset	1071
동	set aside set.ə.saɪd	~을 떼어 놓다, 안배하다	1072
동	set back set.bæk	~을 저지하다, 늦어지다	1073
동	set forth set.fɔrθ	~을 발표[제시]하다, 출발하다	1074
접	whenever hwen.ev.r	~할 때마다, 아무 때나	1075

	단어	뜻	번호
	when it comes to hwen.ɪt.kəmz.tu	~에 관한 한	1076
	barely ~ when ber.li. hwen	~하자마자 바로	1077
	hardly ~ when hɑrd.li. hwen	~하자마자 바로	1078
	scarcely ~ when sker.sli. hwen	~하자마자 바로	1079
동·명	**form** fɔrm	형성하다, 형태, 상태	1080
명	**formation** fɔr.meɪʃ.n	형성, 구성	1081
형	**formal** fɔrm.l	공식적인, 격식의, 외형의	1082
명	**formula** fɔr.mjə.lə	공식, -식	1083
	in the[a] form of ɪn.ði fɔrm.ʌv	~의 형태로	1084
명	**formulation** fɔr.mjə.leɪʃ.n	공식화	1085
형	**informal** ɪn.fɔr.ml	비공식의, 격식 없는	1086
명	**format** fɔr.mæt	형식, 체재	1087
동	**formulate** fɔr.mjə.let	만들다, 공식화하다	1088
형	**formalistic** fɔrm.lɪstɪk	형식주의의	1089
동	**formalize** fɔrm.ə.laɪz	공식화하다	1090
명	**malformation** mæl.fɔr.meɪʃ.ŋ	기형, 변형	1091
동	**reform** rə.fɔrm	개혁[개선]하다	1092
명	**reformer** rə.fɔr.mər	개혁가	1093
명	**formality** fɔr.mæl.ət.i	격식, 절차	1094
형	**formative** fɔr.mə.tɪv	형성하는	1095
동	**proceed** prə.sid	나아가다, 계속하다	1096
명	**procedure** prə.si.dʒər	순서, 절차, 진행	1097
명	**procession** prə.seʃ.n	행진	1098
형	**procedural** prə.si.dʒə.rəl	절차상의	1099
명	**proceedings** prosi.dɪŋz	행사, 절차	1100

형	helpless hel.pləs	어쩔 수 없는	1101
명	helplessness hel.plə.snəs	무력함, 속수무책	1102
	Help yourself help.jər.self	"마음껏 드세요"	1103
동	can't help ~ing kænt.help	~할 수 밖에 없다	1104
동	include ɪn.klud	포함하다	1105
동	exclude ɪk.sklud	배제[제외]하다	1106
형	inclusive ɪn.klu.sɪv	모든 것[비용]이 포함된	1107
형	exclusive ɪk.sklu.sɪv	독점적인, 유일한	1108
명	exclusion ɪk.skluʒ.n	배제, 추방	1109
명	inclusion ɪn.kluʒ.n	포함, 함유	1110
동	preclude prɪ.klud	막다	1111
동	include out ɪn.klud.aʊt	~을 제외하다	1112
명	inclusivity ɪn.klu.sɪviti	포용력	1113
동	put off put.ɒf	미루다, 싫게 하다	1114
동	put on put.ɒn	착용하다, 보이다	1115
명동	input ɪn.put	입력(하다), 투입(량)	1116
명동	output aʊt.put	생산(하다), 산출(량)	1117
동	put in put.ɪn	~을 들이다, 끼어들다	1118
동	put out put.aʊt	내놓다, 불 끄다	1119
동	put together put.tə.ge.ðər	조립[합]하다	1120
동	put aside put.ə.saɪd	따로 두다, 무시하다	1121
동	put through put.θru	이루다, 연결되다	1122
동	put up put.ʌp	세우다, 내놓다, 펼치다	1123
동	put up with put.ʌp.wɪθ	~을 참다	1124
동	put away put.ə.weɪ	~을 치우다	1125

동	put down put.daʊn	내려놓다, 진압하다, 죽이다	1126
동	break down breɪk.daʊn	고장나다, 실패하다, 부수다	1127
동	break up breɪk.ʌp	끝나다, 부서지다	1128
동	break into breɪk.ɪn.tu	침입하다, ~하기 시작하다	1129
동	break in breɪk.ɪn	침입하다	1130
동	break out breɪk.aʊt	발생하다, 벗어나다	1131
동	break off breɪk.ɒf	중단하다	1132
명	breakthrough breɪk.θru	돌파구, 큰 발전, 약진	1133
명	outbreak aʊt.brek	발생, 폭발	1134
동	unbreak ənbreɪk	고치다, 깨지지 않다	1135
동	take a break teɪk.ə.breɪk	쉬다	1136
동	brake breɪk	제동[방해]하다	1137
명	bruise bruz	멍, 타박상	1138
명	breach britʃ	위반, 틈	1139
형	technological tek.nə.lɑ.dʒɪk.l̩	기술의	1140
형	technical tek.nɪk.l̩	기술적인, 공업의	1141
명	technician tek.nɪʃ.n̩	기술자	1142
명	techie tek.i	기술 전문가	1143
형	becoming bɪk.ʌm.ɪŋ	어울리는, 적절한	1144
동	recall rikɒl	회상[기억, 소환]하다	1145
동	call for kɒl.fɔr	요청[소집]하다	1146
동	call out kɒl.aʊt	~을 부르다	1147
동	call it a day kɒl.ɪt.ə.deɪ	그만두다	1148
동	call up kɒl.ʌp	~에 연락하다, ~을 떠올리다	1149
형	so-called soʊ.kɒld	이른바	1150

품사	단어	뜻	번호
동	**call back** kɒl.bæk	답신하다	1151
동	**call off** kɒl.ɒf	중지[취소]하다	1152
	over the course oʊv.r̩.ðə.kɔrs	~중에, ~사이에	1153
부	**overly** oʊv.r̩.li	지나치게	1154
동	**unite** ju.naɪt	통합[통일]하다	1155
명	**union** ju.njən	연합, 결합, 조합	1156
동	**unify** ju.nə.faɪ	통합하다	1157
명	**unity** ju.nə.ti	통합, 통일, 조화	1158
동	**reunite** riu.naɪt	재결합[화해]시키다	1159
형·명	**uniform** ju.nə.fɔrm	제복, 획일적인, 균등한	1160
명	**unison** ju.nəs.n̩	일치, 조화	1161
명	**unification** ju.nə.fək.eɪʃ.n̩	통일, 단일화	1162
명	**uniformity** ju.nə.fɔr.mə.ti	통일성, 균일성	1163
형	**unitary** ju.nə.te.ri	통합된	1164
명	**childhood** tʃaɪld.hʊd	어린 시절	1165
명	**childcare** tʃaɪldker	육아	1166
명	**childbirth** tʃaɪld.bərθ	출산	1167
형	**childish** tʃaɪl.dɪʃ	유치한	1168
명	**only child** oʊn.li.tʃaɪld	외동	1169
명	**decision** də.sɪʒ.n̩	결정, 판단	1170
명	**crisis** kraɪ.səs	위기, 중대 사태	1171
동	**decide** də.saɪd	결정[결심]하다	1172
형	**decisive** də.saɪ.sɪv	결정적인, 중대한	1173
명	**decision making** də.sɪʒ.n̩.meɪk.ɪŋ	의사 결정	1174
형	**undecided** ʌn.də.saɪ.dəd	미결정된	1175

부	**decidedly** də.saɪ.dəd.li	확실히	1176
동	**keep abreast of** kip.ə.brest.ʌv	~와 나란히 하다[따라잡다]	1177
동	**keep away from** kip.ə.weɪ.frʌm	멀리하다	1178
동	**keep on** kip.ɑn	~을 계속하다	1179
동	**keep up with** kip.ʌp.wɪθ	~을 따라잡다, 계속하다	1180
동	**keep from ~ing** kip.frəm	그만두다, 삼가다	1181
동	**keep in mind** kip.ɪn.maɪnd	명심하다	1182
동	**keep track of** kip.træk.ʌv	~을 추적[기록]하다	1183
동	**keep up** kip.ʌp	지속하다	1184
동	**keep an eye on** kip.ən.aɪ.ɑn	감시하다	1185
동	**keep away** kip.ə.weɪ	멀리 하다	1186
명	**upkeep** ʌpkip	유지(비), 양육(비)	1187
명	**truth** truθ	진실, 사실	1188
명	**trust** trəst	신뢰, 믿다, 맡기다	1189
형	**truthful** truθ.fəl	진실한, 성실한	1190
형	**trustworthy** trʌs.twər.ði	신뢰할 수 있는	1191
형	**untrue** ʌn.tru	사실이 아닌	1192
명	**truce** trus	휴전 *서로 믿고 휴전함	1193
동	**construe** kən.stru	해석하다	1194
명	**air** er	공기, 공중, 외모, 태도, 분위기	1195
명	**aerosol** eəro.ʊ.sɒl	분무, 연무	1196
명	**aerospace** eəro.ʊ.speɪs	항공우주, 대기권외	1197
형명	**airborne** er.bɔrn	공수부대, 공수된	1198
명	**aircraft** er.kræft	항공기	1199
형	**aerobic** ero.ʊ.bɪk	(유)산소의	1200

형	airway er.we	항공로, [인체] 기도	1201
	on the air ɑn.ði.er	방송중에	1202
형	on-air ɑn.er	방송 중인	1203
동	appear ə.pɪr	나타나다, ~인 것 같다	1204
명	appearance ə.pɪ.rəns	나타남, 모습, 외모	1205
동	disappear dɪ.sə.pɪr	사라지다, 소멸하다	1206
형	apparent ə.pe.rənt	명백한, 겉보기의	1207
명동	phase feɪz	국면, 양상, 단계(적으로 하다)	1208
동	dissipate dɪ.sə.peɪt	사라지다	1209
동	reappear riə.pɪr	다시 나타나다, 재현하다	1210
동	care about ker.ə.baʊt	~에 신경 쓰다	1211
동	care for ker.fɔr	~을 돌보다[좋아하다]	1212
형	careless ker.ləs	부주의한, 무관심한	1213
명	caregiver ker.gɪ.vər	간병인	1214
명	caretaker ker.tekər	관리인	1215
명	carefulness keə.fəl.nəs	주의, 조심	1216
동	caress kə.res	애무하다, 만지다	1217
동	increase ɪn.kris	증가하다	1218
동	decrease dɪ.kris	감소하다	1219
부	increasingly ɪn.kri.sɪŋ.li	점점 더	1220
명동	exchange ɪks.tʃeɪndʒ	교환[환전](하다)	1221
형	interchangeable ɪn.tər.tʃeɪn.dʒəb.l	교체[호환]가능한	1222
형	unchanged ʌn.tʃeɪndʒd	변하지 않은	1223
명	interchange ɪn.tər.tʃeɪndʒ	교환, 분기점	1224
동	be change into bi.tʃeɪndʒ.ɪn.tu	~로 변하다	1225

형	**changeable** tʃeɪn.dʒə.bəl	변하기 쉬운	1226
형	**unchangeable** ʌn.tʃeɪn.dʒəb.l	바꿀 수 없는	1227
	each other itʃ.ʌð.r	서로(서로)	1228
명	**example** ɪg.zæmp.l	예, 견본	1229
	e.g. i.dʒi	예를 들면	1230
명	**sample** sæm.pl	예, 견본	1231
	for example fər.ɪg.zæmp.l	예를 들어	1232
동	**exemplify** ɪg.zem.plə.faɪ	예시하다, ~의 예가 되다	1233
명	**exemplar** ɪg.zemplar	모범, 견본	1234
형	**exemplary** ɪg.zem.plə.ri	모범적인	1235
동	**let** let	~하게 하다	1236
동	**let go** let.goʊ	놓다, 풀어주다	1237
동	**let down** let.daʊn	실망시키다, 늦추다	1238
동	**let in** let.ɪn	들어오다	1239
동	**let off** let.ɒf	쏘다, 풀어주다	1240
동	**let on** let.ɑn	(비밀을) 털어놓다	1241
동	**let up** let.ʌp	약해지다, 완화하다	1242
동	**say to V** seɪ.tə	~하라 명령하다	1243
	not to say nɑt.tə.seɪ	~까진 아니지만	1244
동	**say on** seɪ.ɑn	~을 말하다	1245
	the very ðə.ver.i	(~에 필요한) 바로 그	1246
형	**worldwide** wɜl.dwaɪd	세계적인	1247
형	**world-class** wɜld.klæs	세계적 수준의	1248
형	**otherworldly** ʌð.r.wɜld.li	이계의, 공상적인	1249
명	**world view** wɜld.vju	세계관	1250

형	worldly wɜːld.li	세상의, 속세의	1251
명	underworld ʌn.dər.wɜːrld	암흑가, 저승	1252
동	consider kən.sɪ.dər	여기다, 생각[고려]하다	1253
형	considerable kən.sɪ.də.rəb.l	상당한, 중요한	1254
형	considerate kən.sɪ.də.rət	고려[배려]하는	1255
명	consideration kən.sɪ.də.reɪʃ.n	고려(사항), 배려	1256
형	inconsiderate ɪnk.ən.sɪ.də.rət	고려[배려]하지 않는	1257
동	reconsider rik.ən.sɪ.dər	재고려하다	1258
동	depend (up)on də.pend.ʌp.ʌn	~에 의존하다, ~을 믿다	1259
형	independent ɪn.də.pen.dənt	독립한, 독자적인	1260
형	dependent də.pen.dənt	의존하는	1261
명	dependency də.pen.dən.si	의존, 종속, 속국	1262
형	impending ɪm.pend.ɪŋ	임박한	1263
부	independently ɪn.də.pen.dənt.li	독립적으로	1264
명	appendix ə.pen.dɪks	맹장, 부록	1265
형	dependable də.pen.dəb.l	의존할[믿을]수 있는	1266
명	dependence də.pen.dəns	의존, 신뢰	1267
명	independence ɪn.də.pen.dəns	독립	1268
명	pendulum pen.dʒə.ləm	진자, 흔들림	1269
동	suspend sə.spend	매달다, 중단[연기]하다	1270
형	suspensive sə.spen.sɪv	미결정의, 불안한, 불확실한	1271
명	suspension sə.spen.ʃn	완충장치, 정지, 매달기	1272
동	append ə.pend	첨부[추가]하다	1273
명	suspense sə.spens	미결정, 긴장감	1274
형	interdependent ɪn.tər.də.pen.dənt	서로 의존적인	1275

동	**be dependent upon** bi.də.pen.dənt.ə.pɑn	~에 의존하다	1276
형전	**pending** pend.ɪŋ	임박한, 미정인, ~동안	1277
형	**foundation** faun.deɪʃ.n	기초, 설립	1278
형명	**profound** profaund	깊은, 심연	1279
형	**foundational** faun.deɪ.ʃə.nəl	기초적인	1280
형	**unfounded** ən.faun.dəd	근거 없는	1281
부	**lately** leɪt.li	최근에	1282
형	**late 연도s** leɪt	~년대 말의	1283
	later on leɪ.tər.ɑn	나중에	1284
	later than leɪ.tər.ðæn	~보다 늦게	1285
명	**possibility** pɑ.sə.bɪ.lə.ti	가능성, 기회	1286
형	**impossible** ɪm.pɑ.səb.l	불가능한	1287
부	**possibly** pɑ.sə.bli	아마도	1288
동	**rebuild** ri.bɪld	재건하다 ③ rebuild | rebuilt | rebuilt	1289
형	**built-in** bɪlt.ɪn	붙박이의, 내장된	1290
동	**build up** bɪld.ʌp	쌓다, 강화[증가]하다	1291
부	**closely** klou.sli	접근하여	1292
부형명	**closer** klous.r	더 가까운, 더 가까이, 종결자	1293
동	**disclose** dɪsklouz	밝히다, 폭로하다	1294
명	**disclosure** dɪsklo.ʊ.ʒə	폭로	1295
형명	**closet** klɑ.zət	벽장, 은밀한	1296
동	**be close to** bi.klous.tu	~에 가깝다	1297
형	**close call** klous.kɔl	구사일생	1298
형	**closure** klou.ʒə	폐쇄, 종료	1299
동	**enclose** ɪnklouz	동봉하다, 둘러싸다	1300

명	enclosure ɪnˈkloʊ.ʊ.ʒə	동봉, 포위, 구내	1301
형	close-knit kloʊz.nɪt	긴밀한	1302
명	enclave ɑn.klev	소수민족 거주지, 고립지	1303
형	genetic dʒə.ne.tɪk	유전적인	1304
명	gender dʒen.dər	성별	1305
동	generate dʒen.ə.reɪt	발생[초래]하다	1306
명	gene dʒin	유전자	1307
명	genetics dʒə.ne.tɪks	유전학	1308
부	genetically dʒə.ne.tɪk.li	유전적으로	1309
명	genus (pl. genera) dʒi.nəs	종, 부류	1310
명	eugenics ju.dʒe.nɪks	우생학	1311
명	genre ʒɑn.rə	유형, 분야	1312
형	indigenous ɪn.dɪ.dʒə.nəs	토착의, 원산의, 고유의	1313
명	genesis dʒe.nə.səs	기원, 발생	1314
명	degeneration dɪ.dʒe.nə.reɪʃ.n	퇴보	1315
동	engender en.dʒen.dər	생기게 하다	1316
동	degenerate dɪ.dʒe.nə.rət	타락하다	1317
동	regenerate ri.dʒe.nə.ret	재생[재건]하다	1318
형	heterogeneous he.tə.rə.dʒiːnjəs	이질적인	1319
명	passage pæ.sədʒ	구절, 통로, 통행	1320
명	passenger pæ.sən.dʒər	승객	1321
동	pass down pæs.daʊn	물려주다	1322
동	pass by pæs.baɪ	~을 지나가다	1323
명	passer-by pæ.sə.baɪ	행인	1324
형	passable pæ.səb.l	통행 가능한, 무난한, 통용된	1325

통	**pass along** pæs.ə.lɔŋ	~에 넘기다	1326
통	**pass away** pæs.ə.weɪ	돌아가시다, 없어지다	1327
통	**pass over** pæs.oʊv.r	무시하다, 건네다, 지나다	1328
통	**pass out** pæs.aʊt	기절하다, 나눠주다	1329
명동	**compass** kʌm.pəs	나침반, 둘러싸다	1330
통	**encompass** enk.ʌm.pəs	포함하다, 둘러싸다	1331
형	**impassable** ɪm.pæ.səb.l	통행할 수 없는, 폐쇄된	1332
명	**passport** pæ.spɔrt	여권	1333
명	**bypass** baɪ.pæs	우회 도로, 샛길	1334
통	**trespass** tre.spæs	침입[침해]하다	1335
명	**speech** spitʃ	연설, 말투, 말	1336
형명	**epic** e.pɪk	서사시, 장대한	1337
명	**spokesman** spoʊk.smən	대변인	1338
형	**unspoken** ʌnspo.ʊkən	암묵적인, 무언의	1339
형	**outspoken** aʊtspo.ʊkən	대놓고 말하는	1340
	so to speak soʊ.tə.spik	말하자면	1341
통	**speak for** spɪk.fɔr	~을 대변하다	1342
통	**speak out** spɪk.aʊt	분명히 말하다	1343
형	**speechless** spit.ʃləs	말 못하는, 무언의	1344
통	**tend** tend.tə	~하는 경향이 있다	1345
명	**tendency** ten.dən.si	경향	1346
통	**discover** dɪ.skə.vər	발견하다, 알아내다	1347
명동	**cover** kʌ.vər	덮개, 덮다, 포함하다	1348
명	**discovery** dɪ.skə.və.ri	발견, 폭로	1349
통	**cover up** kʌ.vər.ʌp	숨기다, ~을 덮다	1350

형	**undiscovered** ʌn.dɪ.skə.vərd	미발견의, 미지의	1351
명	**coverage** kʌ.və.rədʒ	범위, 중계	1352
명	**discoverer** dɪ.skə.və.rər	발견자	1353
동	**cover with** kʌ.vər.wɪθ	~로 감싸다[뒤덮다]	1354
형	**covert** kovərt	비밀의, 은밀한	1355
형	**undercover** ʌn.dərk.ə.vər	은밀한, 잠복한	1356
동	**uncover** ʌnk.ə.vər	폭로하다, 뚜껑을 벗기다	1357
명동	**fall** fɑl	떨어지다, 추락, 폭포 ③ fall | fell | fallen	1358
동	**fell** fel	넘어뜨리다, 떨어지다, *fall의 과거	1359
형	**fallen** fɑ.lən	떨어진, 쓰러진	1360
동	**fall down** fɑl.daʊn	넘어[떨어]지다	1361
동	**fall in love with** fɑl.ɪn.lʌv.wɪθ	~에 반하다	1362
명	**waterfall** wɒ.tər.fɒl	폭포	1363
동	**fall away** fɑl.ə.weɪ	분리되다, 떨어지다	1364
동	**fall out** fɑl.aʊt	사이가 틀어지다, 빠지다	1365
동	**fall off** fɑl.ɒf	떨어지다	1366
동	**find out** faɪnd.aʊt	발견하다, 알아내다	1367
동	**find fault with** faɪnd.fɒlt.wɪθ	~의 흠을 찾다	1368
동	**find ways to V** faɪnd.weɪz.tə	~할 방법을 찾다	1369
명	**findings** faɪn.dɪŋz	발견(물), 습득물	1370
명	**pathfinder** pæθ.faɪn.dər	개척자	1371
형	**nowadays** naʊə.dez	요즘에는	1372
	from now (on) frəm.naʊ.ɑn	지금부터	1373
명	**playwright** pleɪ.raɪt	각본가	1374
동	**play a part** pleɪ.ə.pɑrt	역할을 하다	1375

형	plaything pleɪ.θɪŋ	장난감	1376
형	playback pleɪ.bæk	소리 재생	1377
형	interplay ɪn.tər.pleɪ	상호 작용	1378
형	playful pleɪ.fəl	장난스런	1379
형	playoff pleɪ.ɔf	결승전	1380
동	play down pleɪ.daʊn	폄하하다	1381
형	reasonable ri.zə.nəb.l	합리적인, 타당한	1382
명	reason ri.zən	이유	1383
	for good reason fər.gʊd.ri.zən	정당한 이유로	1384
형	unreasonable ʌn.riz.nəb.l	비이성적인, 부당한	1385
형	significant sɪg.nɪ.fɪkənt	중요한, 유의미한, 상당한	1386
명	significance sɪg.nɪ.fɪkəns	중요(성), 의미(심장함)	1387
동	signify sɪg.nə.faɪ	의미[중요]하다, 나타내다	1388
형	insignificant ɪn.sɪg.njɪ.fɪkənt	하찮은	1389
명형동	signal sɪg.nəl	신호(의), 나타내다, 징조	1390
동	sign up saɪn.ʌp	신청[가입]하다	1391
형	signature sɪg.nə.tʃər	서명	1392
동	sign in saɪn.ɪn	가입[서명]하다	1393
명	road sign roʊd.saɪn	도로 표지판	1394
형	store sign stɔr.saɪn	간판	1395
동	spend spend	(돈, 시간) 쓰다 ③ spend | spent | spent	1396
형	expensive ɪk.spen.sɪv	비싼	1397
명	expense ɪk.spens	비용, 지출	1398
형	inexpensive ɪ.nɪk.spen.sɪv	값이 싼	1399
	at the expense of ət.ði.ɪk.spens.ʌv	~을 희생하면서	1400

품사	단어	뜻	번호
동	**expend** ik.spend	소비하다, 쓰다	1401
명	**expenditure** ik.spen.də.tʃər	지출, 비용, 소비	1402
형	**expendable** ik.spen.dəb.l	소모용의	1403
동	**spend on A ~ing** spend.on	A를 ~하는데 쓰다	1404
형/명	**aging** eidʒ.ɪŋ	늙은, 노화, 숙성	1405
	at the age of ət.ði.eidʒ.ʌv	~세에	1406
형	**middle aged** mid.l.eidʒd	중년의	1407
명	**ageism** eidʒ.ɪ.zəm	연령 차별	1408
형	**underage** ʌnd.ər.eidʒ	미성년의	1409
형	**artificial** ɑr.tə.fiʃ.l	인공의, 인위적인	1410
명	**artwork** ɑr.twərk	삽화, 수공예품	1411
형	**artistic** ɑrtɪ.stɪk	예술적인, 정교한	1412
명	**artisan** ɑr.tə.zən	장인	1413
명	**artifact** ɑr.tə.fækt	유물, 고대의 물건	1414
명	**belief** bə.lif	믿음, 신뢰	1415
동	**believe in** bə.liv.ɪn	~을 믿다	1416
형	**believable** bə.li.vəb.l	믿을 수 있는	1417
명	**disbelief** dɪs.bə.lif	불신	1418
형	**unbelievable** ʌn.bə.li.vəb.l	믿을 수 없는, 놀라운	1419
	believe it or not bə.liv.ɪt.ɔr.nɑt	믿거나 말거나	1420
동	**end up** end.ʌp	~로 끝나다	1421
형	**endless** end.ləs	끝없는, 무한한	1422
	in the end ɪn.ði.end	결국, 마지막에	1423
형	**holding** hould.ɪŋ	소유 (재산), 점유, 지주(holdings)	1424
동	**uphold** ʌphould	유지[지지, 인정]하다 ③ uphold | upheld | upheld	1425

형	**holder** houl.də	보유자, 소유주, 받침	1426
형	**threshold** θreʃhould	문턱, 기준점	1427
동	**hold on to** hould.ɑn.tu	~을 붙잡다	1428
형	**holdout** holdɑwt	저항	1429
동	**behold** bɪhould	주시하다 ③ behold | beheld | beheld	1430
동	**hold up** hould.ʌp	견디다	1431
동	**withhold** wɪðhould	보류하다 ③ withhold | withheld | withheld	1432
동	**hold back** hould.bæk	억제하다, 참다	1433
형동	**halt** hɒlt	정지(하다)	1434
형동	**balance** bæ.ləns	균형(을 잡다), 저울, 잔액	1435
형	**balanced** bæ.lənst	균형 잡힌	1436
형	**imbalance** ɪm.bæ.ləns	불균형	1437
형동	**unbalance** ʌn.bæ.ləns	불균형(하게 하다)	1438
동	**restrict** ri.strɪkt	제한하다	1439
형	**strict** strɪkt	엄격한	1440
형	**district** dɪ.strɪkt	지역, 구역	1441
형	**constraint** kən.streɪnt	강제, 제한	1442
동	**arrest** ə.rest	체포[저지]하다	1443
부	**strictly** strɪkt.li	엄격히	1444
동	**constrict** kən.strɪkt	수축되다[하다], 조이다	1445
형	**restraint** rə.streɪnt	제한, 자제, 구속	1446
형	**restriction** ri.strɪk.ʃn	제한, 구속	1447
형	**restrictive** ri.strɪk.tɪv	제한[한정]하는	1448
동	**constrain** kən.streɪn	강제[제한]하다	1449
동	**restrain** ri.streɪn	억제하다	1450

품사	단어	뜻	번호
명	**strait** streɪt	해협, 엄격한, 곤경	1451
형	**unrestricted** ʌn.ri.strɪk.təd	무제한의	1452
명	**self-restraint** sel.frɪs.treɪnt	자제(력)	1453
형	**unrestrained** ʌn.ri.streɪnd	억제되지 않은	1454
형명	**colored** kʌ.lərd	착색된, 유색인종	1455
형명	**gray = grey** greɪ	침울한, 회색	1456
명	**graying** greɪ.ɪŋ	고령화, 노화	1457
명	**greenhouse** grin.haʊs	온실	1458
명	**green light** grin.laɪt	허가	1459
형명	**blue** blu	우울한, 파란색	1460
명	**blackout** blæk.aʊt	정전, 기절, 보도통제	1461
명	**blue chip** blu.tʃɪp	우량주, 일류	1462
명	**blueprint** blu.prɪnt	청사진	1463
형	**yellowish** jelo.ʊʃ	노르스름한	1464
	in black ɪn.blæk	흑자로	1465
형	**infrared** ɪn.frə.red	적외선	1466
형	**ultraviolet** ʌl.trə.vaɪə.lət	자외선	1467
형	**color-blind** kə.lər.blaɪnd	색맹의, 차별 없는	1468
형	**colorless** kə.lər.ləs	무색의	1469
부	**generally** dʒen.rəl.i	일반적으로, 대체로	1470
명	**generalization** dʒen.rəl.ə.zeɪʃ.ŋ	일반화	1471
	in general ɪn.dʒen.rəl	일반적으로	1472
명	**generality** dʒen.ə.ræl.ət.i	보편성, 대다수	1473
동	**generalize** dʒen.rə.laɪz	일반화하다	1474
동	**overgeneralize** oʊv.r̩.dʒen.rə.laɪz	과잉 일반화하다	1475

형	generic	일반적인	1476
	dʒə.ne.rɪk		
동	ensure	보증[확실히]하다	1477
	en.ʃur		
부	surely	확실히, "물론", "설마"	1478
	ʃur.li		
	for sure	확실히	1479
	fər.ʃur		
동	assure	보증[확신]하다	1480
	ə.ʃur		
명	assurance	보증, 확신	1481
	ə.ʃu.rəns		
형	unsure	불확실한, 자신 없는	1482
	ʌn.ʃur		
동	reassure	안심[확신]시키다	1483
	riə.ʃur		
명	insurance	보험	1484
	ɪn.ʃu.rəns		
동	insure	보험들다, 보장하다	1485
	ɪn.ʃur		
형	uninsured	무보험의	1486
	ʌ.nɪn.ʃurd		
동	base on	~에 근거를 두다	1487
	beɪs.ɑn		
명	basis	기초, 근거, 주성분	1488
	beɪ.sɪs		
명	basement	지하, 최하부	1489
	beɪ.smənt		
	on the basis of	~에 기초[근거]하여	1490
	ɑn.ðə.beɪ.sɪs.ʌv		
명	baseline	출발선, 기준	1491
	beɪs.laɪn		
형명	bass	저음(의)	1492
	bæs		
형	baseless	근거 없는	1493
	beɪs.ləs		
형	(-)-based	~에 기반한	1494
	beɪst		
동	look forward to	~을 기대하다[기다리다]	1495
	luk.fɔr.wərd.tu		
형	awkward	어색한, 곤란한	1496
	ɑ.kwərd		
형부	upward	위쪽으로(향한)	1497
	ʌp.wərd		
형부	downward	아래로(향한)	1498
	daʊn.wərd		
형부	outward	겉으로, 외부의, 해외의	1499
	aʊt.wərd		
부	backwards	뒤로, 거꾸로	1500
	bæk.wərdz		

	단어	뜻	번호
부	**downwards** daʊn.wərdz	아래쪽으로	1501
형부	**inward** ɪn.wərd	내부의, 안으로	1502
형부	**onward** ɒn.wərd	앞으로, 전진하는	1503
동	**ward off** wɔrd.ɒf	~을 피하다[막다]	1504
부형명	**westward** wes.twərd	서쪽(으로, 의)	1505
형부	**eastward** is.twərd	동쪽으로(의)	1506
형부	**northward** nɔr.θwərd	북쪽으로(의)	1507
형부	**southward** saʊ.θwərd	남쪽으로(의)	1508
동	**put forward** pʊt.fɔr.wərd	내세우다, 앞당기다	1509
	toward 시간 tə.wɔrd	~쯤에	1510
동	**empower** ɪm.paʊər	권한[권력]을 주다	1511
동	**overpower** oʊv.ə.paʊə	압도[지배]하다	1512
명	**powerhouse** paʊər.haʊs	최강자, 발전소	1513
명	**superpower** su.pər.paʊər	초강대국	1514
명	**empowerment** ɪm.paʊər.mənt	권한부여	1515
형	**powerless** paʊər.ləs	무력한	1516
동	**succeed** sək.sid	성공[승계]하다	1517
형	**successful** sək.se.sfəl	성공적인	1518
동	**succeed in** sək.sid.ɪn	~에 성공하다	1519
형	**unsuccessful** ʌn.sək.ses.fl	실패적인	1520
형	**succeeding** sək.sid.ɪŋ	계속된	1521
동	**succeed to** sək.sid.tu	물려받다	1522
명동	**track** træk	자취(를 쫓다), 선로	1523
형	**traffic** træ.fɪk	교통	1524
형	**trace** treɪs	추적하다, 자취	1525

명동	**trek** trek	도보 여행(하다)	1526
명동	**traverse** træ.vərs	가로지르다, 횡단(하다)	1527
동	**be traced back to** bi.treɪst.bæk.tu	~에서 시작되다	1528
명	**tracker** trækər	추적자	1529
동	**be ready to V** bi.re.di.tə	기꺼이 ~하다	1530
부	**readily** re.də.li	손쉽게, 즉시	1531
명	**readiness** re.di.nəs	준비, 신속	1532
동	**get ready for** get.re.di.fər	~을 준비하다	1533
형	**bodily** ba.də.li	신체의	1534
명	**antibody** æn.tə.ba.di	항체	1535
동	**embody** em.ba.di	구현[포함]하다	1536
	nobody else nou.bə.di.els	아무도 않(-다)	1537
명	**officer** ɑf.əs.ər	장교, 공무원	1538
형	**official** ə.fɪʃ.l̩	공식적인, 공무의	1539
명	**publication** pʌ.blɪk.eɪʃ.n̩	출판(물), 발행(물), 발표	1540
	in public ɪn.pʌ.blɪk	공개적으로	1541
명	**publishing** pʌ.blɪʃ.ɪŋ	출판(업)	1542
동	**publicize** pʌ.blə.saɪz	알리다, 홍보하다	1543
부	**publicly** pʌ.blɪ.kli	공공연하게, 공적으로	1544
형	**unpublished** ʌn.pə.blɪʃt	공개[출판]되지 않은	1545
명	**publicity** pʌ.blɪ.sə.ti	관심, 홍보	1546
명	**publisher** pʌ.blɪ.ʃər	출판인	1547
	rather than ræ.ðər.ðæn	~보다는	1548
동	**would rather V** wud.ræ.ðər	~하는게 낫다	1549
	or rather ɔr.ræ.ðər	아니 오히려	1550

품사	단어	뜻	번호
동	**add** æd	더하다, 추가하다	1551
형	**additional** ə.dɪʃ.ŋəl	부가적인, 추가의	1552
	in addition ɪn.ə.dɪʃ.ŋ	게다가	1553
부	**additionally** ə.dɪʃ.nə.li	추가로, 게다가	1554
명	**additive** æ.də.tɪv	첨가물	1555
동	**adduce** ə.djus	(추가로) 예를 들다	1556
동	**add in** æd.ɪn	포함시키다	1557
동	**add to** æd.tu	~에 더하다	1558
명	**add-on** æd.ɑn	추가물	1559
동	**add up** æd.ʌp	합하다, 말이 되다	1560
명	**aftermath** æf.tər.mæθ	여파, 후유증	1561
부	**afterward**(s) æf.tər.wərd.es	나중에, 그 뒤에	1562
	after a while æf.tər.ə.waɪl	잠시 후	1563
	one after another wʌn.æf.tər.ə.nʌð.r	잇따라서	1564
	one afternoon wʌn.æf.tər.nun	어느 날 오후	1565
	back to bæk.tu	원래대로, ~로 되돌아서	1566
	back and forth bæk.ənd.fɔrθ	이리저리, 주고 받기	1567
동	**back into** bæk.ɪn.tu	되돌아가다	1568
형/명	**humpback** hʌmp.bæk	꼽추(의)	1569
형	**aback** ə.bæk	역풍을 맞은	1570
형	**backed** bækt	지원받는	1571
명	**fallback** fɒl.bæk	대비책, 후퇴	1572
	back then bæk.ðen	그 당시에	1573
동	**back up** bæk.ʌp	지원[예비, 후진]하다	1574
명	**backup** bækəp	예비, 지원	1575

명	**backing** bæk.ɪŋ	지원, 배후	1576
명	**backcloth** bæk.klɒθ	배경막	1577
명	**backlash** bæk.læʃ	반발	1578
	back again bæk.ə.gen	원래대로	1579
통	**back off** bæk.ɒf	물러서다	1580
형	**back-breaking** bæk.breɪkɪŋ	등골 빠지는	1581
통	**focus on** foukəs.ɑn	~에 초점을 두다	1582
형	**focal** fouk.l	초점의	1583
명	**loss** lɒs	분실, 상실, 패배	1584
	at a loss ət.ə.lɒs	어쩔 줄 몰라	1585
통	**lose face** luz.feɪs	체면을 잃다	1586
통	**lose out** luz.aʊt	손해보다	1587
통	**lose track of** luz.træk.ʌv	~을 잃다[잊다]	1588
통	**lose control** luz.kəntroʊl	자제력[통제력]을 잃다	1589
통	**lose one's shirt** luz.wʌnz.ʃɝt	빈털터리가 되다	1590
통	**lose one's temper** luz.wʌnz.tem.pər	화내다, 흥분하다	1591
통	**lose sight of** luz.saɪt.ʌv	~을 잃다[잊다]	1592
통	**lose weight** luz.weɪt	살 빼다	1593
통	**read on** rid.ɑn	계속 읽다	1594
통	**sight-read** saɪt.rid	즉석에서 읽다[연주하다]	1595
형	**readable** rid.əb.l	읽기 쉬운, 재미있는	1596
통	**read between the lines** rid.bɪ.twin.ðə.laɪnz	행간의 속뜻을 읽다	1597
통	**re-read** ri.rid	다시 읽다	1598
명	**simplicity** sɪm.plɪ.sə.ti	단순함, 순진함	1599
통	**simplify** sɪm.plə.faɪ	단순화하다	1600

분	simply sɪm.plɪ.tə	단순히	1601
형	simplistic sɪm.plɪ.stɪk	단순화한	1602
형	waterproof wɒ.tər.pruf	방수	1603
명	whitewater waɪ.twɒ.tər	급류	1604
형	underwater ʌn.dər.wɒ.tər	수중(용)의	1605
명	waterfront wɒ.tər.frʌnt	물가, 부두	1606
동	waterlog wɒ.tər.lɑg	물에 잠기다	1607
형	watery wɒ.tə.ri	물의, 물 많은	1608
명	watershed wɑ.tər.ʃed	분수령	1609
명동	surface sɜ.fəs	표면, 나타나다	1610
형	facial feɪʃ.l	얼굴의	1611
형	face-to-face feɪs.tə.feɪs	마주보는, 직면의	1612
동	efface ə.feɪs	지우다	1613
형	superficial su.pər.fɪʃ.l	표면상의, 피상적인	1614
형	multifaceted mʌlt.i.fæ.sə.təd	다면적인	1615
명	a long face ə.lɒŋ.feɪs	우울한 얼굴	1616
	in the face of ɪn.ðə.feɪs.ʌv	~의 정면에서	1617
명	interface ɪn.tər.feɪs	접점	1618
명	facet fæ.sət	면, 양상	1619
명	preface pre.fəs	머리말	1620
명	facade fə.sɑd	정면	1621
동	be faced with bi.feɪst.wɪθ	~에 직면하다	1622
	on the surface of ɑn.ðə.sɜ.fəs.ʌv	~의 표면[위]에	1623
명동	head hed	머리, 수석, ~로 향하다	1624
분	ahead ə.hed	앞쪽에, 앞으로	1625

명	headache he.dek	두통	1626
전	ahead of ə.hed.ʌv	~앞에, ~보다 빨리	1627
명동	headline hed.laɪn	표제(를 달다), 주요 뉴스	1628
명	forehead fɔr.hed	이마, 앞부분	1629
명	headquarter(s) hed.kwɔr.tər.es	본부, 본사	1630
명	header he.dər	헤딩, 머리말	1631
명	heading hed.ɪŋ	제목, 방향	1632
동	head off hed.ɒf	~을 막다	1633
형	headless hed.ləs	머리[생각]없는	1634
형부	head-on hed.ɒn	정면의, 정면으로	1635
명	headway he.dwe	전진, 진행	1636
형명	kind kaɪnd	종류, 친절한	1637
	kind of kaɪnd.ʌv	약간, 종류의	1638
	a kind of ə.kaɪnd.ʌv	일종의, ~같은	1639
	all kinds of ɔl.kaɪndz.ʌv	모든 종류의, 온갖	1640
형	one-of-a-kind wʌn.ɒv.ə.kaɪnd	특별한, 독특한	1641
동	lay leɪ	(알)낳다, 놓다, 눕히다 ③ lay | laid | laid	1642
동	lay on leɪ.ɑn	눕다, 놓다	1643
명동	layer leɪər	층(을 쌓다), 겹(치다)	1644
명동	delay də.leɪ	지연(시키다), 미루다	1645
동	lay off leɪ.ɒf	그만두다, 해고하다	1646
동	lay down leɪ.daʊn	눕다, 내려놓다	1647
동	overlie oʊv.ə.laɪ	~위에 놓다[눕다] ③ overlie | overlay | overlain	1648
동	overlay oʊv.ə.leɪ	씌우다, 덧칠하다 ③ overlay | overlaid | overlaid	1649
명동	relay ri.le	교대[중계](하다)	1650

품사	단어	뜻	번호
명	layout [leɪ.aʊt]	배치(도), 설계	1651
동	lay out [leɪ.aʊt]	배치하다, 펼치다	1652
형명	outlying [aʊt.laɪ.ɪŋ]	외딴, 외곽(의)	1653
명	layoff [leɪ.ɔf]	해고, 휴직	1654
동	allay [ə.leɪ]	완화하다	1655
동	serve [sɝv]	제공[근무, 봉사]하다	1656
명동	service [sɝ.vəs]	봉사[제공, 근무](하다)	1657
명	servant [sɝ.vənt]	하인	1658
명	public servant [pʌ.blɪk.sɝ.vənt]	공무원	1659
동	subserve [səb.sɝv]	돕다	1660
형	subservient [səb.sɝ.viənt]	굴복하는	1661
형	several [se.vrəl]	몇몇의, 따로따로의	1662
형동	separate [se.pə.ret]	분리하다, 개별적인	1663
명	separation [se.pə.reɪʃ.ŋ]	분리, 간격, 결별	1664
동	separate A from B [se.pə.ret.ə.frəm.bi]	A를 B에서 분리하다	1665
동	sever [se.vər]	절단[분할]하다	1666
형	inseparable [ɪn.se.pə.rəb.l]	분리할 수 없는	1667
동	solve [salv]	해결하다, 풀다	1668
명	solution [sə.luʃ.ŋ]	해결, 용해, 분해	1669
명	dissolution [dɪ.sə.luʃ.ŋ]	소멸, 해산, 해약, 분해	1670
동	dissolve [dɪ.zalv]	녹(이)다, 해산하다	1671
동	resolve [ri.zalv]	결심[분해, 해결]하다	1672
형	dissolvable [dɪ.zɑl.vəbl]	분해 가능한	1673
형	irresoluble [irisɑ.ljəb.l]	해결 불가능한	1674
형	irresolute [i.re.zə.lut]	결단력 없는	1675

형	**resolution** re.zə.luʃ.n	해결, 결의	1676
형	**soluble** sɑ.ljəb.l	녹는, 해결 가능한	1677
형	**solvable** sɑl.vəb.l	해결할 수 있는	1678
형명	**solvent** sɑl.vənt	용해제, 지불능력 있는	1679
형	**unresolved** ən.rə.zɑlvd	미해결된	1680
형	**insolvent** ɪn.sɑl.vənt	파산한	1681
형	**resolute** re.zə.lut	단호한	1682
동	**resolve** ri.zɑlv	결심하다	1683
형	**unsolvable** ən.sɑl.və.bəl	해결할 수 없는	1684
전	**against** ə.genst	~에 반대[대비]하여, ~에 기대서	1685
	once again wəns.ə.gen	다시 한 번	1686
동	**go against** gou.ə.genst	~에 반대하다	1687
동	**attract** ə.trækt	매혹[유인]하다	1688
동	**distract** dɪ.strækt	이목을 돌리다, 혼란시키다	1689
형	**attractive** ə.træk.tɪv	매력적인, 눈에 띄는	1690
명	**attraction** ə.træk.ʃn	매력, 끌림	1691
명	**distraction** dɪ.stræk.ʃn	산만, 기분 전환	1692
형명동	**abstract** æb.strækt	추상적인, 추출하다, 추상화	1693
명	**attractiveness** ə.træk.tɪv.nəs	매력, 아름다움	1694
형	**distraught** dɪ.strɔt	미칠듯한	1695
명	**detractor** di.træk.tər	비방자	1696
부	**distractedly** dɪ.stræk.tɪd.li	산만하여	1697
동	**protract** protrækt	오래 끌다, 연장하다	1698
명	**extraction** ɪk.stræk.ʃn	추출	1699
명	**abstraction** æb.stræk.ʃn	관념	1700

동	**detract** də.trækt	(관심, 가치를) 떨어트리다	1701
동	**classify** klæ.sə.faɪ	분류하다	1702
형	**classic** klæ.sɪk	고전[전형]적인	1703
형	**classical** klæ.sɪk.l̩	고전[전형]적인	1704
명	**middle-class** mɪd.l̩.klæs	중산층	1705
명	**classification** klæ.sə.fək.eɪʃ.n̩	분류(법)	1706
형	**classless** klæ.sləs	계급 없는	1707
형명	**ideal** aɪ.dil	이상(적인)	1708
명	**idealism** aɪ.di.lɪ.zəm	이상주의	1709
형	**ideological** aɪ.diə.lɑ.dʒɪk.l̩	이념적인	1710
명	**idealist** aɪ.di.ləst	이상주의자	1711
동	**idealize** aɪ.di.laɪz	이상화하다	1712
명	**ideology** aɪ.di.ɑ.lə.dʒi	이념, 관념(론)	1713
형	**idealistic** aɪ.diə.lɪ.stɪk	이상적인	1714
형부동	**last** læst	마지막, 최근의, 계속되다	1715
형	**lasting** læ.stɪŋ	영구적인, 튼튼한	1716
형	**long-lasting** lɔŋ.læ.stɪŋ	오래 지속된	1717
	at last ət.læst	마침내	1718
형	**last-minute** læst.mɪ.nət	마지막 순간의	1719
	to the last (~) tə.ðə.læst	마지막 (~)까지	1720
형	**national** næ.ʃə.nəl	국가의, 국민의, 국립의	1721
명	**nation** neɪʃ.n̩	국가, 전국민	1722
형	**international** ɪnt.r̩.næʃ.n̩.əl	국제적인	1723
형	**nationwide** neɪ.ʃən.waɪd	전국적인	1724
형	**multinational** mʌlt.i.næʃ.nəl	다국적의	1725

명	**nationalism** næ.ʃə.nə.lɪ.zəm	민족주의	1726
부	**nationally** næ.ʃə.nə.li	전국[전국민]적으로	1727
명	**nationality** næ.ʃə.næ.lə.ti	국적	1728
명	**nationalist** næ.ʃə.nə.lɪst	민족주의자	1729
형	**transnational** træns.næ.ʃnəl	다국적의	1730
명동	**place** pleɪs	장소, 놓다, 두다	1731
동	**misplace** mɪ.spleɪs	~을 잘못 놓다	1732
동	**displace** dɪ.spleɪs	옮기다, 대체하다	1733
명	**displacement** dɪ.spleɪ.smənt	이동, 배수량	1734
형	**high-placed** haɪ.pleɪst	고위직의	1735
형	**out of place** aʊt.əv.pleɪs	제자리가 아닌, 어색한	1736
명	**property** prɑ.pər.ti	재산, 특성, 소유(물)	1737
동	**appropriate** əpro.ʊ.priət	적절한, 도용하다	1738
형	**proper** prɑ.pər	알맞은, 적절한	1739
부	**appropriately** əpro.ʊ.priət.li	적절히, 알맞게	1740
형	**inappropriate** ɪ.nəpro.ʊ.priət	부적절한	1741
명	**appropriation** əpro.ʊ.pri.eɪʃ.n̩	독차지, 도용, 지출금	1742
형	**improper** ɪm.prɑ.pər	부적절한	1743
명	**propensity** prə.pen.sə.ti	경향	1744
명	**proprietor** prə.praɪə.tər	소유자	1745
형	**proprietary** prə.praɪə.te.ri	소유자의	1746
명	**propriety** prə.praɪə.ti	예의, 적절	1747
명동	**rise** raɪz	상승(하다), 일어나다 ③ rise | rose | risen	1748
동	**arise** ə.raɪz	일어나다, 생기다 ③ arise | arose | arisen	1749
형	**arousing** ə.raʊz.ɪŋ	자극적인	1750

동	arouse ə.raʊz	일으키다, 깨우다, 자극하다	1751
명	arousal ə.raʊz.l	각성, 환기, 자극	1752
	on the rise ɑn.ðə.raɪz	상승하여	1753
동	rouse raʊz	각성시키다, 깨우다	1754
명	uprising ɔ.praɪz.ɪŋ	반란, 폭동	1755
	a lot of ə.lɑt.ʌv	많은	1756
	a lot ə.lɑt	많이, 다수	1757
	lots of lɑts.ʌv	많은	1758
명동	ballot bæ.lət	투표(하다)	1759
명	lottery lɑ.tə.ri	복권, 제비뽑기	1760
명동	lot lɑt	운, 뽑기(하다)	1761
동	allot ə.lɑt	할당[분배]하다	1762
동	allocate æ.ləket	할당[분배]하다	1763
명	allocation æ.lək.eɪʃ.n	할당, 배급	1764
명동	forecast fɔrkæst	예측(하다) ③ forecast | forecast | forecast	1765
명	forecaster fɔrk.æ.stər	(기상) 예측자	1766
명	forefront fɔr.frʌnt	맨 앞, 선두	1767
동	forestall fɔr.stɔl	미리 막다	1768
형	foremost fɔmoʊst	가장 중요한	1769
형	foregoing fɔgo.ʊɪŋ	앞서 말한	1770
명	foreman fɔr.mən	팀장, 주장	1771
부	beforehand bɪ.fɔr.hænd	미리, 벌써	1772
	before long bɪ.fɔr.lɔŋ	곧, 금방	1773
명	culture kʌl.tʃər	문화, 재배, 교양	1774
형	cultural kʌl.tʃə.rəl	문화의	1775

명	acculturation ə.kʌl.tʃərei.ʃn	문화의 변화	1776
명	counterculture kaʊn.tərk.əl.tʃər	반체제	1777
명	enculturation inkʌl.tʃərei.ʃn	문화화	1778
형	intercultural ɪn.tərk.əl.tʃə.rəl	다른 문화 간의	1779
형	multicultural mʌlt.i.k.ʌltʃ.rəl	다문화의	1780
명	subculture sʌbk.əl.tʃər	하위 문화	1781
부	directly də.rekt.li	곧장, 직접적으로	1782
명	direction də.rek.ʃn	방향, 지시, 지도	1783
명	director də.rek.tər	관리자, -장	1784
형	indirect ɪn.də.rekt	간접적인, 우회하는	1785
형	directional də.rek.ʃnəl	지향성의, 방향의	1786
형	self-directed self.dɪ.rek.təd	자발적인	1787
형	directive də.rek.tɪv	지시[지배]하는	1788
형	undirected ən.dɪ.rek.təd	지시[방향]없는	1789
형부	enough ə.nəf	충분한, 충분히	1790
형	good enough gʊd.ə.nəf	만족스런	1791
동	follow fɒlo.ʊ	따라가다, 이해하다	1792
명	follower fɒlo.ʊə	추종자, 수행원	1793
형명	follow-up fɒlo.ʊ.ʌp	후속, 뒤따르는	1794
동	follow up on fɒlo.ʊ.ʌp.ɒn	~의 후속조치를 하다	1795
형	follow-on fɒlo.ʊ.ɒn	후속의	1796
동	follow after fɒlo.ʊ.æf.tər	~을 따르다	1797
동	mind maɪnd	마음, 생각, 신경 쓰다, 싫어하다	1798
동	remind ri.maɪnd	생각나게 하다, 다시 알려 주다	1799
형	mindful maɪnd.fəl	주의하는	1800

명	**reminder** ri.maɪn.dər	상기시키는 것, 독촉장	1801
형	**mindless** maɪnd.ləs	생각 없는, 무신경한	1802
형	**mnemonic** nə.mɑ.nɪk	연상법의	1803
형	**unmindful** ʌn.maɪnd.fəl	부주의한	1804
명	**mindfulness** maɪndfl.nəs	명상	1805
	Never mind ne.vər.maɪnd	"걱정하지마", "신경 쓰지마"	1806
명	**mindset** maɪnd.set	사고방식	1807
형	**absent minded** æb.sənt.maɪn.dəd	정신 없는	1808
형	**open minded** oʊ.pən.maɪn.dəd	편견 없는	1809
	out of one's mind aʊt.əv.wʌnz.maɪnd	제정신이 아닌	1810
동	**remind A of B** ri.maɪnd.ə.əv.bi	A에게 B를 생각나게 하다	1811
명	**state-of-mind** steɪt.əv.maɪnd	정신상태	1812
형	**reminiscent** re.mə.nɪ.sənt	떠올리게 하는	1813
명동	**pay** peɪ	지불하다, 임금 ③ pay | paid | paid	1814
동	**pay off** peɪ.ɒf	갚다, 성공하다	1815
동	**pay attention to** peɪ.ə.ten.ʃn.tu	~에 주목[주의]하다	1816
명	**payroll** peɪroʊl	급료(명세서)	1817
명	**payment** peɪ.mənt	지불, 납입, 지급	1818
형	**well-paid** wel.peɪd	급료가 좋은	1819
명	**paycheck** peɪ.tʃek	급료	1820
형	**payable** peɪəb.l	지불할, 지불 가능한	1821
형	**unpaid** ʌn.peɪd	무보수의, 미지급의	1822
동	**repay** ri.peɪ	갚다, 보답하다 ③ repay | repaid | repaid	1823
동	**prepay** pri.peɪ	선불하다 ③ prepay | prepaid | prepaid	1824
동	**pay back** peɪ.bæk	되갚다, 복수하다	1825

형/명	**present** pre.zənt	참석한, 현재(의), 선물	1826
명	**presence** pre.zəns	존재, 출석, 주둔	1827
부	**presently** pre.zənt.li	현재, 곧, 최근	1828
명	**presentation** pre.zən.teiʃ.n̩	발표, 제출, 수여	1829
명	**absence** æb.səns	부재, 불참, 결핍	1830
	in the absence of ɪn.ði.æb.səns.ʌv	~이 없어서	1831
형	**absent** æb.sənt	부재의, 불참한, 결석한	1832
명	**absenteeism** æb.sən.ti.ɪ.zəm	무단결석	1833
형	**omnipresent** ɑm.nə.pre.zənt	어디에나 있는	1834
전/접/부	**since** sɪns	(~)이후로, ~때문에	1835
	ever since ev.r̩.sɪns	~이후로 줄곧	1836
	long since lɔŋ.sɪns	예전에	1837
	not long since nɑt.lɔŋ.sɪns	최근에	1838
전	**according to** ək.ɔrd.ɪŋ.tu	~에 따르면[따라서]	1839
부	**accordingly** ək.ɔr.dɪŋ.li	따라서, 알맞게	1840
명	**accordance** ək.ɔr.dəns	일치, 조화	1841
명	**chord** kɔrd	화음	1842
형	**cordial** kɔr.dʒəl	진심의, 다정한	1843
명	**cordiality** kɔr.dɪ.æ.lɪ.ti	진심, 다정	1844
명	**discord** dɪs.kɔrd	불일치, 불화	1845
형	**discordant** dɪs.kɔrd.ənt	불일치의, 불화의	1846
	in accordance with ɪn.ək.ɔr.dəns.wɪθ	~에 따라서	1847
동	**accord** ək.ɔrd	부합[협정]하다	1848
명	**concordance** kənk.ɔr.dəns	일치, 조화	1849
명	**concord** kɑnk.ɔrd	일치, 조화	1850

부	clearly klır.li	명확히, 똑똑히	1851
명	clarity kle.rə.ti	명확성, 선명도	1852
형	unclear ʌn.klır	불확실한, 모르는	1853
형	clear-cut klıə.kʌt	명백한, 뚜렷한	1854
동	clear up klır.ʌp	정리[분명히]하다, 날이 개다	1855
동	clarify kle.rə.faı	분명히 (말)하다	1856
명	clearance klı.rəns	승인, 여유	1857
형	continuous kən.tı.njuəs	계속적인	1858
명	continuum kən.tı.njuəm	연속체	1859
명	continuity kɑn.tə.nuə.ti	연속성	1860
명	continuation kən.tı.nju.eıʃ.ŋ	계속	1861
동	discontinue dıs.kən.tın.ju	그만두다, 정지하다	1862
형	continual kən.tı.njuəl	계속적인	1863
명	continuance kən.tı.njuəns	지속	1864
부	hardly hɑrd.li	거의 않(-다), 고되게	1865
명	hardship hɑrd.ʃıp	어려움, 곤란	1866
형	hardy hɑr.di	강건한, 대담한	1867
동	be hard on bi.hɑrd.ʌn	~이 부담을 겪다	1868
형	arduous ɑr.dʒuəs	고된, 험한	1869
명	hardness hɑrd.nəs	단단함, 견고함	1870
동	harden hɑr.dn	단단해지다, 굳다	1871
부	largely lɑrdʒ.li	주로, 크게	1872
	at large ət.lɑrdʒ	전반적인, 잡히지 않은	1873
동	enlarge ın.lɑrdʒ	확대하다	1874
동	must have p.p məst.həv.pi..pi	~했던게 분명하다	1875

형	old-fashioned oul.fæʃ.nd	구식의, 보수적인	1876
형	physical fɪ.zɪk.l	육체의, 물질[물리]적인	1877
형	physiological fɪ.zɪə.lə.dʒɪk.l	생리(학)적인	1878
명	physician fə.zɪʃ.n	내과의사	1879
명	physiologist fɪ.zi.ɑ.lə.dʒəst	생리학자	1880
명	physiology fɪ.zi.ɑ.lə.dʒi	생리학	1881
명	physics fɪ.zɪks	물리학	1882
명	quantum physics kwɑn.təm.fɪ.zɪks	양자 물리학	1883
명	physicist fɪ.zə.sɪst	물리학자	1884
명	physique fə.zik	체격, 지형	1885
동	tell tel	말하다, 구별하다 ③ tell | told | told	1886
동	tell a lie tel.ə.laɪ	거짓말하다	1887
명	teller te.lər	말하는 사람, 출납원	1888
형·명	telltale tel.tel	숨길 수 없는, 고자질쟁이	1889
형	untold ʌntoʊld	말 못할	1890
동	tell A from B tel.ə.frəm.bi	A와 B를 구별하다	1891
동	tell off tel.ɒf	호통치다	1892
부	usually ju.ʒə.wə.li	보통, 대개	1893
형	usual ju.ʒə.wəl	보통의, 평상시의	1894
형	unusual ʌ.nju.ʒə.wəl	드문, 별난	1895
명·동	account ək.aʊnt	계좌, 이야기, 설명(하다)	1896
명·동	count kaʊnt	수(를 세다), 계산[중요]하다	1897
동	account for ək.aʊnt.fɔr	~을 설명하다, 차지하다	1898
동	count on kaʊnt.ɑn	~을 믿다[기대하다]	1899
명	accounting ək.aʊnt.ɪŋ	회계, 계산	1900

명동	**discount** dɪs.kaʊnt	할인(하다)	1901
형	**accountable** ək.aʊn.təb.l	책임이 있는, 설명 가능한	1902
형	**countless** kaʊnt.ləs	셀 수 없는	1903
형	**unaccountable** ʌ.nək.aʊn.təb.l	설명 불가능한, 책임이 없는	1904
	on account of ɑn.ək.aʊnt.ʌv	~의 이유로	1905
명	**accountant** ək.aʊn.tənt	회계사	1906
동	**recount** rɪk.aʊnt	재계산[진술]하다	1907
명동	**contrast** kɑn.træst	차이, 대비[대조](하다)	1908
형	**contrary** kɑn.tre.ri	반대된, 모순된	1909
동	**contradict** kɑn.trə.dɪkt	부정하다, 모순되다	1910
	contrary to kɑn.tre.ri.tu	~에 반대로	1911
	in contrast ɪn.kɑn.træst	반면에	1912
부	**contrarily** kɑn.trə.rə.li	반대로	1913
명	**contravention** kɑn.trə.ven.tʃn	위반	1914
동	**be contrast to** bi.kɑn.træst.tu	~와 반대이다[대조되다]	1915
	on the contrary ɑn.ðə.kɑn.tre.ri	반면에, 오히려	1916
	pros and cons proʊz.ənd.kɑnz	찬반 양론, 장단점	1917
형	**contradictory** kɑn.trə.dɪk.tə.ri	모순된, 반박하는	1918
동	**contravene** kɑn.trə.vin	위반하다	1919
명	**humanity** hju.mæ.nə.ti	인류, 인간애, 인간성	1920
부	**humanely** hju.mem.li	인간적으로	1921
명	**humankind** hju.mɑnk.aɪnd	인류, 인간	1922
명	**human being** hju.mən.biŋ	인간	1923
명	**human nature** hju.mən.neɪ.tʃər	인간성	1924
형	**humanitarian** hju.mæ.nə.te.riən	인도주의적인	1925

명	**humanist** hju.mə.nɪst	인도주의자	1926
형	**inhuman** ɪn.hju.mən	비인간적인	1927
명동	**instance** ɪn.stəns	예(를 들다)	1928
	for instance fər.ɪn.stəns	예를 들면	1929
부	**openly** oʊ.pən.li	공연히, 터놓고	1930
동	**reopen** rio.ʊ.pən	다시 열다, 재개하다	1931
형	**open-ended** oʊ.pən.en.dɪd	제한 없는, 조절가능한	1932
명	**scholarship** skɑ.lər.ʃɪp	장학금, 학문	1933
명	**scholar** skɑ.lər	학자	1934
형	**scholarly** skɑ.lər.li	학문[학자]적인	1935
명	**homeschooling** hoʊm.skul.ɪŋ	재택 교육	1936
명	**preschooler** pri.sku.lər	미취학 아동	1937
명	**schooler** sku.lər	학생	1938
동	**show up** ʃoʊ.ʌp	나타나다, ~을 나타내다	1939
명동	**showcase** ʃoʊk.eɪs	진열장, 진열[소개]하다	1940
명	**showdown** ʃoʊ.daʊn	결전	1941
동	**show off** ʃoʊ.ɒf	~을 자랑하다	1942
부	**similarly** sɪ.mə.lər.li	비슷하게	1943
명	**similarity** sɪ.mə.le.rə.ti	유사(성), 닮음	1944
형	**simultaneous** saɪ.məl.teɪ.niəs	동시의	1945
형	**dissimilar** dɪs.sɪ.mə.lər	다른	1946
명	**dissimilarity** dɪs.sɪ.mə.læ.rə.ti	차이점	1947
동	**assimilate** ə.sɪ.mə.let	동화[흡수]하다	1948
명	**assimilation** ə.sɪ.mə.leɪʃ.n̩	동화, 흡수	1949
동	**stop ~ing** stɑp	~하기를 멈추다	1950

통	**stop to V** stɑp.tə	~하려 멈추다	1951
통	**stop by**[over] stɑp.baɪ[oʊv.r]	잠시 들르다	1952
명	**stopover** stɑpo.u.və	경유, 중도 하차	1953
형	**nonstop** nɑn.stɑp	쉬지 않는, 직행의	1954
형	**one-stop** wʌn.stɑp	한 번에 다 되는	1955
형	**unstoppable** ʌn.stɑp.əb.l	막을 수 없는	1956
통	**suffer** sʌ.fər	고통 받다, 참다, 겪다	1957
명	**sufferer** sʌ.fə.rər	환자	1958
형	**valuable** væ.ljuəb.l	귀중한	1959
통	**evaluate** ɪ.væ.lju.et	평가하다	1960
명	**evaluation** ɪ.væ.lju.eɪʃ.n̩	평가	1961
통	**devalue** dɪ.væ.lju	저평가하다	1962
형	**invaluable** ɪn.væ.ljəb.l	귀중한	1963
형	**value-added** væ.lju.æ.dɪd	부가 가치의	1964
형	**value-free** væ.lju.fri	가치중립적인	1965
형	**valueless** væ.lju.ləs	가치 없는	1966
명	**downfall** daʊn.fɒl	전락, 쏟아짐	1967
명	**downturn** daʊn.tərn	침체	1968
형부	**downright** daʊn.raɪt	직설적인, 완전히	1969
통	**jot down** dʒɑt.daʊn	메모하다	1970
형	**historical** hɪ.stɔ.rɪk.l	역사적인, 역사의	1971
형	**prehistoric** pri.hɪ.stɔ.rɪk	선사시대의	1972
명	**historian** hɪ.stɔ.riən	역사학자	1973
	in history ɪn.hɪ.stri	역사적으로	1974
형	**historic** hɪ.stɔ.rɪk	역사적인	1975

명	**pre-history** pri.hɪ.stri	선사시대	1976
명	**opportunity** ɑ.pər.tu.nə.ti	기회	1977
부	**unfortunately** ʌn.fɔr.tʃə.nət.li	불행하게도	1978
부	**fortunately** fɔr.tʃə.nət.li	다행히도	1979
명	**fortune** fɔr.tʃən	행운, 운, 재산	1980
명	**misfortune** mɪs.fɔr.tʃən	불운, 역경	1981
명	**fortune teller** fɔr.tʃən.te.lər	점쟁이	1982
동	**require** ri.kwaɪər	필요[요구]하다	1983
명동	**request** rɪ.kwest	요청[청구](하다)	1984
형	**prerequisite** pri.re.kwə.zət	필요조건, 전제되는	1985
명	**requirement** rɪ.kwaɪr.mənt	필수조건, 필수품	1986
형명	**requisite** re.kwə.zət	필요한, 필수품	1987
명	**response** rə.spɑns	대답, 응답, 반응	1988
동	**respond** rə.spɑnd	대답[응답]하다	1989
	in response to ɪn.rə.spɑns.tu	~에 응답하여	1990
형	**responsive** rə.spɑn.sɪv	대답[반응]하는	1991
명	**responsiveness** rə.spɑn.sɪv.nəs	민감성, 반응성	1992
명	**respondent** rə.spɑn.dənt	응답자, 피고	1993
형	**frank** fræŋk	솔직한, 노골적인	1994
명	**franchise** fræn.tʃaɪz	독점 사업권	1995
명	**freelance** fri.læns	자유계약	1996
	free of charge fri.ɑv.tʃɑrdʒ	무료로	1997
동	**insist** ɪn.sɪst	고집[주장]하다	1998
동	**consist of** kən.sɪst.ʌv	~로(만) 구성되다	1999
형	**consistent** kən.sɪ.stənt	한결같은, 일관된	2000

	단어	뜻	번호
동	**persist** pər.sɪst	고집[지속]하다	2001
형	**persistent** pər.sɪ.stənt	지속하는, 끈기 있는	2002
명	**consistency** kən.sɪ.stən.si	일정함, 경도, 농도	2003
동	**consist with** kən.sɪst.wɪθ	~와 일치하다	2004
동	**consist in** kən.sɪst.ɪn	~에 있다	2005
형	**consistent with** kən.sɪ.stənt.wɪθ	~와 일치하는	2006
명	**inconsistency** ɪnk.ən.sɪ.stən.si	비일관성, 모순	2007
명	**insistence** ɪn.sɪ.stəns	고집, 주장	2008
형	**inconsistent** ɪnk.ən.sɪ.stənt	일관성 없는, 모순된	2009
명	**persistence** pər.sɪ.stəns	고집, 지속	2010
명	**consistence** kən.sɪ.stəns	일관성, 농도	2011
형	**insistent** ɪn.sɪ.stənt	고집하는, 지속적인	2012
형명	**negative** ne.gə.tɪv	부정(적인), 거부(하는), 음성의	2013
형	**positive** pɑ.zə.tɪv	긍정[적극]적인, 양성의	2014
명	**positivity** pɑ.zə.tɪviti	확실함, 긍정	2015
동	**negate** nɪ.geɪt	부정하다	2016
동	**misunderstand** mɪ.sən.dər.stænd	오해[착각]하다	2017
형	**understandable** ʌn.dər.stæn.dəb.l	이해할 수 있는	2018
명	**interview** ɪn.tər.vju	인터뷰, 면접	2019
명동	**review** ri.vju	검토(하다), 비평	2020
명	**viewpoint** vju.pɔɪnt	견해, 관점	2021
명	**interviewer** ɪn.tər.vjuər	인터뷰 진행자, 면접관	2022
명	**overview** oʊv.r̩.vju	개요, 전체상	2023
명	**preview** pri.vju	미리보기, 예고편	2024
명	**interviewee** ɪn.tər.vju.i	인터뷰 대상자, 면접자	2025

형	**viewable** vju.eɪb.l	볼 수 있는	2026
동	**contribute** kən.trɪ.bjut	기부[기여]하다	2027
명	**contribution** kan.trə.bjuʃ.n	기부(금), 공헌	2028
명	**tribute** trɪ.bjut	감사(표시), 공물	2029
명동	**influence** ɪn.fluəns	영향(주다), 효과	2030
명	**flu** flu	독감	2031
형	**influential** m.flu.en.tʃl	영향력 있는	2032
명	**influenza** ɪn.flu.en.zə	유행성 독감	2033
형	**uninfluential** ən.ɪn.flu.en.tʃl	영향력 없는	2034
동	**influence over** ɪn.fluəns.oʊv.r	~에 영향을 주다	2035
형동	**lower** loʊ.r	낮추다, 더 낮은	2036
전부	**below** bəlo.ʊ	아래에, ~보다 아래	2037
형	**lowly** loʊ.li	낮은, 하찮은	2038
형명동	**major** meɪ.dʒər	주요한, 다수의, 전공(하다), 소령	2039
명	**majority** mə.dʒɔ.rə.ti	다수(파), 다수결	2040
형명	**minor** maɪ.nər	2류의, 소수의, 부전공	2041
명	**minority** maɪ.nɔ.rə.ti	소수(파), 소수 민족	2042
형	**majoritarian** mæ.dʒə.rə.te.riən	다수결의	2043
명동	**type** taɪp	종류, 유형, 자판 치다	2044
형	**typical** tɪ.pək.l	전형적인, 평범한	2045
명	**typo** taɪpo.ʊ	오타	2046
형	**atypical** e.tɪ.pɪk.l	이례적인	2047
명	**character** ke.rɪk.tər	성격, 특성, 등장인물, 문자	2048
형명	**characteristic** ke.rək.tə.rɪ.stɪk	특징, 독특한	2049
동	**characterize** ke.rək.tə.raɪz	묘사[규정]하다	2050

형	environment ən.vaɪ.rən.mənt	환경, 상황	2051
형	environmental ən.vaɪ.rən.men.tl	환경의, 주위의	2052
명	environmentalism en.vaɪ.rən.men.tə.lɪ.zəm	환경보호주의	2053
	far from fɑr.frʌm	전혀 ~않은, ~에서 먼	2054
형·부	farther fɑr.ðər	더 멀리, 더 먼, 훨씬	2055
형	faraway fɑ.rə.we	먼, 멍한	2056
명	a far cry ə.fɑr.kraɪ	상당한 거리[격차]	2057
동	identify aɪ.den.tə.faɪ	확인[식별]하다	2058
명	identity aɪ.den.tə.ti	신분, 정체(성), 동일성	2059
명	identification aɪ.den.tə.fɔk.eɪʃ.n	신분확인, 신분증, 식별	2060
명	entity en.tə.ti	존재, 단체	2061
형	identical aɪ.den.tɪk.l̩	동일한	2062
형	unidentified ʌ.naɪ.den.tə.faɪd	불확실한, 미상의	2063
형	identifiable aɪ.den.tə.faɪəb.l̩	인식 가능한	2064
형·명·동	light laɪt	빛, 가벼운, 밝히다 ③ light | lit, lighted | lit, lighted	2065
형	slight slaɪt	약간의, 가벼운	2066
동	enlighten ɪn.laɪt.n	가르치다, 밝히다	2067
명	lightbulb laɪt.bəlb	백열 전구	2068
동	lighten laɪt.n	가볍게[밝게]하다	2069
명	lighthouse laɪt.hɑws	등대	2070
형	lightweight laɪt.tweɪt	가벼운	2071
형	lit lɪt	빛나는, 환한	2072
명	sidelight saɪd.laɪt	측광, 알림	2073
동	brighten braɪt.n̩	밝아지다, 빛나다	2074
명	twilight twaɪ.laɪt	황혼(기)	2075

형동	**spotlight** spɑt.laɪt	조명(하다)	2076
형	**enlightenment** ɪn.laɪ.tən.mənt	계몽, 가르침	2077
형	**flashlight** flæ.ʃlaɪt	섬광	2078
형동	**meet** mit	만나다, 충족시키다, 모임, 회의 ③ meet | met | met	2079
동	**meet with** mit.wɪθ	겪다, ~와 만나다	2080
동	**meet halfway** mit.hæf.weɪ	타협하다	2081
형	**named** neɪmd	유명한, ~라 불리는	2082
동	**name for** neɪm.fɔr	~의 이름을 따다	2083
형동	**nickname** nɪk.nem	별명(붙이다)	2084
동	**rename** ri.neɪm	개명하다	2085
부	**namely** neɪm.li	즉	2086
명	**surname** sɜ.nem	성	2087
형	**big-name** bɪg.neɪm	일류의, 유명한	2088
형	**nameless** neɪm.ləs	익명의, 말 못 할	2089
형	**unnamed** ʌn.neɪmd	무명의	2090
	at once ət.wəns	동시에, 즉시	2091
	all at once ɔl.ət.wəns	갑자기, 한꺼번에	2092
	once in a while wəns.ɪn.ə.waɪl	가끔	2093
	once upon a time wəns.ə.pɑn.ə.taɪm	옛날 옛적에	2094
동	**point to** pɔɪnt.tu	~을 가리키다	2095
명	**standpoint** stænd.pɔɪnt	관점	2096
형	**pointless** pɔɪnt.ləs	무의미한	2097
형	**popular** pɑ.pjə.lər	인기 있는, 대중적인	2098
형형동	**pop** pɑp	대중적인(음악), 튀어 나오다	2099
형	**popularity** pɑ.pjə.le.rə.ti	인기, 대중성	2100

형	unpopular ən.pɑ.pjə.lər	인기 없는	2101
형	pop-up popup	튀어 나오는	2102
명	popularization pɑ.pjə.lə.rə.zeɪʃ.n	대중화	2103
명	populist pɑ.pjə.ləst	대중영합주의자, 인민당원	2104
동	popularize pɑ.pjə.lə.raɪz	대중화하다	2105
명	populism pɑ.pjə.lɪ.zəm	대중영합주의	2106
형	visual vɪʒ.u.əl	시각적인	2107
형	visible vɪ.zəb.l	보이는, 볼 수 있는	2108
명	vision vɪʒ.n	시각, 시력, 시야	2109
형	invisible ɪn.vɪ.zəb.l	보이지 않는	2110
명	visualization vɪʒ.u.əl.ə.zeɪʃ.n	시각화	2111
동	visualize vɪʒ.u.ə.laɪz	상상[시각화]하다	2112
형	visionary vɪ.ʒə.ne.ri	공상적인, 꿈같은	2113
명	visibility vɪ.zə.bɪ.lə.ti	시야, 가시성	2114
동	envisage en.vɪ.zɪdʒ	예상[상상]하다	2115
명동	attempt ə.tempt	시도(하다)	2116
동	tempt tempt	유혹[시험]하다	2117
명	temptation tem.teɪʃ.n	유혹, 시험	2118
형	born bɔrn	타고난, ~로 태어난	2119
명동	bear ber	낳다, 참다, 부담하다, 곰 ③ bear | bore | born	2120
명	birth bɝθ	탄생, 출생	2121
명동	bore bɔr	지루하게 하다, 구멍(내다)	2122
명	birthday bɝθ.de	생일	2123
형	newborn nu.bɔrn	갓 태어난	2124
명	birthright bɝθ.θraɪt	타고난 권리	2125

형	**rebirth** ri.bɜθ	재생, 부활	2126
명	**stillbirth** stɪl.bɜθ	사산(아)	2127
형	**unborn** ʌn.bɔrn	태어나지 않은	2128
명	**birthplace** bɜθ.ples	출생지	2129
형	**unbearable** ʌn.be.rəb.l	견딜 수 없는	2130
형	**(~)-born** bɔrn	~출신의	2131
동	**bear with** ber.wɪθ	~을 참다	2132
명	**birthrate** bɜ.θret	출산율	2133
명	**economy** ɪk.ɑ.nə.mi	경제, 절약	2134
형	**economic** ek.ə.nɑ.mɪk	경제(학)의	2135
명	**economist** ɪk.ɑ.nə.məst	경제학자	2136
명	**economics** ek.ə.nɑ.mɪks	경제학	2137
형	**economical** ek.ə.nɑ.mɪk.l	경제적인, 절약하는	2138
명동	**experience** ɪk.spɪ.riəns	경험[체험](하다)	2139
명	**inexperience** ɪ.nɪk.spɪ.riəns	경험 없음	2140
형	**experiential** ek.spe.ri.en.ʃl	경험적인	2141
형	**inexperienced** ɪ.nɪk.spɪ.riənst	경험 없는	2142
명	**foodstuff** fud.stəf	식료품	2143
명	**organic-food** ɔr.gæ.nɪk.fud	유기농 식품	2144
동	**be food for** bi.fud.fɔr	~의 먹이가 되다	2145
형	**food-borne** fud.bɔrn	음식 매개의	2146
명동	**lack** læk	결핍, 부족(하다)	2147
	lack of læk.ʌv	~부족	2148
형	**lacking** lækɪŋ	부족한, 없는	2149
동	**be off** bi.ɔf	떠나다, 출발하다	2150

	단어	뜻	번호
	off and on ɔf.ʌnd.ɑn	불규칙하게, 때때로	2151
명	**organization** ɔr.gə.nə.zeɪ.ʃn	조직(화), 단체	2152
명	**organism** ɔr.gə.nɪ.zəm	생물, 유기체	2153
형	**organic** ɔr.gæ.nɪk	유기농의, 신체 장기의, 조직적인	2154
명	**organ** ɔr.gən	장기, 기관, 오르간	2155
동	**organize** ɔr.gə.naɪz	조직[계획]하다	2156
명	**organizer** ɔr.gə.naɪ.zər	주동자, 주최자	2157
명	**reorganization** riɔr.gə.nə.zeɪ.ʃn	재편성	2158
동	**reorganize** ri.ɔr.gə.naɪz	재편성하다	2159
형	**organizational** ɔr.gə.nə.zeɪ.ʃnəl	조직의, 단체의, 기관의	2160
형	**well-organized** wel.ɔr.gə.naɪzd	잘 정리된	2161
명	**percent** pər.sent	백분율, 비율	2162
전	**per** pɝ	-마다, -당	2163
명	**percentage** pər.sen.tɪdʒ	백분율, 비율	2164
	per-hour pɝ.aʊ.ər	시간당	2165
	per-year pɝ.jɪr	연간	2166
	all the same ɔːl.ðə.seɪm	똑같은, 그렇지만	2167
동	**suggest** səg.dʒest	제안[암시]하다	2168
명	**gesture** dʒes.tʃər	몸짓, 표현	2169
명	**suggestion** səg.dʒes.tʃən	제의, 암시	2170
형	**suggestive** səg.dʒe.stɪv	암시하는, 선정적인	2171
명	**keyword** ki.wərd	핵심어	2172
명	**loanword** loʊn.wɝd	차용어	2173
형	**wordy** wɝd.i	장황한	2174
	in other words ɪn.ʌð.r.wɝdz	다시 말해서	2175

형	**wording** wɜːd.ɪŋ	표현	2176
동	**ask for** æsk.fɔr	요구하다, ~을 찾아오다	2177
동	**ask out** æsk.aʊt	데이트 신청하다	2178
동	**ask after** æsk.æf.tər	~의 안부를 묻다	2179
동	**ask around** æsk.ə.raʊnd	수소문하다	2180
동	**bring** brɪŋ	가져[데려]오다, 일으키다 ③ bring | brought | brought	2181
동	**bring about** brɪŋ.ə.baʊt	일으키다	2182
동	**bring in** brɪŋ.ɪn	도입하다, 들여오다	2183
동	**bring out** brɪŋ.aʊt	내보이다, 갖고 나가다	2184
동	**bring up** brɪŋ.ʌp	기르다, 꺼내다	2185
명	**upbringing** ʌp.brɪŋɪŋ	교육, 양육, 성장	2186
동	**bring back** brɪŋ.bæk	기억나게 하다, 돌려주다	2187
동	**bring on** brɪŋ.ɑn	일으키다	2188
형	**uncontrollable** ʌnk.ɑntro.ʊ.ləb.l	통제할 수 없는	2189
명	**self-control** self.kɑntroʊl	자제(력)	2190
	beyond one's control bɪ.ɑnd.wʌnz.kɑntroʊl	통제할 수 없는	2191
명/동	**deal** diːl	거래(하다), 계약 ③ deal | dealt | dealt	2192
동	**deal with** diːl.wɪθ	~을 다루다, ~와 거래하다	2193
동	**deal at** diːl.æt	~와 거래하다[단골이다]	2194
동	**expect** ɪk.spekt	기대[예상]하다	2195
명	**expectation** ek.spek.teɪʃ.n̩	기대, 예상	2196
명	**expectancy** ɪk.spek.tən.si	기대, 예상	2197
형	**unexpected** ʌ.nɪk.spek.təd	예기치 않은	2198
명/동	**force** fɔrs	힘, 영향력, 강제하다	2199
동	**reinforce** riː.ɪn.fɔrs	강화하다	2200

명	**enforcement** en.fɔr.smənt	집행	2201
동	**enforce** en.fɔrs	집행[강제]하다	2202
형	**forceful** fɔr.sfəl	강한, 강제적인	2203
명	**reinforcement** riən.fɔr.smənt	보강, 강화	2204
형	**enforceable** en.fɔr.səb.l	집행[강제]할 수 있는	2205
형	**unenforceable** ə.nen.fɔr.sə.bəl	집행[강제]할 수 없는	2206
명동	**matter** mæ.tər	문제(되다), 중요하다, 물질	2207
	a matter of ə.mæ.tər.ʌv	~의 문제[입장]	2208
동	**doesn't matter** dʌ.zənt.mæ.tər	상관없다	2209
	no matter noʊ.mæ.tər	~한다 해도	2210
명동	**order** ɔr.dər	명령[주문, 정돈]하다, 질서, 순서	2211
명	**disorder** dɪ.sɔr.dər	무질서, 장애, 혼란	2212
형	**inordinate** ɪ.nɔr.də.nət	과도한, 불규칙한	2213
	out of order aʊt.ʌv.ɔr.dər	고장 난	2214
형	**orderly** ɔr.dər.li	정돈된, 질서 있는	2215
동	**ordain** ɔr.deɪn	정[임명]하다	2216
동	**take an order** teɪk.ən.ɔr.dər	주문을 받다	2217
동	**run** rən	운영[작동]하다, 달리다 ③ run | ran | run	2218
명	**forerunner** fɔrə.nər	선구자, 조상	2219
형명	**runaway** rʌ.nə.we	도망자, 순식간의	2220
동	**run away** rən.ə.weɪ	도망가다	2221
동	**run into** rən.ɪn.tu	충돌[조우]하다	2222
동	**run out of** rən.aʊt.ʌv	~을 다 써버리다	2223
동	**run over** rən.oʊv.r	치이다, 흘러넘치다	2224
명	**runway** rʌn.we	활주로, 무대	2225

	in the long run _{ɪn.ðiː.lɔŋ.rʌn}	장기적으로, 결국	2226
동	run across _{rən.ə.krɒs}	우연히 보다, 가로지르다	2227
동	run down _{rən.daʊn}	닳다, 추적하다	2228
동	run the risk of _{rən.ðə.rɪsk.ʌv}	~할 위험을 무릅쓰다	2229
동	run up _{rən.ʌp}	뛰어오르다, 늘리다, 급조하다	2230
명	system _{sɪ.stəm}	체계, 체제, 조직	2231
형	systematic _{sɪ.stə.mæ.tɪk}	체계[조직]적인	2232
명	(the) solar system _{ðə.soʊ.lə.sɪ.stəm}	태양계	2233
형	systematical _{sɪ.stɪ.mæ.tɪkəl}	체계[조직]적인	2234
형	systemic _{sɪ.ste.mɪk}	체계적인, (몸)전신의	2235
동	accompany _{ək.ʌm.pə.ni}	동반[수반]하다	2236
명	companion _{kəm.pæ.njən}	동반자, 동료	2237
형	unaccompanied _{ʌ.nək.ʌm.pə.nid}	동반 않는, 혼자의	2238
명	companionship _{kəm.pæ.njən.ʃɪp}	동료애, 우정	2239
형	medical _{me.dək.l}	의학의	2240
명	medicine _{me.dəs.n}	약품, 의학	2241
명	medication _{me.dək.eɪʃ.n}	약물(치료)	2242
형	medicinal _{mə.dɪ.sə.nəl}	약효가 있는	2243
명	Medicare _{me.dəker}	의료 보험	2244
형	particular _{pər.tɪ.kjə.lər}	특정한, 특별한, 자세한, 개별적인	2245
	in particular _{ɪn.pər.tɪ.kjə.lər}	특(별)히	2246
명	particle _{pɑr.tək.l}	입자, 먼지, 극소량	2247
형명	particulate _{pər.tɪ.kjə.lət}	미립자(의)	2248
형	pleasant _{ple.zənt}	즐거운, 쾌적한, 상냥한	2249
명동	pleasure _{ple.ʒər}	즐거움(주다), 즐기다	2250

형	**pleasurable** ple.ʒə.rəb.l	즐거운	2251
형	**unpleasant** ʌn.ple.zənt	불쾌한, 싫은	2252
명	**placebo** plə.sib.oʊ	위약, 위안의 말	2253
명	**complacency** kəm.pleɪ.sən.si	(자기)만족	2254
형	**complacent** kəm.pleɪ.sənt	(자기)만족하는	2255
명	**pleasure ground** ple.ʒər.graʊnd	유원지	2256
	with pleasure wɪθ.ple.ʒər	기꺼이, 기쁘게	2257
동	**appreciate** ə.priʃ.i.eɪt	인정[감사, 감상]하다	2258
명	**appreciation** ə.priʃ.i.eɪʃ.n	인정, 감사, 감상	2259
형	**precious** pre.ʃəs	소중한	2260
형	**priceless** praɪ.sləs	귀중한, 값을 매길 수 없는	2261
명	**appraisal** ə.preɪz.l	평가, 견적	2262
명	**depreciation** də.pri.ʃi.eɪʃ.n	가치 하락	2263
동	**appraise** ə.preɪz	(가치)평가하다	2264
	at any price ət.e.ni.praɪs	무슨 대가를 치르더라도	2265
동	**depreciate** də.pri.ʃi.et	떨어지다, 얕보다	2266
명	**pricing** praɪs.ɪŋ	가격결정	2267
명	**inquiry** ɪn.kwaɪ.ri	조사, 질문	2268
형	**inquisitive** ɪn.kwɪ.zə.tɪv	탐구적인, 캐묻는	2269
형	**questionable** kwes.tʃə.nəb.l	의심스런	2270
명	**questionnaire** kwes.tʃə.ner	설문지, 질문사항	2271
명	**query** kwi.ri	의문	2272
명	**enquiry** ɪn.kwaɪə.ri	조사, 질문	2273
동	**inquire** ɪn.kwaɪr	문의[조사]하다	2274
	out of the question aʊt.əv.ðə.kwes.tʃən	불가능한	2275

명동	**quest** kwest	탐색[탐구](하다)	2276
형	**unquestionable** ʌn.kwes.tʃə.nəb.l	의심할 여지없는	2277
동	**underlie** ʌn.dər.laɪ	기초가 되다, 깔려 있다 ③ underlie | underlay | underlain	2278
형	**underway** ən.dər.weɪ	진행중인	2279
형	**under siege** ʌnd.r.sidʒ	포위된	2280
명	**undergoer** ʌnd.r.goʊə	경험자	2281
형	**underlying** ʌn.dər.laɪ.ɪŋ	근본적인, 밑에 있는	2282
부	**finally** faɪ.nə.li	마침내, 마지막으로	2283
동	**finish** fi.nɪʃ	끝내다	2284
형	**unfinished** ʌn.fi.nɪʃt	미완성의	2285
동	**finalize** faɪ.nə.laɪz	끝내다, 완성하다	2286
동	**be finished with** bi.fi.nɪʃt.wɪθ	~을 끝내다	2287
명	**finale** fə.næ.li	마지막	2288
형	**individual** ɪn.də.vɪ.dʒə.wəl	개인의, 각각의, 특유의	2289
형	**individualistic** ɪn.dɪ.vɪ.dʒuə.lɪ.stɪk	개인주의적인	2290
명	**individuality** ɪn.dɪ.vɪ.dʒu.æ.lə.ti	개성, 특성	2291
동	**individualize** ɪn.dɪ.vɪ.dʒuə.laɪz	개별화하다	2292
명	**individualism** ɪn.dɪ.və.dua.lɪ.zəm	개인주의, 개성	2293
동	**involve** ɪn.vɑlv	포함[참여]하다, 관련시키다	2294
형	**involved** ɪn.vɑlvd	관련된, 열중한, 복잡한	2295
동	**involve in** ɪn.vɑlv.ɪn	~에 관여하다	2296
명	**involvement** ɪn.vɑlv.mənt	관계, 연루, 개입	2297
명	**media** mi.diə	대중 매체, 매개물 *medium의 복수형	2298
형명	**medium** mi.diəm	중간의, 수단	2299
형	**medieval** mə.div.l	중세의	2300

형	mediocre mi.dɪo.ʊkə	보통의, 평범한	2301
명	mass media mæs.mi.diə	대중 매체	2302
형명	Mediterranean me.də.tə.reɪ.niən	지중해(의)	2303
형	median mi.diən	중간값의, 중앙의	2304
형	necessary ne.sə.se.ri	필요한	2305
부	necessarily ne.sə.rə.li	반드시	2306
명	necessity nə.se.sə.ti	필요성, 필수품	2307
형	unnecessary ʌn.ne.sə.se.ri	불필요한	2308
동	necessitate nə.se.sə.tet	필요하다	2309
명	position pə.zɪʃ.n	위치, 자세, 지위, 입장	2310
명동	pose pouz	자세(취하다), 보이다	2311
명	disposition dɪ.spə.zɪʃ.n	기질, 배열, 배치	2312
명동	posture pɑs.tʃər	자세(취하다), 태세	2313
형	disposed dɪspouzd	~하려 하는	2314
동	posit pɑ.zət	상정하다	2315
형	postural pɒs.tʃə.rəl	자세의	2316
동	predispose pri.dɪspouz	유발하다	2317
명동	poise pɔɪz	균형[자세](잡다)	2318
동	receive rə.siv	받다, 수신[접수]하다	2319
형명	recipient rə.sɪ.piənt	수령인, (잘)받는	2320
명	receipt rə.sit	영수증	2321
명	reception rə.sep.ʃn	맞이함, 환영(회), 접수처	2322
명	recipe re.sə.pi	조리법, 처방전, 비결	2323
형	receptive rə.sep.tɪv	수용적인	2324
형	receivable rə.si.vəb.l	믿을 만한, 미수금의	2325

명	shortage ʃɔr.tədʒ	부족, 결핍	2326
부	shortly ʃɔrt.li	곧, 간단히	2327
명	shortcoming ʃɔrtk.əm.ɪŋ	결점	2328
형명	shorthand ʃɔrt.hænd	속기(의)	2329
	in short supply ɪn.ʃɔrt.sə.plaɪ	공급이 부족한	2330
동	shorten ʃɔr.tn	단축[감소]하다	2331
명	shortcut ʃɔrtkət	지름길	2332
명	shortfall ʃɔrt.fɒl	부족(액)	2333
	in short ɪn.ʃɔrt	한마디로	2334
명	animation æ.nə.meɪʃ.n̩	생기, 만화	2335
동	animate æ.nə.mət	생기[움직임]을 주다	2336
형	inanimate ɪ.næ.nə.mət	무생물의, 활기 없는	2337
명	aspect æ.spekt	관점, 양상, 외관	2338
명	perspective pər.spek.tɪv	견해, 관점, 전망	2339
형	prospective prə.spek.tɪv	기대되는, 예상된	2340
형	spectacular spek.tæ.kjə.lər	장관인, 극적인	2341
명	spectator spek.te.tər	관중, 구경꾼	2342
명	specimen spe.sə.mən	표본, 견본	2343
명	spectacle spek.tək.l̩	광경, 안경	2344
명	spectrum spek.trəm	분광, 범위	2345
명	prospect prɑ.spekt	가능성, 전망	2346
명	specter spek.tər	유령	2347
형동	spy spaɪ	첩자(짓 하다)	2348
명	behavior bə.heɪ.vjər	행동	2349
동	behave bə.heɪv	행동하다	2350

형	**behavioral** bə.heɪ.vjə.rəl	행동의	2351
동	**misbehave** mɪs.bə.heɪv	나쁜 짓을 하다	2352
명	**misbehavior** mɪs.bə.heɪ.vjər	나쁜 짓	2353
형	**central** sen.trəl	중심의, 중심적인	2354
동	**centralize** sen.trə.laɪz	중앙화[집중]하다	2355
형	**eccentric** ɪk.sen.trɪk	괴상한, (중심에서) 동떨어진	2356
형	**eurocentric** juro.u.sen.trɪk	유럽 중심의	2357
동	**decentralize** də.sen.trə.laɪz	분산[분권]하다	2358
동	**center on** sen.tər.ɑn	~에 초점 맞추다	2359
명동	**design** də.zaɪn	디자인[설계](하다)	2360
형	**designed** də.zaɪnd	의도된, 설계된	2361
명	**information** ɪn.fər.meɪʃ.n̩	정보, 지식	2362
동	**inform** ɪn.fɔrm	알리다, 통지하다	2363
형	**informative** ɪn.fɔr.mə.tɪv	(정보, 지식에) 유익한	2364
형	**informational** ɪn.fər.meɪʃ.nəl	정보의, 지식의	2365
형	**uninformed** ʌ.nɪn.fɔrmd	정보 없는, 무식한	2366
형	**misinformed** mɪ.sɪn.fɔrmd	오보된	2367
형	**well-informed** wel.ɪn.fɔrmd	잘 아는	2368
부	**instead** ɪn.sted	대신에	2369
전	**instead of** ɪn.sted.ʌv	~대신에	2370
명동	**land** lænd	땅, 착륙[상륙]하다	2371
명	**landscape** lænd.skep	경관, 지형	2372
명	**landmark** lænd.mɑrk	역사적 건물	2373
명	**landfill** lænd.fɪl	매립지	2374
형부	**inland** ɪn.lænd	내륙(으로)	2375

명	**landholding** landho.uld.ɪŋ	토지 소유	2376
명	**landlord** lænd.lord	지주	2377
명	**landowner** lændo.ʊ.nər	지주	2378
형|부	**overland** oʊv.r.lænd	육로로, 육로의	2379
명	**fatherland** fɑð.r.lænd	조국	2380
동	**land in** lænd.ɪn	~에 처하다[도착하다]	2381
형	**limited** lɪ.mə.təd	제한된	2382
명|동	**limit** lɪ.mət	한계, 경계, 제한(하다)	2383
명	**limitation** lɪ.mə.teɪʃ.n̩	제한, 한계	2384
형	**unlimited** ʌn.lɪ.mə.təd	무제한의, 끝없는	2385
형	**sublime** sə.blaɪm	숭고한, 절묘한	2386
형	**limitless** lɪ.mət.ləs	무제한의, 끝없는	2387
명	**Limited = Ltd.** lɪ.mə.təd.lɪ.mə.təd.	유한회사	2388
명	**performance** pər.for.məns	실행, 성과, 성능, 공연	2389
동	**perform** pər.fɔrm	실행[공연]하다	2390
동	**outperform** aʊt.pər.fɔrm	능가하다	2391
명|동	**plan** plæn	계획(하다)	2392
명	**plot** plɑt	음모, 줄거리	2393
동	**plan ahead** plæn.ə.hed	미리 계획하다	2394
형	**unplanned** ʌn.plænd	계획에 없는	2395
형	**responsible** rɪ.spɑn.səb.l̩	책임이 있는, 믿을 수 있는	2396
명	**responsibility** rɪ.spɑn.sə.bɪ.lə.ti	책임, 의무	2397
형	**irresponsible** ɪ.rə.spɑn.səb.l̩	무책임한	2398
형|명	**worth** wɝθ	가치(있는), ~할 만한	2399
형	**worthy** wɝː.ði	가치 있는	2400

품사	단어	뜻	번호
동	**be worth ~ing** bi.wɜθ	~할 가치가 있다	2401
형	**worthless** wɜθ.ləs	가치 없는	2402
형	**worthwhile** wɜ.θwaɪl	가치[보람]있는	2403
	worthy of wɜ.ði.ʌv	~할 만한	2404
형	**unworthy** ʌn.wɜ.ði	가치[자격]없는	2405
명	**unworthiness** ʌn.wɜ.ði.nəs	무가치	2406
명동	**worship** wɜ.ʃəp	숭배[예배](하다)	2407
형	**crossed** krɒst	엇갈린, 교차한	2408
명	**crossing** krɒs.ɪŋ	횡단, 교차점	2409
명동	**cross** krʌs	십자, 가로지르다	2410
명동	**cruise** kruz	순항(하다)	2411
명	**crucifix** kru.sə.fiks	십자가상	2412
명	**crux** krəks	핵심, 십자가	2413
명	**crusade** kru.seɪd	십자군	2414
명	**crossroad** krɒsroud	교차로, 사거리	2415
명	**crossover** krɒso.ʊ.və	교차로, 혼합	2416
동	**cross one's mind** krɑs.wʌnz.maɪnd	생각나다	2417
부	**actually** æk.tʃə.wə.li	실제로, 사실은	2418
형	**actual** æk.tʃə.wəl	실제의, 현재의	2419
명	**actualist** æk.tʃə.wəlist	현실주의자	2420
형동	**complete** kəm.plit	완료하다, 완전한	2421
부	**completely** kəm.plit.li	완전히	2422
동	**accomplish** ək.ɑm.plɪʃ	성취[완성]하다	2423
형	**completion** kəm.plɪʃ.n	완성	2424
명	**accomplishment** ək.ɑm.plɪ.ʃmənt	성취, 완성, 업적	2425

형	incomplete ınk.əm.plit	불완전한	2426
전	despite dɪ.spaɪt	~에도 불구하고	2427
명동	spite spaɪt	앙심, 괴롭히다	2428
전	in spite of ın.spaɪt.ʌv	~에도 불구하고	2429
동	despise dɪ.spaɪz	경멸하다	2430
형	despicable dɪ.spɪk.əb.l	경멸스런	2431
형	spiteful spaɪt.fəl	악의적인	2432
형명	driving draɪv.ɪŋ	주도하는, 운전	2433
형	driverless draɪ.vər.ləs	운전자가 없는	2434
명	driveway draɪv.we	진입로	2435
동	drive away draɪv.ə.weɪ	떠나다, 쫓다	2436
동	drive back draɪv.bæk	~을 물리치다, 돌아오다	2437
동	drive up the wall draɪv.ʌp.ðə.wɒl	화나게 하다	2438
부	drive-through draɪv.θru	차에 탄 채로	2439
형	self-driving self.draɪv.ɪŋ	자율 주행하는	2440
동	overeat oʊv.ə.rit	과식하다	2441
형	edible e.dəb.l	먹을 수 있는	2442
동	etch etʃ	새기다, 깎아먹다	2443
동	eat out it.aʊt	외식하다	2444
형	inedible ɪ.ne.dəb.l	먹을 수 없는	2445
부	eventually ɪ.ven.tʃə.wə.li	결국, 마침내	2446
	in the event of ɪn.ði.ɪ.vent.ʌv	~일 경우에는	2447
동	locate loʊk.eɪt	위치를 찾다, 위치시키다	2448
명	location loʊk.eɪʃ.n	위치, 장소	2449
명	localizationist loʊk.ə.laɪ.zeɪʃ.nist	지방 분권주의자	2450

동	relocate ri.lo.ʊk.eɪt	이전하다	2451
명	relocation ri.lo.ʊk.eɪʃ.n̩	재배치	2452
명	locale loʊk.ɑl	장소	2453
명	localization loʊk.ə.laɪ.zeɪʃ.n̩	지방 분권, 현지화	2454
동	localize loʊk.ə.laɪz	현지화[위치파악]하다	2455
명	localism loʊk.ə.lɪ.zəm	지역주의, 지역색	2456
형	lovely lʌv.li	사랑스런, 아름다운	2457
형	beloved bə.ləvd	사랑하는, 소중한	2458
명	lover lʌv.r̩	연인, 애호가	2459
동	occur ək.ɝ	생기다, 생각나다	2460
명	occurrence ək.ɝ.rəns	발생, 상황, 출현	2461
동	incur ɪnk.ɝ	초래하다	2462
동	concur kənk.ɝ	동의하다, 동시 발생하다	2463
명	concurrence kənk.ɝ.rəns	동의, 동시 발생	2464
형	concurrent kənk.ɝ.rənt	공존하는, 동시 발생하는	2465
형	recurring rɪk.ɝ.ɪŋ	반복된	2466
형	recurrent rɪk.ɝ.rənt	반복된	2467
동	recur rɪk.ɝ	재발[회상]하다	2468
명	situation sɪ.tʃu.eɪʃ.n̩	상황, 위치, 입장	2469
명	site saɪt	현장, 위치	2470
형	situational sɪ.tʃu.eɪ.ʃə.nəl	상황에 따른	2471
동	situate sɪ.tʃu.eɪt	위치[고려]하다	2472
명	tale teɪl	이야기, 설화, 소문	2473
명	fairy tale fe.ri.teɪl	동화	2474
명	small talk smɒl.tɔk	잡담	2475

형	talkative <small>tɔk.ət.ɪv</small>	수다스런	2476
동	argue <small>ar.gju</small>	언쟁[주장, 논]하다, 다투다	2477
명	argument <small>ar.gjə.mənt</small>	논쟁, 토론	2478
부	arguably <small>ar.gjuə.bli</small>	거의 틀림없이	2479
형	argumentative <small>ar.gjə.men.tə.tɪv</small>	논쟁적인	2480
명	case <small>keɪs</small>	경우, 사건, 주장, 상자	2481
	in the case of <small>ɪn.ðə.keɪs.ʌv</small>	~의 경우에는	2482
	in case <small>ɪn.keɪs</small>	~경우에	2483
동	encase <small>enk.eɪs</small>	(상자에) 넣다	2484
	as is often the case <small>əz.ɪz.ɔf.ŋ.ðə.keɪs</small>	흔한 일이지만	2485
명	lowercase <small>lou.r.keɪs</small>	소문자	2486
명	uppercase <small>ʌ.pər.keɪs</small>	대문자	2487
명	component <small>kəmpo.ʊ.nənt</small>	부품, (구성)요소	2488
형명동	compound <small>kɑm.paʊnd</small>	혼합(하다), 복잡한	2489
명	composition <small>kɑm.pə.zɪʃ.ŋ</small>	구성(요소), 작문, 작곡, 합성	2490
명	composer <small>kəmpo.ʊ.zə</small>	작곡가	2491
동	compose <small>kəmpouz</small>	구성[조립, 작곡]하다	2492
동	comprise <small>kəm.praɪz</small>	구성[포함, 의미]하다	2493
동	be composed of <small>bi.kəmpouzd.ʌv</small>	~로 구성되다	2494
형	decomposable <small>di.kəmpouz.erb.ļ</small>	분해 가능한	2495
동	decompose <small>dik.əmpouz</small>	부패[분해]되다	2496
형	compost <small>kɑmpost</small>	비료	2497
형	composite <small>kəm.pɑ.zət</small>	합성의	2498
명	course <small>kɔrs</small>	진행, 진로, 과정, 강좌	2499
	of course <small>əv.kɔrs</small>	물론	2500

품사	단어	뜻	번호
명	**intercourse** ɪn.tərk.ɔrs	왕래, 성관계	2501
명	**recourse** rikɔrs	의존	2502
형	**emotional** ɪmo.ʊʃ.nəl	감정적인	2503
명	**emotion** ɪmo.ʊʃ.n	감정, 감동	2504
형	**unemotional** ʌ.nɪmo.ʊʃ.nəl	비감정적인, 냉정한	2505
형	**emotive** ɪmo.ʊ.tɪv	감동[감정]적인	2506
형명동	**express** ɪk.sprɛs	표현하다, 급행, 확실한	2507
명	**expression** ɪk.sprɛʃ.n	표현, 표정	2508
명	**expressionism** ɪk.sprɛ.ʃə.nɪ.zəm	표현주의	2509
형	**expressive** ɪk.sprɛ.sɪv	표현적인, 나타내는	2510
명	**industry** ɪn.də.stri	산업, 공업, 근면성	2511
형	**industrial** ɪn.də.striəl	산업의, 공업의	2512
명	**industrialization** ɪn.də.striə.lə.zeɪʃ.n	산업화	2513
동	**industrialize** ɪn.də.striə.laɪz	산업화하다	2514
명	**industrialist** ɪn.də.striə.ləst	기업가	2515
형	**industrious** ɪn.də.striəs	근면한, 부지런한	2516
형부	**mid** mɪd	중앙의, 중앙에, 중간에	2517
	in the middle of ɪn.ðə.mɪd.l.ʌv	~의 도중[중간]에	2518
형	**midst** mɪdst	한가운데, ~중의	2519
전	**amid** ə.mɪd	~의 한복판에	2520
명	**midland** mɪd.lænd	중부 지방, 내륙	2521
전	**amidst** ə.mɪdst	~의 한복판에	2522
명	**middleman** mɪd.l.mæn	중개인	2523
명동	**practice** præk.tɪs	연습[실행](하다), 습관, 관습, 개업	2524
형	**practical** præk.tək.l	실용적인, 실제의	2525

품사	단어	뜻	번호
동	**practise** /præk.tɪs/	연습[실행]하다	2526
형	**practiced** /præk.tɪst/	숙련된, 능숙한	2527
형	**impractical** /ɪm.præk.tək.ḷ/	비현실[비실용]적인	2528
명	**malpractice** /mæl.præk.təs/	과실	2529
형	**practicable** /præk.tək.əb.ḷ/	실행가능한	2530
명동	**rate** /reɪt/	비율, 요금, 등급, 평가하다	2531
명	**rating** /reɪt.ɪŋ/	평가, 등급, 평점	2532
명	**heart rate** /hɑrt.reɪt/	심박동수	2533
	at a rate of /ət.ə.reɪt.ʌv/	~의 비율로	2534
명	**exchange rate** /ɪks.tʃeɪndʒ.reɪt/	환율	2535
명	**interest rate** /ɪn.trəst.reɪt/	금리	2536
명	**ratio** /reɪ.ʃio.ʊ/	비율	2537
동	**underrate** /ən.dər.reɪt/	과소평가하다	2538
동	**remain** /rə.meɪn/	남다, 머무르다	2539
명	**remains** /rə.meɪnz/	유적, 나머지	2540
명	**remainder** /rə.meɪn.dər/	나머지, 잉여	2541
명	**remnant** /rem.nənt/	나머지	2542
명동	**reserve** /rə.zɝv/	예약[비축](하다), 예비	2543
동	**preserve** /prə.zɝv/	보존[저장]하다	2544
형	**conservative** /kən.sɝ.və.tɪv/	보수[전통]적인	2545
동	**conserve** /kən.sɝv/	보존[보호]하다	2546
명	**conservation** /kɑn.sər.veɪʃ.ŋ/	보존, 보호	2547
명	**preservative** /pri.zɝ.və.tɪv/	방부제	2548
명	**reservation** /re.zər.veɪʃ.n/	예약, 보류, 보호구역	2549
명	**preservation** /pre.zər.veɪʃ.n/	보존, 보호	2550

	단어	뜻	번호
명	**conservationist** kən.sər.veɪ.ʃə.nəst	환경 보호가	2551
명	**reservoir** re.zəv.wɑr	저수지, 저장소	2552
명동	**share** ʃer	공유[분배](하다), 몫	2553
형	**shared** ʃerd	나눠진, 공유하는	2554
동	**squander** skwɑn.dər	낭비하다, 흩어지다	2555
동	**shatter** ʃæ.tər	조각나다, 흩어지다	2556
동	**scatter** skæ.tər	흩뿌리다, 흩어지다	2557
명	**shard** ʃɑrd	조각, 파편	2558
	shred of ʃred.ʌv	조금, ~의 일부	2559
명	**source** sɔrs	원천, 근원, 출처	2560
명	**resource** ri.sɔrs	자원, 수단, 재주	2561
명	**sourcing** sɔrs.ɪŋ	조달, 공급	2562
동	**outsource** ɑwt.sɔrs	외부 조달하다	2563
형	**resourceful** ri.sɔr.sfəl	자원[수완]이 풍부한	2564
부	**altogether** ɒl.tə.geð.ɹ	완전히, 대체로	2565
명	**throng** θrɒŋ	군중	2566
명	**togetherness** tə.ge.ðər.nəs	친목, 단결	2567
명	**accident** æk.sə.dənt	사고, 우연	2568
명	**incident** ɪn.sə.dənt	사건	2569
형	**accidental** æk.sə.den.tl	우연한, 우발적인	2570
명	**coincidence** koʊ.ɪn.sɪ.dəns	우연의 일치	2571
	by accident baɪ.æk.sə.dənt	우연히	2572
동	**coincide** koʊɪn.saɪd	일치하다, 동시적이다	2573
명	**incidence** ɪn.sə.dəns	발생, 빈도, 사건	2574
형	**incidental** ɪn.sə.den.tl	부수적인, 우연한	2575

동	**affect** ə.fekt	영향[감동]을 주다, 발병하다	2576
형	**affecting** ə.fekt.ɪŋ	영향을 주는, 감동적인	2577
형	**affectionate** ə.fek.ʃə.nət	다정한	2578
명	**affection** ə.fek.ʃn	애정	2579
형	**affective** ə.fek.tɪv	감정적인	2580
형	**unaffected** ʌ.nə.fek.təd	영향[꾸밈]없는	2581
명	**area** e.riə	지역, 면적, 분야	2582
명	**attention** ə.ten.ʃn	주의, 주목, 배려, "차렷!"	2583
동	**pay attention to** peɪ.ə.ten.ʃn.tu	~에 주목[주의]하다	2584
형	**attentive** ə.ten.tɪv	주의 깊은, 세심한	2585
명	**inattention** ɪ.nə.ten.tʃn	부주의, 무심	2586
형	**inattentive** ɪ.nə.ten.tɪv	부주의한	2587
동	**choose** tʃuz	선택하다 ③ choose | chose | chosen	2588
형/명	**choice** tʃɔɪs	선택(된), 엄선된	2589
동	**compare** kəm.per	비교하다	2590
명	**comparison** kəm.pe.rəs.n	비교, 비유	2591
명	**comparability** kɑm.pə.rə.bɪ.lə.ti	비교 가능성, 공통점	2592
형	**comparable** kɑm.pə.rəb.l	~와 비교된, 유사한	2593
형	**comparative** kəm.pe.rə.tɪv	비교적인	2594
	in comparison with ɪn.kəm.pe.rəs.n.wɪθ	~에 비해서	2595
명	**consequence** kɑn.sə.kwəns	결과, 중요성	2596
부	**consequently** kɑn.sə.kwənt.li	따라서, 결과적으로	2597
명	**sequence** si.kwəns	연속, 순서, 배열	2598
형	**consecutive** kən.se.kjə.tɪv	연속적인	2599
형	**subsequent** sʌb.sə.kwənt	다음의, 그 후의	2600

품사	단어	뜻	번호
명	sequel si.kwəl	속편	2601
형	sequential sə.kwen.tʃl	연속적인	2602
형	consequential kɑn.sə.kwen.tʃl	~결과의	2603
형	consequent kɑn.sə.kwənt	~결과의	2604
형	critical krɪ.tɪk.l	비판적인, 중대한	2605
동	criticize krɪ.tə.saɪz	비판[비평]하다	2606
명	critic krɪ.tɪk	평론가	2607
명	criticism krɪ.tə.sɪ.zəm	비판, 평론	2608
명	critique krə.tik	평론	2609
명	criterion (pl. criteria) kraɪ.tɪ.riən	기준, 평가	2610
명	deadline ded.laɪn	기한, 마감 시간	2611
형	deadly ded.li	치명적인	2612
	Black Death blæk.deθ	흑사병	2613
형	dead-end end	막다른, 막장의	2614
형	deadliest ded.liəst	가장 치명적인	2615
명	deadlock ded.lɑk	교착 상태	2616
명	death duty deθ.du.ti	상속세	2617
명	deathbed deθ.bed	임종	2618
형	deathless deθ.lɪs	불멸의, 불사의	2619
동	describe də.skraɪb	묘사[설명]하다	2620
명	description də.skrɪp.ʃn	묘사, 설명, 종류	2621
명	script skrɪpt	대본, 필체	2622
명	subscriber səb.skraɪ.bər	구독자, 기부자	2623
동	ascribe A to B ə.skraɪb.ə.tə.bi	A는 B의 탓[덕분]이다	2624
형	descriptive də.skrɪp.tɪv	묘사[설명]하는	2625

동	prescribe prə.skraɪb	처방[규정]하다	2626
동	proscribe proskraɪb	금지[추방]하다	2627
동	transcribe træn.skraɪb	기록하다, 베끼다	2628
동	scribble skrɪb.l	갈겨쓰다	2629
동	subscribe səb.skraɪb	기부[서명]하다	2630
명	subscription səb.skrɪp.ʃn	기부, 구독(료)	2631
형/명	manuscript mæ.njə.skrɪpt	원고, 필기한	2632
명	transcript træn.skrɪpt	사본, 성적표	2633
명	inscription ɪn.skrɪp.ʃn	새김	2634
동	inscribe ɪn.skraɪb	새기다	2635
명	prescription prə.skrɪp.ʃn	처방(전)	2636
동	subscribe to[for] səb.skraɪb.tə.for	~을 구독[기부]하다	2637
동	exist ɪg.zɪst	존재하다, 있다	2638
명	existence eg.zɪ.stəns	존재	2639
형	nonexistent nɑ.nəg.zɪ.stənt	존재하지 않는	2640
형	existential ek.sɪ.sten.tʃəl	존재의	2641
동	coexist koʊɪg.zɪst	공존하다	2642
동	overhear oʊv.ə.hɪə	언뜻 듣다 ③ overhear | overheard | overheard	2643
형	unheard ʌn.hɜd	못 들어본	2644
형	heat-retaining hit.rə.teɪn.ŋ	보온의	2645
동	overheat oʊv.ə.hit	과열하다	2646
동	heat up hit.ʌp	데우다, 뜨거워지다	2647
동	improve ɪm.pruv	개선[향상]시키다	2648
명	improvement ɪm.pruv.mənt	개선, 향상	2649
명	self-improvement sel.fɪm.pruv.mənt	자기수양	2650

형	psychological saɪk.ə.lɑ.dʒɪk.l	심리학의, 심리적인	2651
명	psychologist saɪk.ɑ.lə.dʒəst	심리학자	2652
명	psychology saɪk.ɑ.lə.dʒi	심리학	2653
명	psychiatry saɪk.aɪə.tri	정신의학	2654
명	psyche saɪk.i	영혼, 정신	2655
명	psychiatrist sək.aɪə.trəst	정신과 의사	2656
형	psychiatric saɪk.i.æ.trɪk	정신 의학의	2657
명	psychotherapy saɪko.ʊ.θe.rə.pi	심리치료	2658
동	reduce rə.dus	줄(이)다, 낮추다	2659
명	reduction rə.dək.ʃn	축소, 감소	2660
동	spread spred	펼치다, 퍼지다 ③ spread | spread | spread	2661
형	widespread waɪd.spred	광범위한, 널리 퍼진	2662
명동	spray spreɪ	분무기, 분사하다, 잔가지	2663
동	sprinkle sprɪŋk.l	뿌리다	2664
동	sprawl sprɒl	쭉 펴다, 뻗다	2665
명동	sprout spraʊt	싹(트다)	2666
명	spurt spɜt	분발, 분출	2667
명동	benefit be.nə.fit	이익(이 되다), 혜택	2668
형	beneficial be.nə.fiʃ.l	유익한, 이로운	2669
형	benign bə.naɪn	친절한, 온화한, 길조의	2670
형	beneficiary be.nə.fi.ʃi.e.ri	수혜자	2671
명	benefactor be.nə.fæk.tər	후원자	2672
형	beneficent be.nə.fi.ʃənt	선행하는, 인정 많은	2673
동	carry kæ.ri	소지[운반]하다	2674
동	carry out kæ.ri.aʊt	수행하다	2675

108

뫵	miscarriage mɪ.ske.rədʒ	유산, 잘못	2676
뫵	be carried away bi.kæ.rid.ə.weɪ	정신 나가다	2677
뫵	carry on kæ.ri.ɑn	계속 가다[하다]	2678
뫵	carriage kæ.rɪdʒ	마차, 탈것	2679
뫵	carry forward kæ.ri.fɔr.wərd	이월하다	2680
뫵	cargo kɑrgo.ʊ	화물	2681
뫵	carousel ke.rə.sel	회전목마	2682
뫵	carrier kæ.riər	운송업자, 보균자, 항공모함	2683
뫵	carry away kæ.ri.ə.weɪ	~을 가져가다, 휩쓸다	2684
뫵	carry off kæ.ri.ɒf	유괴하다, 빼앗다	2685
뫵	carry over kæ.ri.oʊv.r	이어지다, 이월하다	2686
뫵	competition kɑm.pə.tɪʃ.ŋ	경쟁, 시합, 대회	2687
뫵	compete kəm.pit	경쟁하다	2688
뫵	competitive kəm.pe.tə.tɪv	경쟁적인, 경쟁력 있는	2689
뫵	compete with kəm.pit.wɪθ	~와 겨루다	2690
뫵	competitor kəm.pe.tə.tər	경쟁자	2691
뫵	competitiveness kəm.pe.tə.tɪv.nəs	경쟁력	2692
뫵	compete in kəm.pit.ɪn	~에 참가하다	2693
뫵	complex kɑm.pleks	복잡한, (건물)단지, 열등감	2694
뫵	complicate kɑm.plə.ket	복잡하게 하다	2695
뫵	complexity kəm.plek.sə.ti	복잡성	2696
뫵	complication kɑm.plə.keɪʃ.ŋ	복잡, 문제, 합병증	2697
뫵	perplex pər.pleks	난처[복잡]하게 하다	2698
뫵	uncomplicated ʌnk.ɑm.plə.ke.təd	단순한	2699
뫵	motivate moʊ.tɪ.veɪt	동기를 주다, 자극하다	2700

품사	단어	뜻	번호
명	**motivation** mou.tɪ.veɪʃ.n	동기(부여), 자극	2701
명	**mobility** mou.bɪ.lt.ti	이동성, 운동성	2702
형명	**mobile** mou.baɪl	이동 가능한, 휴대 전화	2703
명동	**mob** mɑb	폭도, 떼 짓다	2704
형명	**motive** mou.tɪv	동기, 이유, 원동력의	2705
형	**immobile** ɪmo.ʊ.baɪl	움직이지 않는[못하는]	2706
동	**mobilize** mou.bɪ.laɪz	동원하다	2707
형명	**locomotive** loʊk.əmo.ʊ.tɪv	기관차, 이동하는	2708
명	**motif** mou.tif	주제, 동기, 무늬	2709
명동	**plant** plænt	식물, 공장, 설비, 심다	2710
동	**implant** ɪm.plænt	이식하다, 심다	2711
명	**plantation** plæn.teɪʃ.ņ	농장, 식민지	2712
동	**transplant** træn.splæn.t	이식[이주]하다	2713
명	**transplantation** trænz.plæn.teɪʃ.ŋ	이식, 이주	2714
명동	**pressure** pre.ʃər	압력(을 가하다)	2715
명동	**press** pres	언론, 누르다, 압박하다	2716
동	**suppress** sə.pres	억압[진압]하다, 감추다	2717
명	**suppression** sə.preʃ.n	억압, 진압	2718
동	**oppress** ə.pres	억압하다	2719
명	**oppression** ə.preʃ.ņ	억압, 압박	2720
형	**suppressive** sə.pre.sɪv	억압하는	2721
명	**compression** kəm.preʃ.n	압축	2722
동	**compress** kəm.pres	압축[압박]하다	2723
명	**repression** ri.preʃ.ņ	억압	2724
형	**oppressive** ə.pre.sɪv	억압적인, 답답한	2725

형	**repressive** ri.pre.sɪv	억압하는	2726
동	**repress** ri.pres	억압하다	2727
동	**press out** pres.aut	짜내다	2728
형	**recent** ri.sənt	최근의	2729
형	**tip** tɪp	조언, 사례금, 끝 부분	2730
	at the top of ət.ðə.tɑp.ʌv	가장 위에서	2731
형	**top-down** tɑp.daʊn	하향식의, 상명하달식의	2732
명동	**weight** weɪt	무게[부담](를 더하다), 중요성	2733
명동	**weigh** weɪ	무게(재다), 숙고[중요]하다	2734
명	**vehicle** vi.hɪk.l̩	운송 수단, 매개물	2735
동	**outweigh** aʊ.tweɪ	~보다 더 크다, 중대하다	2736
동	**weigh down** weɪ.daʊn	~을 짓누르다	2737
동	**weigh on** weɪ.ɑn	압박하다	2738
명	**freight** freɪt	화물	2739
형명	**overweight** oʊv.ə.weɪt	과체중(의), 과중	2740
형	**fraught** frɒt	가득 찬, 걱정스런	2741
명	**adulthood** ə.dəlt.hʊd	성인	2742
명	**adultery** ə.dəl.tə.ri	불륜	2743
	on business ɑn.bɪz.nəs	업무상으로	2744
형	**businesslike** bɪz.nəs.laɪk	사무[효율]적인	2745
명	**small business** smɒl.bɪz.nəs	소기업	2746
명	**circumstance** sɜˈk.əm.stæns	환경, 상황, 사정	2747
명동	**distance** dɪ.stəns	멀어지다, (먼)거리, 간격	2748
형	**distant** dɪ.stənt	거리가 먼	2749
형	**stance** stæns	입장, 자세, 위치	2750

	from a distance frəm.ə.dɪ.stəns	멀리서	2751
형	consumer kən.su.mər	소비자	2752
동	consume kən.sum	소비[섭취]하다	2753
형	consumption kən.səmp.ʃn	소비	2754
형	presumptuous prə.zəmp.tʃə.wəs	주제넘은, 오만한	2755
형	sumptuous sʌmpt.ʃwəs	값비싼	2756
동	contain kən.teɪn	함유하다, 억누르다	2757
동	retain rə.teɪn	유지[억제]하다	2758
명동	rein reɪn	억제(하다), 고삐	2759
명	retention ri.ten.ʃn	보유, 보존	2760
명	container kən.teɪ.nər	그릇, 컨테이너	2761
동	detain də.teɪn	억류하다	2762
명	deterrence də.tɜ.rəns	억제	2763
형명	deterrent də.tɜ.rənt	억제하는, 방해물	2764
명	detention də.ten.ʃn	억류	2765
명	detainee di.te.ni	억류자	2766
동	deter də.tɜ	단념[포기]시키다	2767
명	containment kən.teɪn.mənt	견제, 방지	2768
형	dangerous deɪn.dʒə.rəs	위험한	2769
형	endangered en.deɪn.dʒərd	위험[멸종]에 처한	2770
	in danger ɪn.deɪn.dʒər	위험에 처하여	2771
동	endanger en.deɪn.dʒər	위험하게 하다	2772
부	elsewhere el.swer	다른 곳에서, 다른 경우에서	2773
동	explain ɪk.spleɪn	설명[해명]하다	2774
명	explanation ek.splə.neɪʃ.n	설명, 해명	2775

형	explanatory ɪk.splæ.nə.tɔ.ri	설명적인, 해석상의	2776
형	self-explanatory self.ɪk.splæ.nət.ri	설명이 불필요한	2777
형	explicable ek.splɪk.əb.l	설명 가능한	2778
통	explicate ek.splɪk.eɪt	설명[해석]하다	2779
형	inexplicable ɪ.nək.splɪɪ.səb.l	설명 불가능한	2780
명	extent ɪk.stent	범위, 정도, 넓이	2781
통	extend ɪk.stend	확장[연장, 전]하다	2782
형	extensive ɪk.sten.sɪv	광대한, 포괄적인	2783
명	extension ɪk.sten.ʃn	확장, 연장	2784
형	extensible ɪk.sten.sə.bəl	확장 가능한	2785
명	firefighter faɪr.faɪ.tər	소방관	2786
명	wildfire waɪld.faɪər	들불	2787
형	fiery faɪə.ri	불같은	2788
명	firecracker faɪər.kræ.kər	폭죽	2789
명	firework faɪr.wɔrk	불꽃(놀이)	2790
명	fireplace faɪər.pleɪs	벽난로	2791
통	backfire bæk.faɪr	역효과[맞불]내다	2792
명	firewood faɪər.wʊd	장작	2793
명	firewall faɪrwal	방화벽	2794
통	be fired from bi.faɪərd.frʌm	~에서 해고되다	2795
명	fire engine faɪər.en.dʒən	소방차	2796
명	government gʌ.vər.mənt	정부	2797
통	govern gʌ.vərn	통치[지배]하다	2798
명	governor gʌ.vər.nər	주지사, 통치자	2799
형	governmental gʌ.vərn.men.tl	정부의	2800

형	intergovernmental ɪn.tər.gə.vərn.men.tl	정부간의	2801
형	non-governmental nɑngə.vərn.men.tɔl	비정부의, 민간의	2802
형명	household haʊs.hoʊld	가정(의), 가족(의)	2803
동	imagine ɪ.mæ.dʒən	상상[가정]하다	2804
명	imagination ɪ.mæ.dʒə.neɪʃ.ŋ	상상(력), 창의력	2805
형	imaginary ɪ.mæ.dʒə.ne.ri	상상의, 가상의	2806
형	imaginative ɪ.mæ.dʒə.nə.tɪv	상상의, 창의적인	2807
형	imaginable ɪ.mæ.dʒə.nəb.l	상상할 수 있는	2808
형	unimaginable ʌ.nə.mæ.dʒə.nəb.l	상상할 수 없는	2809
동	leave liv	떠나다, 놔두다, 맡기다 ③ leave | left | left	2810
동	leave out liv.aʊt	생략[무시]하다	2811
명	leftover lefto.ʊ.və	남은 것, 잔반	2812
동	leave off left.ɒf	멈추다, 빠지다	2813
명동	underline ʌn.dər.laɪn	강조하다, 밑줄(치다)	2814
형	linear lɪ.niər	(직)선의	2815
명동	outline aʊt.laɪn	윤곽(을 그리다), 요약	2816
동	align ə.laɪn	정렬하다	2817
명	alignment ə.laɪn.mənt	정렬, 일직선	2818
명	hotline hɑt.laɪn	직통 전화	2819
동	line up laɪn.ʌp	줄 세우다	2820
동	delineate də.lɪ.ni.et	설명[묘사]하다	2821
	in line with ɪn.laɪn.wɪθ	~와 나란히	2822
명	lane leɪn	차선, 오솔길	2823
명	lineage lɪ.niədʒ	혈통, 계보	2824
동	stand in line stænd.ɪn.laɪn	줄 서다	2825

형	**monetary** mɑ.nə.te.ri	통화의, 금융의	2826
동	**make money** meɪk.mʌ.ni	돈을 벌다	2827
	Money makes the mare go mʌ.ni.meɪks.ðə.mer.goʊ	돈이면 귀신도 부릴 수 있다.	2828
형	**primary** praɪ.me.ri	제일의, 초기의, 초보의	2829
형	**prime** praɪm	최고의, 주요한	2830
형	**primate** praɪ.met	영장류, 대주교(Primate)	2831
형	**supreme** sə.prim	최고의, 최종의	2832
형	**primacy** pri.mə	제일, 최고	2833
형	**premier** pre.mɪr	제일의, 최초의	2834
명동	**premiere** pre.mɪr	첫 상영(하다)	2835
명	**supremacy** sə.pre.mə.si	최고, 우월	2836
형명	**premium** pri.miəm	고급의, 할증금, 상금	2837
부	**seriously** sɪ.riə.sli	심각[진지]하게	2838
형	**seriousness** sɪ.riə.snəs	심각함, 진지함	2839
형명동	**sound** saʊnd	소리, 건강한, 해협, 재다	2840
형	**infrasound** ɪn.frə.saʊnd	초저주파	2841
부	**soundly** saʊnd.li	확실히, 깊게, 건강히	2842
형	**soundproof** saʊnd.pruf	방음의	2843
동	**sound like** saʊnd.laɪk	~처럼 들리다, ~일 것 같다	2844
형	**ultrasound** ʌl.trə.saʊnd	초음파	2845
형	**soundless** saʊnd.ləs	소리 없는, 깊은	2846
전동	**till** tɪl	~(때)까지, 경작하다	2847
	not until nɑt.ʌn.tɪl	~가 되어야, ~이후로	2848
	until now ʌn.tɪl.naʊ	지금까지	2849
명	**wound** waʊnd	상처, *wind의 과거(분사)	2850

동	wind up wɪnd.ʌp	끝내다, 감다	2851
형	winding wɪnd.ɪŋ	구불구불한	2852
형	windy wɪnd.i	바람이 센	2853
명	windfall wɪnd.fɔl	횡재	2854
명	wind direction wɪnd.də.rek.ʃn	풍향	2855
형	windless wɪnd.ləs	바람 없는	2856
명	windmill wɪnd.mɪl	풍차	2857
동	allow ə.laʊ	허락하다, 주다	2858
동	allow for ə.laʊ.fɔr	~을 감안하다	2859
명	allowance ə.laʊəns	용돈, 수당, 허용	2860
형	allowable ə.laʊəb.l̩	허용된	2861
동	disallow dɪ.sə.laʊ	금지하다	2862
형	aware ə.wer	아는, 의식하는	2863
명	awareness ə.wer.nəs	인식, 의식	2864
형	unaware ʌ.nə.wer	모르는, 부주의한	2865
동	beware bə.wer	조심하다	2866
형	self-aware self.ə.wer	자각하는	2867
명	citizen sɪ.tə.zən	시민	2868
명	civilization sɪ.və.lə.zeɪʃ.ŋ	문명	2869
형	civil sɪ.vəl	시민의	2870
명	citizenship sɪ.tə.zən.ʃɪp	시민권	2871
동	civilize sɪ.və.laɪz	개화[교화]하다	2872
형	civilian sə.vɪ.ljən	민간인, 비전문가	2873
형	civilized sɪ.və.laɪzd	문명화된, 교양 있는	2874
동	connect kə.nekt	연결[관련]하다	2875

명	connection kə.nek.ʃn	연결, 관련, 관계	2876
동	disconnect dɪs.kə.nekt	연결 끊다	2877
동	reconnect rik.ə.nekt	재연결[재결합]하다	2878
명	connectivity kə.nek.tɪ.və.ti	연결	2879
동	interconnect ɪn.tɔrk.ə.nekt	서로 연결[연락]하다	2880
명	interconnection ɪn.tɔrk.ə.nek.ʃn	상호 연결	2881
명동	damage dæ.mədʒ	손해, 손상, 해치다	2882
명동	average æ.və.rɪdʒ	평균(내다), 손해	2883
형	damned dæmd	저주 받은	2884
동	indemnify ɪn.dem.nə.faɪ	보상하다	2885
동	damnify dæm.nʌ.faɪ	손상시키다	2886
형	undamaged ən.dæ.mədʒd	무사한	2887
명	degree dɪ.gri	정도, -도, 학위, 등급	2888
명	grade greɪd	등급, 성적, -학년	2889
명	ingredient ɪŋ.gri.diənt	재료, 성분, 요소	2890
동	degrade dɪ.greɪd	낮추다, 저하시키다	2891
동	upgrade əp.greɪd	높이다, 향상시키다	2892
명	degradation de.grə.deɪʃ.n	몰락, 수모	2893
명	gradient greɪ.diənt	변화도, 경사	2894
명	failure feɪ.ljər	실패, 부족, 실수	2895
동	fail to notice feɪl.tə.noʊ.tɪs	간과하다	2896
명	habitat hæ.bə.tæt	거주지, 서식지	2897
명	inhabitant ɪn.hæ.bə.tənt	주민, 서식 동물	2898
명	habitation hæ.bə.teɪʃ.n	거주(지), 주거	2899
형	habitual hə.bɪ.tʃuəl	습관적인	2900

동	**inhabit** ɪn.hæ.bət	살다, 거주하다	2901
형	**uninhabited** ʌ.nɪn.hæ.bə.təd	무인의	2902
형	**habitable** hæ.bə.təb.l	거주 가능한	2903
동	**invent** ɪn.vent	발명[조작]하다	2904
명	**invention** ɪn.ven.ʃn	발명(품), 조작	2905
명	**inventor** ɪn.ven.tər	발명가, 창시자	2906
동	**reinvent** ri.ɪn.vent	재창조하다	2907
형	**inventive** ɪn.ven.tɪv	창의적인, 발명의	2908
명	**marketplace** mɑrk.ət.ples	시장	2909
명	**marketing** mɑrk.ət.ɪŋ	영업, 판매	2910
명	**stock market** stɑk.mɑrkət	증권 거래소	2911
형	**marketable** mɑrk.ə.təb.l	잘 팔리는	2912
명	**marketer** mɑrk.ə.tər	영업원, 판매자	2913
형	**market-friendly** mɑrkət.frend.li	시장친화적인	2914
형	**modern** mɑ.dərn	현대적인, 근대의	2915
명	**modernity** mɑdʒ.nə.ti	현대성	2916
동	**modernize** mɑ.dər.naɪz	현대화하다	2917
형	**postmodern** poʊst.mɑd.n	탈근대적인, 최신의	2918
형	**cooperation** koʊ.ɒ.pə.reɪʃ.ŋ	협력	2919
동	**operate** ɑ.pə.ret	운영[작동, 수술]하다	2920
명	**operation** ɑ.pə.reɪʃ.ŋ	수술, 작전, 운영, 작동	2921
명	**operator** ɑ.pə.re.tər	사업자, 운영자	2922
형	**operational** ɑ.pə.reɪ.ʃə.nəl	운영상의, 준비된	2923
동	**cooperate** koʊ.ɒ.pə.reɪt	협력하다	2924
형	**cooperative** koʊ.ɒ.pə.rə.tɪv	협동의	2925

형	operative ɑ.pə.rə.tɪv	가동[운영]된, 수술의	2926
형	original ə.rɪdʒ.n̩.əl	원래의, 원본의, 독창적인	2927
명	origin ɔr.ɪdʒ.n̩	기원, 태생, 원인	2928
동	originate ə.rɪdʒ.ə.neɪt	기원[고안]하다	2929
명	originality ə.rɪdʒ.ə.næl.ət.i	독창성	2930
형	aboriginal æ.bə.rɪ.dʒn̩əl	원주민의, 토착의	2931
부	poorly pʊr.li	가난하게, 서툴게	2932
동	be poor at bi.pʊr.æt	~에 서투르다	2933
명	population pɑ.pjə.leɪʃ.n̩	인구	2934
동	populate pɑ.pjə.let	거주시키다, 살다	2935
명	slowdown sloʊ.daʊn	둔화	2936
명	slowness sloʊ.nəs	느림	2937
명	sloth sloʊθ	나태, 나무늘보	2938
명	spacing speɪs.ɪŋ	간격, 공백	2939
형	spatial speɪʃ.l̩	공간적인	2940
형	spacious speɪ.ʃəs	넓은	2941
형	space-time speɪs.taɪm	시공간의	2942
형	stuck stək	열중한, 막힌, 갇힌	2943
명동	stick stɪk	붙이다, 찌르다, 지속하다, 막대기 ③ stick | stuck | stuck	2944
형	ticket tɪkət	입장권, 딱지	2945
동	stick to stɪk.tu	고수하다, 달라붙다	2946
명	stigma stɪg.mə	오명, 낙인	2947
동	stigmatize stɪg.mə.taɪz	오명 씌우다, 낙인찍다	2948
동	stick one's nose in stɪk.wʌnz.noʊz.ɪn	~에 간섭하다	2949
형	sticky stɪk.i	끈끈한, 붙는, 무더운	2950

형명	subject sʌb.dʒekt	주제, 과목, 지배받는, ~하기 쉬운	2951
형	subjective səb.dʒek.tɪv	주관[개인]적인	2952
동	be subject to bi.sʌb.dʒekt.tu	~의 대상이다	2953
동	subject to sʌb.dʒekt.tu	~을 전제로 하다	2954
명	subjectivity səb.dʒek.tɪ.və.ti	주관성	2955
명	subjection səb.dʒek.ʃn	정복, 복종	2956
동	support sə.pɔrt	지원[유지, 부양]하다	2957
명	supporter sə.pɔr.tər	지지자, 후원자	2958
형	supportive sə.pɔr.tɪv	지원[지지]하는, 보조적인	2959
명	capacity kə.pæ.sə.ti	용량, 수용력, 능력	2960
형	capable keɪ.pəb.l	~가능한, 유능한	2961
동	be capable of bi.keɪ.pəb.l.ʌv	~(잘) 할 수 있다	2962
형	incapable ɪnk.eɪ.pəb.l	~불가능한, 무능한	2963
동	incapacitate ɪnk.ə.pæ.sə.tet	무력화하다	2964
명	capability ke.pə.bɪ.lə.ti	능력, 성능	2965
형	capacious kə.peɪ.ʃəs	널찍한	2966
명	condition kən.dɪʃ.n	조건, 상태, 상황	2967
명	conditioner kən.dɪ.ʃə.nər	조절 장치	2968
동	decondition di.kən.dɪʃ.n	건강을 해치다	2969
형	conditional kən.dɪʃ.nəl	조건부의	2970
형	unconditional ʌnk.ən.dɪʃ.nəl	무조건적인	2971
명	precondition prik.ən.dɪʃ.n	전제 조건	2972
명동	draw drɒ	그리다, 당기다, 무승부 ③ draw | drew | drawn	2973
명	drawing drɒɪŋ	그림, 소묘	2974
형	drawn drɒn	그려진, 늘어진	2975

	단어	뜻	번호
형/동	**drag** dræg	끌(리)다, 견인	2976
형	**drawback** drɒ.bæk	결점	2977
동	**withdraw** wɪð.drɔ	철수[철회, 인출]하다 ③ withdraw | withdrew | withdrawn	2978
동	**redraw** ri.drɒ	변경하다 ③ redraw | redrew | redrawn	2979
동	**draw back** drɒ.bæk	물러나다, ~않다	2980
동	**draw out** drɒ.aut	꺼내다, 빼다	2981
형	**drawer** drɔr	서랍, 속옷(drawers)	2982
형	**education** e.dʒək.eɪʃ.ŋ	교육	2983
형	**educational** e.dʒək.eɪʃ.ŋəl	교육의, 교육적인	2984
동	**educate** e.dʒəket	교육하다	2985
형	**educator** e.dʒək.e.tər	교육자	2986
형	**non-educated** nɑn.e.dʒək.e.təd	교육받지 않은	2987
형	**well-educated** wel.e.djuk.eɪ.tɪd	잘 교육된	2988
형	**footwear** fʊ.twer	신발(류)	2989
부	**underfoot** ʌn.dər.fʊt	짓밟힌, 발 밑에	2990
형	**footstep** fʊt.step	발소리, 걸음	2991
형	**foothold** fʊthould	발판, 기반	2992
형/부/동	**further** fɝ.ðər	더욱이, 더 이상의, 촉진하다	2993
부	**furthermore** fɝ.ðər.mɔr	더욱이, 게다가	2994
형	**global** gloub.l	세계적인, 공 모양의	2995
형	**global warming** gloub.l.wɔrm.ɪŋ	지구 온난화	2996
형	**globalization** globə.lə.zeɪ.ʃən	세계화	2997
형	**globe** gloub	지구(본), 공 모양	2998
동	**globalize** globə.laɪz	세계화하다	2999
형	**hourly** aʊr.li	시간마다의	3000

명	**hour hand** auər.hænd	(시계) 시침	3001
형·부	**hour long** auər.lɔŋ	1시간 동안(의)	3002
명	**man hour** mæn.auər	인시 *1시간치 노동량	3003
명	**rush hour** rəʃ.auər	교통 혼잡 시간	3004
동	**judge** dʒədʒ	판사, 재판하다	3005
명	**judgment = judgement** dʒʌdʒ.mənt	판단, 판결, 재판	3006
명	**jury** dʒu.ri	배심원, 심사위원	3007
명	**juror** dʒu.rər	배심원	3008
명	**prejudice** pre.dʒə.dəs	편견	3009
형	**judicial** dʒu.dɪʃ.l	사법의, 재판의	3010
형	**judgmental** dʒʌdʒ.men.tl	재판의, 비판적인	3011
형·명	**judiciary** dʒu.dɪ.ʃi.e.ri	사법부(의), 사법제도(의)	3012
명	**perjury** pɜ.dʒə.ri	위증	3013
동	**adjudicate** ə.dʒu.dɪket	판결하다	3014
형	**legal** lig.l	(합)법적인	3015
형	**illegal** ɪ.lig.l	불법적인	3016
명	**legislation** le.dʒəs.leɪʃ.n	법률, 입법	3017
동	**legitimate** lə.dʒɪ.tə.mət	합법적인, 합법화하다	3018
형	**legislative** le.dʒəs.le.tɪv	입법의, 입법부의	3019
명	**legislature** le.dʒəs.le.tʃər	입법부	3020
동	**legislate** le.dʒəs.let	입법하다	3021
명	**legislator** le.dʒəs.le.tər	입법자, 국회의원	3022
동	**legitimize** lə.dʒɪ.tə.maɪz	합법화[정당화]하다	3023
명	**legitimacy** lə.dʒɪ.tə.mə.si	합법성, 타당성	3024
동	**legalize** li.gə.laɪz	법률화하다	3025

동	**approach** əproutʃ	접근하다	3026
부	**approximately** ə.prɑk.sə.mət.li	대략적으로	3027
명	**proximity** prɑksɪ.mə.ti	근처, 근접	3028
명동	**concern** kən.sɜn	걱정[관여](하다), 관심	3029
동	**be concerned with** bi.kən.sɜnd.wɪθ	~에 관심[관련]이 있다	3030
동	**be concerned about** bi.kən.sɜnd.ə.baʊt	~을 걱정하다	3031
명	**customer** kʌ.stə.mər	고객	3032
명	**custom** kʌ.stəm	습관, 전통	3033
동	**accustom** ək.ə.stəm	익히다, 익숙하게 하다	3034
명	**costume** kastum	의상, 복장	3035
동	**be accustomed to** bi.ək.ə.stəmd.tu	~에 익숙해지다	3036
동	**customize** kə.stə.maɪz	직접 정하다	3037
형	**unaccustomed** ʌ.nək.ə.stəmd	익숙지 않은	3038
명	**customs** kʌ.stəmz	관세, 세관	3039
형	**customary** kʌ.stə.me.ri	습관[전통]적인	3040
	due to du.tu	~때문에, ~할 예정인	3041
형	**undue** ən.du	부적절한, 심한	3042
부	**duly** du.li	정식으로, 제 때에, 충분히	3043
형	**due** du	정당한, ~예정인	3044
형	**overdue** oʊv.r.du	기한 지난	3045
부	**earthly** ɜθ.li	속세의, 도대체	3046
형부	**underneath** ʌn.dər.niθ	아래에, 낮은	3047
형	**down-to-earth** daʊn.tu.ɜθ	현실적인	3048
동	**unearth** ʌ.nɜθ	파내다	3049
명	**election** ə.lek.ʃn	선거	3050

통	elect ə.lekt	선거[선발]하다	3051
명	selection sə.lek.ʃn	선택, 선발	3052
통	select sə.lekt	선택[선발]하다	3053
통	reelect riə.lekt	재선하다	3054
명	reelection riə.lek.ʃən	재선거	3055
형	selective sə.lek.tɪv	선택적인, 까다로운	3056
형	electoral ə.lek.tə.rəl	선거의	3057
명	electorate ə.lek.tə.rət	유권자	3058
형	eclectic ɪ.klek.tɪk	절충적인, 다양한	3059
형	unelected ʌ.nə.lek.təd	선출되지 않은	3060
형	entire en.taɪər	전체적인	3061
명	integrity ɪn.te.grə.ti	진실성, 온전함	3062
통	integrate ɪn.tə.gret	통합하다	3063
형	integral ɪn.tə.grəl	완전한, 필수적인	3064
통	disintegrate dɪ.sɪn.tə.gret	분해[붕괴]시키다	3065
명	disintegration dɪ.sɪn.tə.greɪʃ.n	분해, 붕괴	3066
명	integration ɪn.tə.greɪʃ.n	통합	3067
명	entirety en.taɪər.ti	전체	3068
부	fully fʊ.li	충분히, 완전히	3069
명	fullness fʊl.nəs	가득함, 풍부함	3070
명통	mold = mould moʊld	틀, 곰팡이, 형성하다	3071
형	moldy moʊl.di	곰팡이 난, 케케묵은	3072
명	mode moʊd	형태, 방법, 유행	3073
형	outmoded aʊtmoʊ.ʊ.dɪd	뒤떨어진, 구식의	3074
형	late-model leɪt.mɑd.l	신형의	3075

	단어	뜻	번호
동	**remodel** ri.mad.l	개조하다	3076
동	**observe** əb.zɜˈv	관찰[준수]하다	3077
명	**observation** ab.zər.veɪʃ.n	관찰, 감시	3078
명	**observance** əb.zɜˈ.vəns	준수, 의식, 기념	3079
명	**observatory** əb.zɜˈ.və.tɔ.ri	천문대, 기상대	3080
명	**observer** əb.zɜˈ.vər	관찰자, 감시자	3081
형	**observable** ab.zɜˈ.vəb.l	관찰[식별]가능한	3082
동	**protect** prə.tekt	보호하다	3083
명	**protection** prə.tek.ʃn	보호	3084
형	**protective** prə.tek.tɪv	보호하는	3085
명	**protectionist** prə.tek.ʃə.nəst	보호무역론자	3086
형	**unprotected** ʌn.prə.tek.təd	무방비의	3087
명	**protectionism** prə.tek.ʃə.nɪ.zəm	보호무역주의	3088
동	**prove** pruv	증명하다	3089
형	**proven** pruv.n	증명된	3090
형	**proof** pruf	증거, 증명, 견디는	3091
동	**disprove** dɪ.spruv	반증[반박]하다	3092
명동	**probe** proub	조사[탐사]하다, 탐사기	3093
명	**probation** proubeɪʃ.n	수습 기간, 가석방	3094
동	**sit in** sɪt.ɪn	참가하다, ~에 앉다	3095
동	**sit down** sɪt.daʊn	앉다	3096
명	**sediment** se.də.mənt	침전물	3097
명	**saddle** sæd.l	안장	3098
형	**sedentary** se.dən.te.ri	정착한, 앉은	3099
형	**sedimentary** se.də.men.tə.ri	퇴적물의	3100

통	**subside** səb.saɪd	가라앉다, 진정하다	3101
통	**sit on** sɪt.ɑn	~(위)에 앉다, ~을 방치하다	3102
통	**sit up** sɪt.ʌp	똑바로 앉다	3103
통	**supersede** su.pər.sid	대신하다	3104
	sooner than su.nər.ðæn	~보다 더 빨리	3105
	as soon as əz.sun.æz	~하자마자	3106
	no sooner ~ than noʊ.su.nər.ðæn	~하자마자	3107
	soon after sun.æf.tər	곧	3108
	soon(er) or late(r) sun.ər.ɔr.leɪt.ər	곧	3109
명	**storyline** stɔ.ri.laɪn	줄거리	3110
명	**storytelling** stɔ.ri.tel.ɪŋ	이야기(전달)	3111
	~ story building stɔ.ri.bɪld.ɪŋ	~층 건물	3112
통	**survive** sər.vaɪv	살아남다, 견디다	3113
명	**survival** sər.vaɪv.l	생존, 잔존	3114
형	**survivable** sər.vaɪ.vəb.l	생존 가능한	3115
명	**survivor** sər.vaɪ.vər	생존자	3116
형	**cerebral** se.rə.brəl	뇌의, 지적인	3117
명	**brainchild** breɪn.tʃaɪld	고안, 창작	3118
명	**brainstorming** breɪn.stɔrm.ɪŋ	아이디어 짜내기	3119
명	**brainpower** breɪn.pɑ.wər	지력	3120
명·통	**cost** kɑst	가격, 비용(이 들다) ③ cost | cost | cost	3121
부	**costly** kɑst.li	비싼, 희생이 큰	3122
	at all cost(s) ət.ɔl.kɑst.es	무슨 수를 쓰더라도	3123
통	**cost a fortune** kɑst.ə.fɔr.tʃən	거금이 들다	3124
통	**cost an arm and a leg** kɑst.ən.ɑrm.ənd.ə.leg	거금이 들다	3125

at cost ət.kɑst	원가에	3126
at no cost ət.noʊ.kɑst	무료로	3127
몡 cost effectiveness kɑst.ɪ.fekt.ɪv.nəs	비용 효율성	3128
몡 cost-cutting kɒstk.ət.ɪŋ	경비 절감	3129
동 cut off kət.ɒf	끊다, 중단하다	3130
동 cut back kət.bæk	줄이다, 자르다	3131
혱 uncut ʌnkət	자르지 않은, 원형의	3132
동 be cut out for bi.kət.aʊt.fər	~에 적합하다	3133
동 cut down on kət.daʊn.ɑn	~을 줄이다	3134
동 cut it close kət.ɪt.kloʊz	절약하다	3135
동 cut out kət.aʊt	자르다, 중단하다	3136
동 curtail kər.teɪl	단축[삭감]하다	3137
동 undercut ʌn.dərkət	할인[약화]하다 ③ undercut | undercut | undercut	3138
혱 cutting-edge kʌt.ɪŋ.edʒ	최첨단의	3139
동 cut corners kət.kɔr.nərz	절약[간소화]하다	3140
혱 distinctive dɪ.stɪŋk.tɪv	독특한, 특유의	3141
동 distinguish dɪ.stɪŋ.gwɪʃ	구별하다	3142
혱 distinct dɪ.stɪŋkt	분명한, 별개의	3143
몡 distinction dɪ.stɪŋk.ʃn	차이, 뛰어남, 구분	3144
혱 indistinguishable ɪn.də.stɪŋ.gwɪ.ʃəb.l̩	구분할 수 없는	3145
혱 equivalent ɪ.kwɪ.və.lənt	동등한	3146
동 equate ɪ.kweɪt	동일시하다	3147
혱 egalitarian ɪ.gæ.lə.te.riən	평등주의의	3148
혱 equal i.kwəl	평등한, 동등한	3149
몡 equanimity i.kwə.nɪ.mə.ti	침착	3150

명	**equation** i.kweɪɜ.n	평형, 방정식	3151
명	**inequality** ɪ.ni.kwɑ.lə.ti	불평등	3152
명	**equality** i.kwɑ.lə.ti	평등	3153
동	**equalize** i.kwə.laɪz	같게 하다	3154
명	**inequity** ɪ.ne.kwə.ti	불공평	3155
형	**equitable** e.kwə.təb.l	공평한	3156
형	**unequal** ə.ni.kwəl	불공평한, 다른	3157
동	**be equal to** bi.i.kwəl.tu	~와 동일하다	3158
형	**essential** ə.sen.ʃl	본질[필수]적인	3159
명	**essence** e.sɔns	본질, 정수, 핵심	3160
형	**quintessential** kwɪn.tə.sen.ʃəl	정수의, 전형적인	3161
형	**excellent** ek.sə.lənt	훌륭한, 우수한	3162
형	**exceed** ɪk.sid	넘다, 초과하다	3163
형	**excessive** ɪk.se.sɪv	지나친, 과도한	3164
명	**excellence** ek.sə.ləns	우수함	3165
동	**excel** ɪk.sel	뛰어나다, 능가하다	3166
형명	**excess** ek.ses	과다, 초과(한)	3167
형	**exceeding** ɪk.sid.ɪŋ	굉장한, 초과하는	3168
동	**fasten** fæs.n	묶다, 잠그다	3169
동	**hurt** hɜt	다치게 하다 ③ hurt | hurt | hurt	3170
형	**hurtful** hɜt.fəl	상처를 주는, 해로운	3171
동	**smart** smɑrt	영리한, 아프다	3172
명	**language** læŋ.gwɪdʒ	언어	3173
형	**feminine** fe.mə.nən	여자의, 여성스런	3174
형	**male-oriented** meɪl.ɔ.ri.en.təd	남성 중심의	3175

명	**feminism** fe.mə.nɪ.zəm	여성주의	3176
형	**effeminate** i.fe.mə.nət	여성스런, 연약한	3177
명	**feminist** fe.mə.nəst	여성주의자	3178
동	**pursue** pər.su	추구[추적]하다	3179
명	**pursuit** pər.sut	추구, 추적	3180
명	**prosecutor** prɑ.sɪ.kju.tər	검사	3181
동	**ensue** en.su	(결과로) 일어나다	3182
형	**pursuant** pər.suənt	~에 따른	3183
동	**prosecute** prɑ.sə.kjut	기소[고발]하다	3184
명	**prosecution** prɑ.sə.kjuʃ.ŋ	기소, 고발	3185
동	**sue** su	고소하다	3186
부	**quickly** kwɪ.kli	빨리	3187
동	**quicken** kwɪkən	빠르게[촉진]하다	3188
동	**avoid** ə.vɔɪd	피하다, 막다	3189
형	**avoidable** ə.vɔɪ.dəb.ļ	피할 수 있는	3190
명	**avoidance** ə.vɔɪ.dəns	회피, 피함	3191
형	**unavoidable** ʌ.nə.vɔɪ.dəb.ļ	피할 수 없는	3192
동	**conclude** kən.klud	결론[끝]내다	3193
명	**conclusion** kən.kluʒ.ŋ	결론, 결말	3194
형	**inconclusive** ɪnk.ən.klu.sɪv	결론 나지 않은	3195
형	**conclusive** kən.klu.sɪv	결정적인	3196
명	**evidence** e.və.dəns	증거	3197
형	**evident** e.və.dənt	분명한	3198
형	**self-evident** sel.fe.və.dənt	자명한	3199
동	**examine** ɪg.zæ.mən	시험[검사]하다	3200

명	**exam** ɪg.zæm	시험, 검사	3201
동	**essay** e.seɪ	수필, 시험하다	3202
명	**examination** ɪg.zæ.mə.neɪʃ.n̩	시험, 검사	3203
명	**essayist** e.se.ɪst	수필가	3204
명	**examiner** ɪg.zæ.mə.nər	검사관	3205
동	**assay** æ.si	시험[분석]하다	3206
형	**unexamined** ən.ɪg.zæ.mənd	검사되지 않은	3207
명동	**favor = favour** feɪ.vər	호의, 부탁, 찬성[선호](하다)	3208
형	**favorite = favourite** feɪ.və.rət	(가장) 좋아하는	3209
	in favor of ɪn.feɪ.vər.ʌv	~에 찬성하여	3210
형	**favorable** feɪ.və.rəb.l	호의적인, 유리한	3211
형	**unfavorable** ən.feɪ.və.rə.bəl	악의적인, 불리한	3212
형	**favourable** feɪ.və.rəb.l	호의적인	3213
동	**ask a favor of** æsk.ə.feɪ.vər.ʌv	~에게 부탁하다	3214
동	**do (~) a favor** də.ə.feɪ.vər	(~가) 부탁하다, 베풀다	3215
명	**fishing** fɪʃ.ɪŋ	낚시(터), 어업	3216
명	**fishery** fɪ.ʃə.ri	어장, 어업	3217
동	**overfish** oʊv.r.fɪʃ	물고기를 남획하다	3218
형	**fishy** fɪ.ʃi	물고기의	3219
동	**fit** fɪt	적합한, 적합하다, 건강한 ③ fit | fit | fit	3220
명	**fitness** fɪt.nəs	건강함, 몸매, 적합	3221
동	**fit into** fɪt.ɪn.tu	~에 맞다[적합하다]	3222
형	**unfit** ən.fɪt	부적당한	3223
명동	**flow** floʊ	흐름, 흐르다	3224
명동	**flood** fləd	홍수, 범람하다	3225

형	**fluid** fluəd	유동적인, 부드러운	3226
명	**confluence** kɑn.fluəns	합류(점), 집합	3227
명	**flume** flum	수로, 미끄럼틀	3228
동	**overflow** ovərflo.ʊ	넘치다	3229
명	**flux** fləks	유동, 흐름, 불안정	3230
명	**inflow** ɪnflo.ʊ	유입	3231
명	**influx** ɪn.fləks	유입	3232
명	**outflow** aʊtflo.ʊ	유출	3233
형	**futuristic** fju.tʃə.rɪ.stɪk	미래적인	3234
	in future ɪn.fju.tʃər	앞으로는	3235
부	**heavily** he.və.li	무겁게, 몹시	3236
형	**hefty** hef.ti	무거운	3237
부	**heretofore** hɪr.tə.fɔr	지금까지	3238
부	**hitherto** hɪ.ðər.tu	지금까지	3239
부	**herein** hi.rɪn	여기에	3240
부	**hereby** hɪr.baɪ	이로써	3241
부	**hereafter** hɪr.æft.ər	이후에	3242
부	**hereinafter** hɪə.rɪn.æf.tər	지금부터, 아래에	3243
부	**immediately** ɪ.mi.diət.li	즉시, 직접	3244
형	**immediate** ɪ.mi.diət	즉각[직접]적인	3245
형	**imminent** ɪ.mə.nənt	절박한, 임박한	3246
동	**mediate** mi.di.et	중재[조정]하다	3247
명	**mediation** mi.di.eɪʃ.ŋ	중재, 조정	3248
형	**intermediate** ɪn.tər.mi.diət	중간의, 중급의	3249
명	**intermediary** ɪn.tər.mi.die.ri	중개인	3250

품사	단어	뜻	번호
명동	**measure** me.ʒər	측정(하다), 단위, 정도, 조치	3251
명	**measurement** me.ʒər.mənt	측정, 치수	3252
부	**immeasurably** ɪ.me.ʒə.ræ.bli	무수하게	3253
형	**measurable** me.ʒə.rəb.l	측정 가능한, 가시적인	3254
명동	**note** noʊt	메모[주의](하다)	3255
형	**notable** noʊ.təb.l	주목할 만한, 유명한	3256
명	**connotation** kɑ.nə.teɪʃ.n	함축(된 의미)	3257
부	**notably** noʊ.tə.bli	현저히, 특히	3258
명	**notation** noʊ.teɪʃ.n	표기(법)	3259
동	**connote** kənoʊt	암시하다	3260
명	**denotation** dino.ʊ.teɪʃ.n	표시, 지시, 의미	3261
명	**footnote** fʊtnoʊt	각주	3262
동	**denote** dɪnoʊt	표시하다, 나타내다	3263
동	**annotate** æ.nə.tet	주석을 달다	3264
형	**noteworthy** noʊ.twɜ.ði	주목할 만한	3265
명동	**offer** ɒ.fər	제안[제공](하다)	3266
동	**recognize** rek.əg.naɪz	인정하다, 알아보다	3267
명	**recognition** rek.əg.nɪʃ.n	인식, 인정, 승인	3268
형	**recognizable** rek.əg.naɪ.zəb.l	알아보는, 인식 가능한	3269
형	**well-recognized** wel.rek.əg.naɪzd	잘 알려진	3270
명동	**regard** rə.gɑrd	~로 여기다, 관계[존경](하다)	3271
형	**regardless** rə.gɑrd.ləs	관계없이, 부주의한	3272
전	**regardless of** rə.gɑrd.ləs.ʌv	~관계없이	3273
명동	**disregard** dɪ.srɪ.gɑrd	무시[경시](하다)	3274
전	**regarding** rə.gɑrd.ɪŋ	~에 관하여	3275

	as regards əz.rɪ.gɑrdz	~관련하여	3276
형	**regardful** rɪ.gɑrd.fəl	주의 깊은	3277
	with regard to wɪθ.rə.gɑrd.tu	~에 관하여	3278
	without regard wɪð.aʊt.rə.gɑrd.tu	~무관[무시]하여	3279
동	**rely (up)on** rə.laɪ.ʌp.ɑn	~에 의존하다	3280
형	**reliable** rə.laɪəb.l	믿을 수 있는	3281
명	**reliance** rə.laɪəns	의존, 신뢰	3282
명	**reliability** ri.laɪə.bɪ.lə.ti	신뢰(성)	3283
형	**unreliable** ʌn.rə.laɪəb.l	믿을 수 없는	3284
명동	**risk** rɪsk	위험(하게 하다)	3285
형	**risky** rɪ.ski	위험한, 모험적인	3286
명동	**rule** rul	규칙, 지배(하다)	3287
형명	**ruling** rul.ɪŋ	지배(하는), 판결	3288
명	**majority rule** mə.dʒɔ.rə.ti.rul	다수결 원칙	3289
명	**ruler** ru.lər	지배자, 자	3290
동	**overrule** oʊv.ə.rul	뒤엎다, 기각하다	3291
	as a rule əz.ə.rul	대체로	3292
동	**rule out** rul.aʊt	배제하다	3293
형부	**overseas** oʊv.ə.siz	해외로, 해외에서, 국제적인	3294
형명	**seaside** si.saɪd	해안(의)	3295
명	**seasickness** si.sɪk.nəs	뱃멀미	3296
명	**seafloor** si.flɔr	해저	3297
부	**undersea** ʌn.dər.si	바닷속에	3298
명	**storage** stɔ.rədʒ	저장(소), 보관	3299
명	**storehouse** stɔr.haʊs	창고	3300

품사	단어	뜻	번호
명	**department store** də.purt.mənt.stər	백화점	3301
전	**versus ▪ vs.** vɜ.səs	~대~, ~에 비교하여	3302
형	**adverse** æd.vɜs	부정적인, 불리한	3303
명형동	**reverse** rɪ.vɜs	반대(의), 뒤바꾸다, 되돌리다	3304
명	**adversity** æd.vɜ.sə.ti	역경, 불행	3305
명	**adversary** æd.vər.se.ri	적, 상대편	3306
부	**adversely** æd.vɜ.sli	반대로, 불리하게	3307
형	**averse** ɔ.vɜs	~을 싫어하는, 반대하는	3308
동	**avert** ɔ.vɜt	피하다, 막다	3309
형명	**inverse** ɪn.vɜs	반대(의)	3310
형	**irreversible** ɪ.rɪ.vɜ.səb.l	되돌릴 수 없는	3311
명	**reversal** rɪ.vɜ.sl	반전, 역전	3312
	vice versa vaɪs.vɜ.sə	거꾸로도, 반대로도	3313
동	**revert** rɪ.vɜt	되돌아가다, 귀속되다	3314
명	**aversion** ɔ.vɜ.ʒən	반감, 혐오	3315
형	**reversible** rɪ.vɜ.səb.l	되돌리기[거꾸로]가능한	3316
동	**invert** ɪn.vɜt	뒤집다, 반전시키다	3317
형	**adversarial** æd.vər.se.riəl	적대적인, 반대하는	3318
명	**obverse** əb.vɜs	(~의) 반대, 앞면	3319
명동	**waste** weɪst	쓰레기, 낭비하다	3320
형	**vast** væst	방대한	3321
형	**wasting** weɪ.stɪŋ	낭비하는	3322
형	**wasteful** weɪst.fəl	낭비하는	3323
형	**whole** hoʊl	전체의, 모든, 완전한	3324
형	**holistic** hoʊ.lɪ.stɪk	전체론의	3325

	단어	뜻	번호
	on the whole ɑn.ðə.hoʊl	대체로	3326
	as a whole əz.ə.hoʊl	전체로서	3327
명	**holocaust** hɑ.lək ɒst	대학살	3328
형	**wholesome** hoʊl.səm	건전한, 유익한	3329
부	**widely** waɪd.li	넓게, 널리	3330
동	**widen** waɪd.n	넓히다	3331
명	**width** wɪdθ	폭, 너비	3332
동	**accept** æk.sept	수락[인정]하다	3333
형	**acceptable** æk.sep.təb.l	받아들여지는	3334
형	**unacceptable** ʌ.næk.sep.təb.l	용납 불가능한	3335
명	**acceptance** æk.sep.təns	수납, 동의, 승인	3336
명	**access** æk.ses	접근, 접속	3337
형	**accessible** æk.se.səb.l	접근[이용]가능한	3338
명	**accessibility** æk.se.sə.bɪ.lə.ti	접근성	3339
형	**inaccessible** ɪ.nək.se.səb.l	접근하기 어려운	3340
동	**agree** ə.gri	동의[일치]하다	3341
명	**agreement** ə.gri.mənt	동의, 일치, 계약	3342
동	**disagree** dɪ.sə.gri	반대[불일치]하다	3343
형	**agreeable** ə.griəb.l	유쾌한, 동의하는	3344
형	**disagreeable** dɪ.sə.griəb.l	불쾌한, 싫은, 무례한	3345
명	**disagreement** dɪ.sə.gri.mənt	불일치, 의견차이	3346
명동	**amount** ə.maʊnt	양, 총계(하다), 총액	3347
동	**amount to** ə.maʊnt.tu	~에 이르다	3348
명동	**answer** æn.sər	대답(하다), 해답	3349
동	**swear** swer	맹세[욕]하다 ③ swear | swore | sworn	3350

품사	단어	뜻	번호
형	**unanswered** ʌ.næn.sərd	대답 없는	3351
형	**right answer** raɪt.æn.sər	정답	3352
명동	**burn** bɜn	(불)타다, 화상 ③ burn | burnt | burnt	3353
동	**burst** bɜ·st	터지다, 불쑥 가다 ③ burst | burst | burst	3354
명	**combustion** kəm.bəs.tʃən	연소, 발화	3355
형	**burnt** bɜnt	탄, 화상 입은	3356
동	**burst into** bɜ·st.ɪn.tu	~을 터뜨리다	3357
명	**burnout** bɜ·.naʊt	피로, 소진	3358
동	**burn up** bɜn.ʌp	다 태우다	3359
형동	**bust** bəst	부수다, 가슴	3360
명	**filibuster** fɪ.lə.bə.stər	방해	3361
명	**outburst** aʊt.bɔrst	폭발, 돌발	3362
동	**challenge** tʃæ.ləndʒ	도전(하다), 이의를 말하다	3363
형	**challenging** tʃæ.ləndʒ.ɪŋ	도전[도발]적인	3364
형	**outdoor** aʊt.dɔr	집 밖의	3365
형	**indoor** ɪn.dɔr	실내의	3366
명	**effort** e.fərt	노력, 시도	3367
형	**effortful** e.fərt.fʊl	노력이 필요한	3368
부	**effortlessly** e.fərt.lə.sli	손쉽게, 노력없이	3369
동	**make an effort** meɪk.ən.e.fərt	노력하다	3370
동	**energize** e.nər.dʒaɪz	활력[동력]을 주다	3371
형	**energetic** e.nər.dʒe.tɪk	활기찬, 원기왕성한	3372
명	**renewable energy** ri.nuəb.l.e.nər.dʒi	재생 에너지	3373
명	**solar energy** soʊ.lər.e.nər.dʒi	태양 에너지	3374
명	**labor** leɪb.r	노동, 노력, 출산	3375

동	elaborate ə.læ.brət	공들인, 정교한, 자세히 하다	3376
명	collaboration kə.læ.bə.reɪʃ.n	협업, 협동	3377
명	collaborator kə.læ.bə.re.tər	협력자	3378
형	laborious lə.bɔ.riəs	힘든, 지루한	3379
명	labor union leɪb.r.ju.njən	노동 조합	3380
형	collaborative kə.læ.bə.re.tɪv	협동의	3381
동	collaborate kə.læ.bə.ret	협력하다	3382
명	labor flexibility leɪb.r.flek.sə.bɪ.lə.ti	노동 유연성	3383
명	laborer leɪ.bə.rər	노동자	3384
명동	lie laɪ	거짓말(하다) ③ lie | lied | lied 눕다, ~있다 ③ lie | lay | lain	3385
형명	lying laɪ.ɪŋ	거짓말(하는), 드러눕기	3386
명	liar laɪər	거짓말쟁이	3387
명	liaison li.eɪ.zɑn	연락, 밀통	3388
명	membership mem.bər.ʃɪp	회원자격, 회원 수	3389
명	board member bɔrd.mem.bər	임원	3390
명동	object ɑb.dʒekt	물건, 목표, 반대[항의]하다	3391
형명	objective əb.dʒek.tɪv	목적, 목표, 객관적인	3392
명	objection əb.dʒek.ʃn	반대, 이의	3393
형	objectionable əb.dʒek.ʃə.nəb.l	불쾌한, 반대할 만한	3394
형명	past pæst	과거(의), 지난	3395
형	bypast baɪ.pæst	지나간	3396
동	reach ritʃ	~에 닿다[도달하다]	3397
형	far-reaching far.ritʃ.ɪŋ	영향이 큰	3398
동	outreach aʊ.tritʃ	능가하다	3399
동	reach for ritʃ.for	손을 뻗다	3400

동	**reach out** rɪtʃ.aʊt	닿다, 접근하다	3401
동	**relax** rə.læks	쉬다, 진정하다	3402
동	**relieve** rə.liv	진정[구제]하다	3403
명	**relief** rə.lif	완화, 경감, 구조	3404
동	**languish** læŋ.gwɪʃ	쇠약해지다, 시들다	3405
형	**lax** læks	관대한, 느슨한	3406
명	**relaxation** ri.læk.seɪʃ.n̩	휴식, 완화	3407
형	**slack** slæk	느슨한, 게으른	3408
동	**slack off** slæk.ɒf	게으름 피우다	3409
동	**slake** sleɪk	갈증을 풀다	3410
동	**represent** re.prə.zent	대표[표현]하다	3411
형명	**representative** re.prə.zen.tə.tɪv	대표(하는), 대리인	3412
명	**representation** re.prə.zen.teɪʃ.n̩	대표, 표현, 항의	3413
형	**unrepresentative** ən.re.prə.zen.tə.tɪv	대표성 없는	3414
동	**misrepresent** mɪs.re.prə.zent	와전하다	3415
동	**enrich** en.rɪtʃ	부유[풍부]하게 하다	3416
명	**riches** rɪ.tʃəz	부유, 풍부함	3417
명	**richness** rɪt.ʃnəs	부유, 풍부함	3418
명	**enrichment** en.rɪt.ʃmənt	풍부, 농축	3419
형	**asleep** ə.slip	잠들어, 자고 있는	3420
명	**sleepiness** sli.pi.nəs	졸음	3421
형	**sleepy** sli.pi	졸리는, 조용한	3422
형	**sleepless** sli.pləs	잠 못 이루는	3423
명	**string** strɪŋ	끈, 실	3424
형동	**strain** streɪn	당기다, 긴장(시키다), 부담, 압력	3425

통	stretch stretʃ	늘리다, 뻗치다	3426
명동	strip strɪp	벗(기)다, 끈, 띠	3427
명	strap stræp	가죽 끈, 혁대	3428
명	stripe straɪp	줄무늬, 띠	3429
명	streak strik	줄(무늬), 경향	3430
명동	strand strænd	꼼짝 못하다, 가닥, 끈	3431
형	stranded stræn.dəd	고립된, 꼰	3432
통	strangle stræŋ.gl	목 조르다, 억압하다	3433
형	stringent strɪn.dʒənt	엄중한, 긴박한	3434
형	traditional trə.dɪʃ.nəl	전통[전설]적인	3435
명	tradition trə.dɪʃ.ŋ	전통, 전설	3436
형	untraditional ən.trə.dɪ.ʃə.nəl	비전통적인	3437
명	warrior wɔ.riər	전사	3438
명	warfare wɔr.fer	전쟁	3439
형명	wartime wɔr.taɪm	전시(의)	3440
형	postwar postwɔr	전후의	3441
통	win a prize wɪn.ə.praɪz	상을 타다	3442
통	apply ə.plaɪ	적용[신청, 지원]하다	3443
명	application æ.plɪk.eɪʃ.ŋ	신청, 적용, 응용	3444
명	applicant æ.plɪkənt	신청자, 지원자	3445
명	appliance ə.plaɪəns	가전제품, 장비, 적용	3446
통	apply for ə.plaɪ.fɔr	~에 지원하다	3447
형	applicable æ.plɪk.əb.l	적용[해당]된	3448
명동	book bʊk	예약하다, 장부(기입하다)	3449
형	booking bʊkɪŋ	예약, 장부 기입	3450

영	booklet bu.klət	소책자	3451
영	bookkeeping bukk.ip.ɪŋ	부기, 경리	3452
영	bookmark buk.mark	책갈피	3453
동	overbook ovər.buk	예약을 과하게 받다	3454
영	capital kæ.pə.təl	수도, 자본, 주요, 대문자	3455
영	cap kæp	모자, 뚜껑, 대문자, 최고	3456
영	caput (pl. capita) kei.pə.t	머리	3457
영	captain kæp.tən	선장, 주장, 대위	3458
동	capitalize kæ.pə.tə.laɪz	이용[투자]하다, 대문자로 쓰다	3459
동	capitalize on kæ.pə.tə.laɪz.ɑn	이용하다	3460
동	capitulate kə.pɪ.tʃu.let	항복하다	3461
동	recapitulate rik.ə.pɪ.tʃə.let	요약하다	3462
영	capitalism kæ.pə.tə.lɪ.zəm	자본주의	3463
영	capitalist kæ.pə.tə.ləst	자본주의자	3464
영	capitol kæ.pət.l̩	국회의사당	3465
영	chapter tʃæp.tər	(책의) 장, 구획	3466
영동	demand dɪ.mænd	요구[청구, 필요](하다), 수요	3467
형	demanding dɪ.mænd.ɪŋ	요구하는, 부담되는	3468
동	be in demand bi.ɪn.dɪ.mænd	수요가 있다	3469
동	evolve ɪ.vɑlv	진화[발전]하다	3470
형	evolutionary e.və.lu.ʃə.ne.ri	진화(론)의, 점진적인	3471
영	evolution e.və.luʃ.n̩	진화, 발전	3472
영	evolutionist i.və.lu.ʃnɪst	진화론자	3473
영	flight flaɪt	비행, 항공편	3474
영	half-life hæf.laɪf	반감기	3475

동	**halve** hæv	반으로 줄(이)다	3476
	by halves baɪ.hævz	어중간하게	3477
동	**isolate** aɪ.sə.leɪt	분리하다, 고립시키다	3478
명	**isolation** aɪ.sə.leɪʃ.n̩	고립	3479
명	**isle** aɪl	작은 섬	3480
형	**desolate** de.sə.lət	황량한	3481
동	**insulate** ɪn.sə.leɪt	단열[방음]하다	3482
명	**insulation** ɪn.sə.leɪʃ.n	단열, 방음, 고립	3483
명	**peninsula** pə.nɪn.sə.lə	반도	3484
형	**insular** ɪn.sə.lər	섬의, 편협한	3485
형	**unlawful** ʌn.lɒ.fəl	불법의	3486
형	**lawful** lɒ.fəl	합법적인	3487
명동	**outlaw** aʊt.lɒ	불법화하다, 무법자	3488
명	**bylaw** baɪ.lɒ	규칙	3489
형	**law-abiding** lɒ.ə.baɪd.ɪŋ	준법의	3490
형	**lawless** lɒ.ləs	무법의	3491
명	**lawsuit** lɒ.sut	소송	3492
부	**mainly** meɪn.li	주로	3493
형명	**mainland** meɪn.lænd	본토(의)	3494
부	**in the main** ɪn.ðə.meɪn	주로	3495
형명	**musical** mju.zɪk.l	뮤지컬, 음악적인	3496
명	**musicality** mju.zɪk.æ.lə.ti	음악성	3497
부	**normally** nɔr.mə.li	일반[정상]적으로	3498
명	**norm** nɔrm	표준, 규범	3499
형	**abnormal** æb.nɔr.ml	비정상적인	3500

명	abnormality æb.nɔr.mæ.lə.ti	비정상	3501
형	normative nɔr.mə.tɪv	규범적인	3502
동	normalize nɔr.mə.laɪz	표준화하다	3503
형	paranormal pe.rə.nɔr.ml	초자연적인	3504
명	opponent əpo.ʊ.nənt	적수, 상대	3505
형	opposite ɑ.pə.zət	반대의, 맞은편의	3506
동	oppose əpoʊz	반대[대항]하다	3507
명	opposition ɑ.pə.zɪʃ.n	반대, 저항, 상대방	3508
동	be opposed to bi.əpoʊzd.tu	~에 반대하다	3509
명	period pɪ.riəd	기간, 시기, 시대, 마침표	3510
형	perennial pə.re.niəl	1년 내내의, 장기간의	3511
형	periodic pɪ.ri.ɑ.dɪk	주기적인	3512
명	periodic table pɪ.ri.ɑ.dɪk.teɪb.l̩	주기율표	3513
동	prepare pri.per	준비하다	3514
명	preparation pre.pə.reɪʃ.n̩	준비, 예비, 태세	3515
동	be prepared to V bi.pri.perd.tə	~할 각오를 하다	3516
형명동	prep prep	예습, 예비의, 준비(하다)	3517
명	preparedness pri.pe.rəd.nəs	준비, 각오	3518
형	preparatory pre.pe.rə.tə.ri	준비의	3519
형	unprepared ʌn.pri.perd	준비 없는	3520
명동	race reɪs	경주[경쟁]하다, 인종	3521
형	racial reɪʃ.l̩	인종의	3522
명	racism reɪ.sɪ.zəm	인종차별주의	3523
명	racist reɪ.səst	인종차별주의자	3524
동	raise reɪz	높이다, 일으키다, 모으다	3525

명형동	**rear** rɪr	후방(의), 올리다, 기르다	3526
동	**satisfy** sæ.təs.faɪ	만족시키다, 채우다	3527
형	**asset** æ.set	자산, 재산	3528
형	**dissatisfied** dɪ.sæ.təs.faɪd	불만스런	3529
명	**satisfaction** sæ.təs.fæk.ʃn	만족	3530
명	**dissatisfaction** dɪ.sæ.təs.fæk.ʃn	불만	3531
동	**saturate** sæ.tʃə.ret	적시다, 포화시키다	3532
형	**satisfactory** sæ.təs.fæk.tə.ri	만족스런, 충분한	3533
형	**unsatisfactory** ʌn.sə.təs.fæk.tə.ri	불만스런	3534
동	**dissatisfy** dɪ.sæ.təs.faɪ	불만스럽게 하다	3535
형	**insatiable** ɪn.seɪ.ʃəb.l	만족을 모르는	3536
형	**self-satisfied** self.sæ.tɪ.sfaɪd	자기만족의	3537
형	**untested** ʌn.te.stəd	검증되지 않은	3538
명동	**tire** taɪər	지치게 하다, 타이어	3539
형	**tired** taɪərd	피곤한, 지루한	3540
명	**fatigue** fə.tig	피로, 노고	3541
형	**untiring** ʌn.taɪər.ɪŋ	지치지 않는	3542
동	**be tired of** bi.taɪərd.ʌv	~에 질리다	3543
형	**tireless** taɪər.ləs	지치지 않는	3544
형	**sick and tired** sɪk.ənd.taɪərd	지긋지긋한	3545
형	**tired out** taɪərd.aʊt	몹시 지친	3546
형	**tiresome** taɪər.səm	피곤한, 지루한	3547
명동	**train** treɪn	훈련하다, 열차	3548
형	**trainer** treɪ.nər	교관	3549
형	**trainee** treɪ.ni	훈련생	3550

품사	단어	뜻	번호
동	**retrain** ri.treɪn	재훈련하다	3551
명동	**transport** træn.spɔrt	수송(하다), 교통	3552
명	**transportation** træn.spɔr.teɪʃ.n	교통, 수송	3553
명	**port** pɔrt	항구	3554
명	**portal** pɔr.tl	입구	3555
명동	**export** ɪk.spɔrt	수출(하다), 내보내다	3556
명동	**import** ɪm.pɔrt	수입(하다), 들여오다	3557
동	**deport** də.pɔrt	추방하다	3558
명	**deportation** di.pɔr.teɪʃ.n	국외 추방, 수송	3559
형	**export-driven** ɪk.spɔrt.drɪv.n	수출 위주의	3560
명	**exporter** ɪk.spɔr.tər	수출업자, 수출국	3561
명	**importer** ɪm.pɔr.tər	수입업자, 수입국	3562
형	**portable** pɔr.təb.l	이동식의	3563
명	**portage** pɔr.tədʒ	운송	3564
명	**porter** pɔr.tər	짐꾼	3565
명동	**achieve** ə.tʃiv	성취하다	3566
명	**achievement** ə.tʃiv.mənt	성취, 업적	3567
형	**achievable** ə.tʃi.vəb.l	성취할 수 있는	3568
동	**advance** əd.væns	진보[전진, 승진]하다	3569
	in advance ɪn.əd.væns	앞서서, 미리	3570
명	**advancement** əd.væn.smənt	진보, 전진, 승진	3571
동	**advertise** æd.vər.taɪz	광고하다	3572
명	**advertisement = ad** əd.vɝ.təz.mənt.æd	광고	3573
명	**advertising** æd.vər.taɪz.ɪŋ	광고(업)	3574
명	**advertiser** æd.vər.taɪ.zər	광고주	3575

명동	**advert** æd.vərt	광고, 언급하다	3576
형	**available** ə.veɪ.ləb.l	(이용)가능한, 유효한	3577
명	**availability** ə.ve.lə.bɪ.lə.ti	가용성, 유효성	3578
형	**unavailable** ʌ.nə.veɪ.ləb.l	이용 불가능한, (~)없는	3579
명동	**avail** ə.veɪl	소용(이 있다)	3580
명동	**charge** tʃɑrdʒ	요금, 청구[고소, 충전]하다	3581
	in charge of ɪn.tʃɑrdʒ.ʌv	~을 담당하는	3582
동	**discharge** dɪs.tʃɑrdʒ	배출[이행]하다, 내보내다	3583
형명	**charging** tʃɑrdʒ.ɪŋ	충전(하는)	3584
명동	**recharge** ri.tʃɑrdʒ	재충전(하다)	3585
동	**supercharge** su.pər.tʃɑrdʒ	과급하다	3586
명	**surcharge** sər.tʃɑrdʒ	할증	3587
형명	**current** kɜ.rənt	현재의, 통용된, 흐름	3588
부	**currently** kɜ.rənt.li	현재, 일반적으로	3589
명	**currency** kɜ.rən.si	통화, 유통	3590
명동	**cycle** saɪk.l	순환(하다), 주기, 회전, 자전거	3591
형	**recyclable** ri.saɪ.kləb.l	재활용 가능한	3592
형	**cyclic** saɪ.klɪk	순환[주기]적인	3593
형	**cyclical** saɪk.lɪk.l	순환[주기]적인	3594
동	**recycle** ri.saɪk.l	재활용하다	3595
명	**employee** em.plɔɪi	직원	3596
동	**employ** em.plɔɪ	고용[사용]하다	3597
명	**unemployment** ʌ.nəm.plɔɪ.mənt	실직(률), 실직자수	3598
명	**employer** em.plɔɪər	고용주	3599
명	**employment** em.plɔɪ.mənt	고용	3600

형	**unemployed** ʌn.nem.plɔɪd	실직한	3601
동	**engage** en.ɡeɪdʒ	참여[약속, 약혼]하다, 관심 끌다	3602
형명	**wage** weɪdʒ	임금(의), 급여	3603
동	**be engaged in** bi.en.ɡeɪdʒd.ɪn	~에 근무하다[바쁘다]	3604
형	**engaging** en.ɡeɪdʒ.ɪŋ	매력적인	3605
명	**engagement** en.ɡeɪdʒ.mənt	약혼, 약속, 교전	3606
명동	**mortgage** mɔr.ɡɪdʒ	저당(잡히다), 담보	3607
형	**unwed** ʌn.wed	미혼의, 독신의	3608
부	**exactly** ɪɡ.zækt.li	정확히	3609
동	**exact** ɪɡ.zækt	정확한, 강요하다	3610
형	**inexact** ɪ.nɪɡ.zækt	부정확한	3611
형	**exiguous** eɡ.zɪ.ɡjʊəs	미미한	3612
명	**college** kɑ.lɪdʒ	대학	3613
명	**colleague** kɑ.liɡ	동료	3614
명	**league** liɡ	연맹	3615
명	**planet** plæ.nət	행성	3616
형	**planetary** plæ.nə.te.ri	행성의	3617
동	**predict** prə.dɪkt	예언[예보]하다	3618
형	**unpredictable** ʌn.prə.dɪk.təb.l	예상 불가능한	3619
명	**prediction** pri.dɪk.ʃn	예측, 예언	3620
형	**predictive** prə.dɪk.tɪv	예측의	3621
형	**predictable** prə.dɪk.təb.l	예상 가능한	3622
형	**unpredicted** ʌn.prɪ.dɪk.tɪd	예상치 못한	3623
명	**predictor** prə.dɪk.tər	예언자	3624
동	**prevent** prɪ.vent	막다, 예방하다	3625

명	prevention pri.ven.ʃn	예방(법), 저지	3626
형	preventable pri.ven.təb.l	예방 가능한	3627
형	preventive pri.ven.tiv	예방적인	3628
동	prevent from ~ing pri.vent.frəm	~하지 못하게 하다	3629
명동	purpose pɜ.pəs	목적, 의도(하다)	3630
형	purposeful pɜ.pə.sfəl	목적있는, 의도적인	3631
부	purposely pɜ.pə.sli	고의로	3632
	on purpose ɑn.pɜ.pəs	고의로	3633
동	repurpose rei.pɜ.pəs	재용도하다	3634
형	remote rimout	먼, 외딴, 원격의	3635
명	removal rə.mu.vəl	제거, 이동, 철수	3636
동	remove from ri.muv.frʌm	~에서 없애다[꺼내다]	3637
형	removable rə.mu.vəb.l	제거[이동]할 수 있는	3638
명	role roul	역할, 임무	3639
명	role-playing rolpleiŋ	역할 연기	3640
동	stay up stei.ʌp	안 자다	3641
동	stay away stei.ə.wei	멀리하다	3642
형	teeming tim.iŋ	많은	3643
명	teammate ti.met	팀원, 동료	3644
명	trick trik	속임수, 계략, 장난	3645
명동	intrigue in.trig	음모 (꾸미다), 흥미를 끌다	3646
형	tricky trik.i	까다로운, 미묘한	3647
형	intricate in.trəkət	복잡한, 얽힌	3648
형	treacherous tre.tʃə.rəs	배반하는, 위험한	3649
명	trickery trik.ə.ri	속임수	3650

동	entrap en.træp	함정에 빠트리다	3651
동	extricate ek.strəket	구출[해방]하다	3652
형	inextricable ɪ.nɪk.strɪk.əb.l	풀리지 않는	3653
동	wear wer	입다, 착용하다, 닳다 ③ wear | wore | worn	3654
동	wear out wer.aʊt	닳다, 지치다	3655
형	wearable we.rəb.l	입는, 착용 가능한	3656
	no wonder noʊ.wʌn.dər	놀랄 것도 없이, 당연히, "당연하지!"	3657
형	wondrous wʌn.drəs	놀랄만한	3658
명동	advantage æd.væn.tɪdʒ	유리, 이점, 이익(보다)	3659
명	disadvantage dɪ.səd.væn.tɪdʒ	불리함	3660
형	advantageous æd.vən.teɪ.dʒəs	유리한, 유익한	3661
명	vantage væn.tədʒ	유리, 우세	3662
동	arrive ə.raɪv	도착[도달]하다	3663
형명	arrival ə.raɪv.l	도착(의), 도달	3664
동	bite baɪt	물다 ③ bite | bit | bitten	3665
	a bit ə.bɪt	조금, 약간	3666
명	bit bɪt	조금, 조각	3667
형명	bitter bɪ.tər	신랄한, 쓰라린, 쓴(맛)	3668
	a little bit ə.lɪt.l.bɪt	조금, 약간	3669
동	bite off baɪt.ɒf	베어 물다	3670
	by chance baɪ.tʃæns	우연히	3671
	by any chance baɪ.e.ni.tʃæns	혹시라도	3672
동	clothe kloʊð	옷을 입다[입히다]	3673
명	clothes kloʊðz	의복	3674
명	cloth klɒθ	천, 걸레	3675

명동	**desire** də.zaɪər	욕구, 원하다	3676
형	**desirable** də.zaɪ.rəb.l	바람직한, 탐나는	3677
형	**undesirable** ʌn.də.zaɪ.rəb.l	바람직하지 않은, 꺼려지는	3678
동	**expose** ɪkspoʊz	드러내다, 폭로하다	3679
명	**exposure** ɪkspo.ʊ.ʒə	폭로, 노출	3680
명	**exposition** ek.spə.zɪʃ.n	박람회, 설명	3681
동	**expose to** ɪkspoʊz.tu	~에 드러내다	3682
형	**unexposed** ʌn.ɪkspoʊzd	노출되지 않은	3683
명	**eyesight** aɪ.saɪt	시력, 시야	3684
형	**one-eyed** wʌn.aɪd	외눈의, 편협한	3685
형	**wild-eyed** waɪld.aɪd	분노한, 과격한	3686
명동	**feed** fid	먹이(주다), 공급하다 ③ feed | fed | fed	3687
명	**feedback** fid.bæk	반응, 의견	3688
동	**be fed up** bi.fed.ʌp	질리다, 물리다	3689
동	**feed on** fid.ɑn	~을 먹고 살다	3690
동	**breastfeed** brest.fid	모유 먹이다	3691
형	**unhappy** ʌn.hæ.pi	불행한, 불만족한	3692
명	**unhappiness** ʌn.hæ.pi.nəs	불행, 비참	3693
명	**intelligence** ɪn.te.lə.dʒəns	지능, 정보	3694
명	**intellectual** ɪn.tə.lek.tʃuəl	지적인, 지식인	3695
형	**intelligent** ɪn.te.lə.dʒənt	지적인, 이성적인	3696
명	**intellect** ɪn.tə.lekt	지적 능력	3697
형	**intelligible** ɪn.te.lə.dʒəb.l	이해할 수 있는	3698
명	**intellectualism** ɪn.te.lek.tʃuə.lɪ.zəm	지성주의	3699
명동	**issue** ɪ.ʃu	주제, 사안, 발행(하다)	3700

품사	단어	뜻	번호
명	**keystone** kistoon	쐐기돌, 요점	3701
명	**keynote** kinoot	주안점, 기본 방침	3702
명	**key factor** ki.fiɛk.tər	주요 요인	3703
명	**key point** ki.pɔɪnt	요점	3704
동	**maintain** men.teɪn	유지[주장]하다	3705
명	**maintenance** meɪn.tə.nəns	유지(비), 정비, 생활비	3706
형	**sophisticated** sə.fɪ.stɪk.e.təd	정교한, 복잡한, 속세의	3707
명	**philosophy** fə.lɑ.sə.fi	철학	3708
명	**philosopher** fə.lɑ.sə.fər	철학자	3709
형	**philosophical** fi.lə.sɑ.fɪk.l	철학적인	3710
동	**pick up** pɪk.ʌp	집어 들다, 싣다, 고르다	3711
동	**pick on** pɪk.ɑn	~을 괴롭히다	3712
명동	**pickpocket** pɪk.pɑkət	소매치기(하다)	3713
부	**quite** kwaɪt	아주, 완전히	3714
	quite a few kwaɪt.ə.fju	상당수(의)	3715
명	**rainforest** raɪn.fɔ.rəst	강우림	3716
명	**raincheck** reɪn.tʃɛk	다음을 기약함	3717
형	**rainy** reɪ.ni	비가 오는, 비의	3718
명	**rainfall** reɪn.fɒl	강우(량)	3719
명	**raindrop** reɪn.drɑp	빗방울	3720
명	**rainstorm** reɪn.stɔrm	폭풍우	3721
동	**refer** rə.fɚ	참조[언급]하다, ~의 탓으로 하다	3722
명	**reference** re.fə.rəns	참조, 언급, 관련	3723
명	**referral** rə.fɔ.rəl	위탁	3724
명	**referendum** re.fə.ren.dəm	국민 투표	3725

명	**referee** re.fə.ri	심판, 중재자	3726
명	**region** ri.dʒən	지역, 영역	3727
형	**regional** ri.dʒən.l	지역의, 지방의	3728
명	**realm** relm	왕국, 영역, 분야	3729
형	**regal** ri.gəl	왕의	3730
명	**regimen** re.dʒə.mən	통치, 섭생	3731
명	**regime** rə.ʒim	정권, 제도	3732
형	**unreturned** ən.rə.tɜnd	돌아오지 않은	3733
	in return for in.rə.tɜn.fər	(~대한) 보답으로	3734
형	**skilled** skild	숙련된	3735
형	**skillful** skil.fl	숙련된	3736
동	**be skilled at** bi.skild.æt	~에 능숙하다	3737
형	**chic** ʃik	세련된, 멋진	3738
명	**species** spi.ʃiz	종, 인종, 종류	3739
형동	**stray** strei	벗어나다, 길 잃은, 빗나간	3740
형부	**astray** ə.strei	길을 잃어, 없어져	3741
명	**busy street** bi.zi.strit	번화가	3742
명	**task** tæsk	업무, 과제	3743
명	**task force** tæsk.fors	대책 본부	3744
명	**temperature** tem.prə.tʃər	온도, 체온	3745
형	**temperate** tem.prət	온화한, 절제된	3746
명동	**temper** tem.pər	성질, 완화하다	3747
동	**keep one's temper** kip.wʌnz.tem.pər	화를 참다	3748
형	**temperamental** tem.prə.men.tl	기질의, 변덕스런	3749
형	**terrible** te.rəb.l	끔찍한, 무서운, 심한	3750

동	**terrify** te.rə.faɪ	무섭게 하다, 두렵다	3751
명	**terror** te.rər	공포, 테러	3752
명	**terrorism** te.rə.rɪ.zəm	테러 행위	3753
형	**terrific** tə.rɪ.fɪk	멋진, 무서운	3754
명	**terrorist** te.rə.rɪst	테러범	3755
형	**thick** θɪk	두꺼운, 굵은, 빽빽한	3756
형,부	**thin** θɪn	얇은, 얇게, 마른	3757
동	**thicken** θɪkən	걸쭉해지다, 두껍게 하다	3758
명	**thigh** θaɪ	허벅지	3759
	thick and thin θɪk.ənd.θɪn	물불 가리지 않는	3760
형	**thick-skinned** θɪk.skɪnd	뻔뻔한	3761
동	**transmit** trænz.mɪt	전하다, 전염시키다	3762
동	**emit** e.mɪt	방출[발산]하다	3763
명	**emission** ɪ.mɪʃ.n̩	배출(물), 방사	3764
명	**mission** mɪʃ.n̩	임무, 파견, 선교	3765
형,명	**missionary** mɪ.ʃə.ne.ri	선교사, 선교의	3766
명	**transmission** træn.smɪʃ.n̩	전달, 전염, 전송	3767
명	**transmitter** træn.smɪ.tər	전달자, 전송기	3768
동	**remit** ri.mɪt	보내다, 면하다	3769
동	**treat** trit	취급[치료, 대접]하다	3770
명	**treatment** trit.mənt	치료, 취급, 대우	3771
동	**mistreat** mɪ.strit	학대하다	3772
형	**treaty** tri.ti	조약, 협정	3773
형	**untreated** ʌn.tri.təd	미처리의	3774
형	**mistreatment** mɪ.strit.mənt	학대	3775

형	**mistreated** mɪ.stri.təd	학대받은	3776
동	**treat oneself to** trit.wʌn.self.tu	~을 즐기다	3777
동	**await** ə.weɪt	기다리다	3778
동	**wait on** weɪt.ɑn	~을 시중들다[기다리다]	3779
명	**waitress** weɪ.trəs	여종업원	3780
명	**waiter** weɪ.tər	종업원, 대기자	3781
형	**watchful** wɑtʃ.fəl	주의 깊은	3782
동	**watch out** wɑtʃ.aut	조심하다	3783
형	**wrongful** rɔŋ.fəl	부당한, 잘못된	3784
명	**wrongness** rɔŋ	잘못, 틀림	3785
명	**wrongdoing** rɔŋ.duɪŋ	범죄, 비행	3786
전	**along with** ə.lɔŋ.wɪθ	~와 함께, ~에 따라	3787
동	**go along** gou.ə.lɔŋ	따라가다, 동의하다	3788
전	**alongside** ə.lɔŋ.saɪd	옆에, 나란히	3789
형명	**alternative** ɒl.tɜ.nə.tɪv	대안(의), 양자택일	3790
동	**alter** ɒl.tər	변경[변화]하다	3791
명	**alteration** ɒl.tə.reɪʃ.n	변경, 변화	3792
형동	**alternate** ɒl.tɜr.nət	교대[교체, 교차]하다, 교대의	3793
부	**alternatively** ɒl.tɜ.nə.tɪ.vli	그 대신에, 교대로	3794
형명	**ancient** eɪn.tʃənt	고대의, 고대인	3795
명	**ancestor** æn.se.stər	조상	3796
형	**ancestral** æn.se.strəl	조상의	3797
명	**ancestry** æn.se.stri	조상	3798
형	**chemical** ke.mək.l	화학적인	3799
명	**chemistry** ke.mə.stri	화학	3800

품사	단어	뜻	번호
명	chemist ke.mıst	화학자, 약사	3801
명	alchemy ælk.ə.mi	연금술	3802
명	alchemist æl.tʃə.məst	연금술사	3803
명	biochemist baɪo.ʊk.e.mɪst	생화학자	3804
명	biochemistry baɪo.ʊk.e.mɪ.stri	생화학	3805
명	chimney tʃɪm.ni	굴뚝	3806
형	comfortable kʌm.fər.təb.l	편안한, 만족하는	3807
명동	comfort kʌm.fərt	위로(하다), 안락	3808
형	uncomfortable ʌnk.əm.fər.təb.l	불편한	3809
명	discomfort dɪs.kʌmf.ərt	불편(함)	3810
명	consciousness kɑn.ʃə.snəs	의식	3811
형	conscious kɑn.ʃəs	의식[자각]하는	3812
형	unconscious ənk.ɑn.ʃəs	무의식의, 모르는	3813
형명	subconscious səbk.ɑn.ʃəs	잠재 의식(의)	3814
부	deeply di.pli	깊게, 몹시	3815
명	depth depθ	깊이	3816
동	deepen di.pən	깊게 하다, 깊어지다	3817
명동	dip dɪp	담그다, 급락(하다)	3818
동	defend də.fend	방어[변호]하다, 지키다	3819
명	defense də.fens	방어, 변호, 변명	3820
형	defensive də.fen.sɪv	방어적인	3821
명동	fence fens	울타리(치다), 막다	3822
형	defenseless də.fen.sləs	무방비의, 방어할 수 없는	3823
형	offensive ə.fen.sɪv	공격적인	3824
동	offend ə.fend	불쾌하게 하다, 죄를 짓다	3825

명	offender	범죄자, 위반자	3826
명	defendant	피고인	3827
명	defence	방어	3828
동	defend oneself	항변하다	3829
명	defender	방어자, 피고인	3830
명	offense	공격, 범죄, 반칙	3831
동	drop by	~에 들르다	3832
명	droplet	비말	3833
동	drop out	중퇴[탈락]하다	3834
동	drop a line	소식을 전하다	3835
동	drop off	감소하다	3836
명동	exercise	운동[연습, 행사](하다)	3837
동	exert	발휘[행사]하다	3838
명	exertion	노력, 행사	3839
동	expand	확대[설명]하다	3840
명	expansion	확대, 확장, 팽창	3841
형	expanse	광활한	3842
형	expansive	광범위한, 팽창하는	3843
형명	fair	공평한, 상당한, 박람회	3844
명	fairness	공평	3845
형	unfair	불공평한, 부당한	3846
형	fearless	겁없는	3847
형	fearful	무서운, 걱정하는	3848
명동	figure	수치, 인물, 모습, 계산(하다)	3849
동	figure out	계산[이해]하다	3850

	단어	뜻	번호
명	configuration kən.fɪ.gjə.reɪʃ.n	구성, 설정, 형상	3851
동	configure kən.fɪ.gjər	구성[설정]하다	3852
동	gain geɪn	얻다, 증가하다	3853
동	obtain əb.teɪn	얻다, 손에 넣다	3854
동	regain rə.geɪn	되찾다, 복귀하다	3855
형명동	bargain bɑr.gən	흥정(하다), 헐값의	3856
형	goal-oriented goʊl.ɔ.ri.en.təd	목표 지향적인	3857
형	harmful hɑrm.fəl	해로운	3858
명동	harm hɑrm	해(치다)	3859
형	harmless hɑrm.ləs	해가 없는	3860
형	unharmed ʌn.hɑrmd	무사한	3861
동	do harm to də.hɑrm.tu	~에 해를 주다	3862
동	hearten hɑr.tn	용기를 주다	3863
명	heart attack hɑrt.ə.tæk	심장마비	3864
명	heartland hɑrt.lænd	핵심지	3865
형	wholehearted hoʊl.hɑ.tɪd	헌신적인	3866
형	broken heart broʊkən.hɑrt	상심	3867
형	half-hearted hɑrf.hɑr.tɪd	성의 없는, 냉담한	3868
명	heartache hɑr.tek	심적 고통	3869
명	heartbeat hɑrt.bit	심장 박동	3870
형	hearty hɑr.ti	다정한, 왕성한	3871
형명	intent ɪn.tent	의도, 계획, 열중하는	3872
동	intend ɪn.tend	의도[의미]하다	3873
형	intentional ɪn.ten.ʃə.nəl	의도적인	3874
명	intention ɪn.ten.tʃn	의도	3875

통	superintend su.pə.rɪn.tend	감독하다	3876
형	unintended ʌ.nɪn.ten.dəd	고의가 아닌, 우연한	3877
명	superintendent su.pə.rɑn.ten.dənt	감독	3878
형	unintentional ʌ.nɪn.ten.ʃə.nəl	고의가 아닌, 무의식중의	3879
통	manage mæ.nədʒ	관리[경영]하다, 잘 해내다	3880
명	management mæ.nədʒ.mənt	관리, 경영, 감독	3881
형	manageable mæ.nɪ.dʒəb.l	다루기 쉬운	3882
형	managerial mæ.nɪ.dʒɪ.riəl	관리자의	3883
형명	minute mɪ.nət	분, 미세한, 잠깐	3884
부	minutely mɪ.nət.li	자세히, 1분마다	3885
통	depict də.pɪkt	묘사하다, 그리다	3886
명	depiction də.pɪk.ʃn	묘사, 서술	3887
부	probably prɑ.bə.bli	아마도	3888
형	probable prɑ.bəb.l	그럴듯한, 유력한	3889
명	probability prɑ.bə.bɪ.lə.ti	개연성, 그럴듯함	3890
형	improbable ɪm.prɑ.bəb.l	개연성 없는	3891
명통	report rɪ.pɔrt	보고[보도]하다, 보고서	3892
명	reportage rə.pɔr.tɪdʒ	보도, 보고	3893
형	reportedly rə.pɔr.təd.li	전해지는 바로는	3894
통	resell ri.sel	되팔다	3895
통	sell out sel.aʊt	품절되다	3896
형	sold out soʊld.aʊt	품절된	3897
형	top-selling tɑp.sel.ɪŋ	가장 잘 팔리는	3898
명	speeding spid.ɪŋ	과속	3899
명통	speed up spid.ʌp	가속(하다)	3900

명동	spur spɚ	박차(를 가하다)	3901
명동	spout spaʊt	분출(하다)	3902
명동	step step	걸음, 발소리, 단계, 밟다	3903
동	sidestep saɪd.step	회피하다	3904
명동	back step bæk.step	뒷걸음질(하다)	3905
명	theory θɪ.ri	이론	3906
형	theoretical θiə.re.tɪk.l	이론적인	3907
명	theorist θiə.rəst	이론가	3908
동	theorize θiə.raɪz	이론을 세우다	3909
명	threat θret	위협, 협박	3910
동	threaten θret.n	위협하다	3911
동	thrust θrʌst	밀다, 쑤시다	3912
형	threatened θret.ɲd	위협받는	3913
형	threatening θret.n.ɪŋ	위협적인	3914
부	totally toʊ.tə.li	완전히	3915
형명	totalitarian toʊ.tæ.lɪ.teə.riən	전체주의의, 전체주의자	3916
명	totality toʊ.tæ.lɪ.ti	전체, 합계	3917
동	totalize toʊ.tə.laɪz	합계하다	3918
명	version vɚ.ʒən	~판, 번역(문)	3919
동	convert kʌn.vɚt	바꾸다, 전환하다	3920
동	divert daɪ.vɚt	전환[우회]시키다	3921
명	conversion kən.vɚ.ʒən	전환, 개조, 개종	3922
형	convertible kən.vɚ.təb.l	바꿀 수 있는	3923
명	subversion səb.vɚ.ʒən	전복, 파괴	3924
동	subvert sʌb.vɚt	전복[파괴]하다	3925

형	**subversive** səb.vɜ.sɪv	전복[파괴]하는	3926
동	**advocate** æd.vəkət	변호사, 옹호자, 옹호하다	3927
명	**vowel** vauəl	모음	3928
명	**vocabulary** vokæ.bjə.le.ri	어휘, 단어집	3929
형	**equivocal** ɪ.kwɪ.vək.l̩	애매한	3930
형	**unequivocal** ʌ.nɪ.kwɪ.vək.l̩	분명한	3931
명	**voiceover** vɔɪso.vər	해설	3932
명	**advocacy** æd.vək.ə.si	변호, 옹호	3933
형	**vociferous** vosɪ.fə.rəs	외치는, 시끄러운	3934
형	**worrisome** wɜ.ri.səm	걱정된	3935
명	**wintering** wɪn.tər.ɪŋ	겨울나기	3936
형	**armed** ɑrmd	무장한, ~팔을 가진	3937
명	**forearm** fɔ.rɑrm	팔뚝	3938
명	**firearm** faɪə.rɑrm	총기류	3939
명	**armor** ɑr.mər	갑옷, 철갑	3940
명	**disarmament** dɪ.sɑr.mə.mənt	무장 해제, 군비 축소	3941
동	**disarm** dɪ.sɑrm	무장 해제하다	3942
명	**armament** ɑr.mə.mənt	무기, 무장	3943
형	**unarmed** ə.nɑrmd	비무장한	3944
형	**armored** ɑr.mərd	무장한, 강화된	3945
명	**battlefield** bæ.təl.fild	전쟁터	3946
명	**battlefront** bæ.təl.frənt	최전선	3947
동	**batter** bæ.tər	난타하다	3948
형	**biological** baɪə.lɑ.dʒɪk.l̩	생물학적인	3949
명	**biology** baɪɑ.lə.dʒi	생물학	3950

명	biologist baɪə.lɑ.dʒəst	생물학자	3951
명	antibiotic æn.ti.bi.ɑ.tɪk	항생제	3952
명	biodiversity baɪo.ʊ.daɪ.vɜ.sə.ti	생물의 다양성	3953
형	biotic baɪ.ɒ.tɪk	생물의	3954
명	biomass baɪo.ʊ.mæs	생물량	3955
형	symbiotic sɪm.baɪo.ʊ.sɪs	공생하는	3956
통	bleed blid	출혈하다 ③ bleed | bled | bled	3957
형	cold-blooded koʊld.blʌ.dɪd	냉혈의, 냉담한	3958
명	blood clot bləd.klɑt	혈전	3959
명	bloodstream blʌd.strim	혈류	3960
명	bloodline blʌd.laɪn	혈통	3961
형	bloody blʌ.di	피의, 유혈의	3962
형	broad brɒd	넓은, 광범위한	3963
부	abroad ə.brɔd	해외로, 널리	3964
부	broadly brɒd.li	대체로, 넓게	3965
통	broaden brɒd.ŋ	넓히다	3966
명	breadth bredθ	폭, 넓음	3967
명	cell sel	세포	3968
형	cellular se.ljə.lər	세포의, 휴대전화의	3969
형	multicellular mʌlti.se.ljə.lər	다세포의	3970
명통	claim kleɪm	주장[요구, 청구](하다)	3971
통	acclaim ə.kleɪm	호평[격찬]하다	3972
명	claimant kleɪ.mənt	청구인, 요구자	3973
통	proclaim prokleɪm	선언[증명]하다	3974
통	reclaim ri.kleɪm	되찾다, 개선[재생]하다	3975

동	**lay claim to** leɪ.kleɪm.tu	~의 권리를 주장하다	3976
명	**disclaimer** dɪ.skleɪ.mər	거부, 포기	3977
동	**exclaim** ɪk.skleɪm	외치다	3978
동	**disclaim** dɪ.skleɪm	거부[포기]하다	3979
형	**confident** kɑn.fə.dənt	자신 있는	3980
명	**confidence** kɑn.fə.dəns	신뢰, 자신(감)	3981
동	**confide** kən.faɪd	믿다, 털어놓다	3982
형	**overconfident** oʊv.ɔ.k.ɑn.fi.dənt	과신하는	3983
형	**confidential** kɑn.fə.den.ʃl	기밀의, 은밀한	3984
형	**diffident** dɪ.fi.dənt	자신 없는	3985
명동	**contact** kɑn.tækt	연락[접촉](하다)	3986
형	**contagious** kən.teɪ.dʒəs	전염성의	3987
형	**contiguous** kən.tɪ.gjuəs	인접한, 연속된	3988
명	**contagion** kən.teɪ.dʒən	전염(병)	3989
형동	**correct** kə.rekt	정정하다, 정확한	3990
명	**correction** kə.rek.ʃn	수정, 정정, [감옥] 교정	3991
형	**incorrect** ɪnk.ə.rekt	부정확한	3992
형	**corrective** kə.rek.tɪv	바로잡는, 수정의	3993
명	**correctness** kə.rekt.nəs	정확함	3994
형	**correctional** kə.rek.ʃnəl	교정의 *교도소의	3995
동	**rectify** rek.tə.faɪ	개정하다, 고치다	3996
형	**correctable** kə.rekt.eɪb.l	수정[정정]가능한	3997
동	**determine** də.tɚ.mən	결정하다, 알아내다	3998
명	**determination** də.tɑr.mə.neɪʃ.n	결정, 각오	3999
명	**determinism** də.tɚ.mə.nɪ.zəm	결정론	4000

동	predetermine pri.di.tɚ.mən	미리 결정하다	4001
형	efficient ə.fi.ʃənt	효율적인, 유능한	4002
명	efficiency ə.fi.ʃən.si	효율(성)	4003
명	efficacy e.fik.æ.si	효능	4004
명	proficiency prə.fi.ʃən.si	숙달	4005
형	proficient prafi.ʃənt	익숙한, 능숙한	4006
형	inefficient ɪ.nə.fi.ʃənt	비효율적인	4007
명	inefficiency ɪ.nə.fi.ʃən.si	비효율, 무능	4008
동	encourage enk.ɚ.rɪdʒ	용기 주다, 장려하다	4009
명	encouragement enk.ɚ.rɪdʒ.mənt	격려	4010
동	be filled with bi.fɪld.wɪθ	~로 가득차다	4011
동	fill in fil.ɪn	~을 채우다	4012
형	unfilled ʌn.fɪld	채워지지 않은	4013
동	fill up fil.ʌp	~을 가득 채우다	4014
동	confront kən.frənt	맞서다, 들이대다	4015
명동	affront ə.frənt	모욕(하다)	4016
명	frontier frən.tɪr	국경, 미개척지, 최첨단	4017
명	frontline frənt.laɪn	최전방	4018
명	confrontation kən.frən.teɪʃ.n̩	대립	4019
명	impact ɪm.pækt	충격, 충돌, 영향	4020
동	have an impact on həv.ən.ɪm.pækt.ʌn	~에 영향을 주다	4021
형명	initial ɪ.nɪʃ.l̩	처음의, 머리글자	4022
명	initiative ɪ.nɪ.ʃə.tɪv	주도(권), 시작, 발의	4023
동	initiate ɪ.nɪ.ʃi.et	시작[착수, 가입]하다	4024
명	initiation ɪ.nɪ.ʃi.eɪʃ.n̩	입문, 개시	4025

동	initialize ɪ.nɪʃə.laɪz	초기화하다	4026
동	inspire ɪn.spaɪr	영감[자극]을 주다	4027
명	inspiration ɪn.spə.reɪʃ.n̩	영감, 자극	4028
형명	joint dʒɔɪnt	공동의, 관절, 접합	4029
명	conjunction kən.dʒəŋk.ʃn̩	합동, 접속사	4030
명	injunction ɪn.dʒəŋk.ʃn̩	명령	4031
명	junction dʒʌŋk.ʃn̩	교차로, 접점	4032
명	adjunct æ.dʒəŋkt	부속물	4033
동	adjoin ə.dʒɔɪn	인접하다, 붙이다	4034
동	rejoin ri.dʒɔɪn	재결합하다	4035
명	juncture dʒʌŋk.tʃər	시기, 국면	4036
형명	net net	그물, 망, 순수한	4037
형	neat nit	깔끔한, 정돈된	4038
명	outcome aʊtkəm	결과, 성과	4039
명	income ɪnkəm	소득	4040
형	low-income loʊ.ɪnkəm	저소득의	4041
형	high-income haɪ.ɪnkəm	고소득의	4042
형	middle-income mɪd.l̩.ɪnkəm	중간 소득의	4043
형명	professional prə.fe.ʃə.nəl	전문적인, 직업의, 전문가	4044
명	profession prə.feʃ.n̩	직업, 전문직	4045
명	professor prə.fe.sər	교수	4046
명	professionalism prə.fe.ʃə.nə.lɪ.zəm	직업 의식	4047
동	profess prə.fes	주장[종사]하다	4048
명동	project prə.dʒekt	계획[사업, 투영, 발사](하다)	4049
명	projection prə.dʒek.ʃn̩	투영, 예상, 돌출	4050

동	inject ɪn.dʒekt	주사[주입]하다	4051
명	injection ɪn.dʒek.ʃn	주사, 주입	4052
명	trajectory trə.dʒek.tə.ri	탄도, 궤적	4053
동	eject ɪ.dʒekt	내쫓다, 탈출하다	4054
동	reject rɪ.dʒekt	거부하다	4055
명	rejection rɪ.dʒek.ʃn	거절, 배제	4056
동	deject dɪ.dʒekt	낙담시키다	4057
명	dejection dɪ.dʒek.ʃn	낙담, 우울	4058
형	abject æb.dʒekt	비참한, 비굴한	4059
형	rapid ræ.pəd	빠른, 신속한	4060
명	rapidity rə.pɪ.də.ti	빠름	4061
부	regularly re.gjə.lər.li	규칙[정기]적으로	4062
동	regulate re.gjə.let	규제[조절]하다	4063
형명	regulation re.gjə.leɪʃ.n	법률, 규칙, 규제, 정규의	4064
명	regulator re.gjə.le.tər	조절기, 규제 기관	4065
	on a regular basis ɑn.ə.re.gjə.lər.beɪ.sɪs	정기적으로	4066
형	regulative re.gjə.le.tɪv	규제하는	4067
명	irregularity ɪ.re.gjə.le.rə.ti	불규칙, 부정	4068
명	regularity re.gjə.le.rə.ti	정기적임	4069
형	regulatory re.gjə.lə.tə.ri	규제의, 단속의	4070
명	deregulation di.re.gjə.leɪʃ.n	규제 철폐[완화]	4071
형	irregular ɪ.re.gjə.lər	비정상의, 불규칙한	4072
동	stipulate stɪ.pjə.let	규정[계약]하다	4073
동	send back send.bæk	돌려보내다	4074
동	send off send.ɒf	배웅하다	4075

명동	**shape** ʃeɪp	모양, 형성하다	4076
	in good shape ɪn.gʊd.ʃeɪp	상태 좋은	4077
명동	**strike** straɪk	치다, 파업 ③ strike | struck | struck	4078
명동	**stroke** stroʊk	치다, 쓰다듬다, 뇌졸중	4079
형	**striking** straɪkɪŋ	파업, 눈에 띄는	4080
명동	**supply** sə.plaɪ	공급(하다), 보충하다	4081
명동	**complement** kɑm.plə.mənt	보완(하다), 보어	4082
형	**complementary** kɑm.plə.men.tri	보완적인	4083
형	**supplement** sʌ.plə.mənt	추가(요금), 보충, 보완, 부록	4084
형	**supplementary** sʌ.plə.men.tə.ri	보충의	4085
형	**supplemental** sʌ.plə.men.təl	보충의, 추가의	4086
형	**supplier** sə.plaɪər	공급자	4087
형	**supply chain** sə.plaɪ.tʃeɪn	공급망	4088
형	**wisdom** wɪz.dəm	지혜	4089
명동	**witness** wɪt.nəs	목격(하다), 증거, 증인	4090
형	**wise** waɪz	현명한	4091
형	**wiseman** waɪz.mən	현자	4092
형	**unwise** ʌn.waɪz	어리석은	4093
부	**unwittingly** ʌn.wɪt.tɪŋ.li	모르게	4094
형	**wit** wɪt	지혜, 재치	4095
형	**witty** wɪ.ti	재치 있는	4096
형	**wisdom tooth** wɪz.dəm.tuθ	사랑니	4097
형	**wit's end** wɪts.end	속수무책	4098
형	**accurate** æ.kjə.rət	정확한	4099
형	**accuracy** æ.kjə.rə.si	정확(성), 정밀도	4100

명	inaccuracy ɪ.næ.kjə.rə.si	부정확	4101
형	inaccurate ɪ.næ.kjə.rət	부정확한	4102
부	basically beɪ.sɪk.li	근본적으로	4103
명	depression də.preʃ.n̩	우울, 불황	4104
동	depress də.pres	우울하게 하다	4105
명	dogma dɑg.mə	교리, 교조	4106
명	doctrine dɑk.trən	교리, 원칙	4107
형	dogmatic dɑgmæ.tɪk	독단적인	4108
명	indoctrination ɪn.dɑk.trə.neɪʃ.n̩	주입, 세뇌	4109
명	element el.ɪ.mənt	요소, 원소	4110
형	elementary el.ɪ.ment.ər.i	초등의, 기본적인	4111
형	rudimentary ru.də.men.tə.ri	기본적인	4112
형	elemental el.ɪ.ment.l̩	기본적인, 원소의	4113
명	exception ɪk.sep.ʃn̩	예외, 제외	4114
동	except ɪk.sept	~을 제외하고, 제외하다	4115
	with the exception of wɪθ.ði.ɪk.sep.ʃn̩.ʌv	~외에는	4116
전	except for ɪk.sept.fɔr	~을 제외하고는	4117
형	exceptional ɪk.sep.ʃnəl	예외적인, 특별한	4118
명동	excerpt ek.sərpt	발췌(하다)	4119
형	exceptionless ɪk.sep.ʃn̩.les	예외 없는	4120
명	fame feɪm	명성, 고유, 평판	4121
형	infamous ɪn.fə.məs	악명 높은	4122
동	earn fame ɜn.feɪm	명성을 얻다	4123
형	famed feɪmd	유명한	4124
형	financial fə.næn.ʃl̩	재정적인, 금융의	4125

명	finance fə.næns	재무, 자금	4126
부	frequently fri.kwənt.li	자주, 흔히	4127
형동	frequent fri.kwənt	빈번한, 자주 가다	4128
명	frequency fri.kwən.si	빈도, 빈번, 주파수	4129
부	infrequently ın.fri.kwənt.li	드물게	4130
명	impression ım.preʃ.n̩	인상, 감동	4131
형	impressive ım.pre.sıv	인상[감동]적인	4132
동	impress ım.pres	인상[감동]을 주다	4133
형	impressionable ım.pre.ʃə.nəb.l̩	쉽게 영향[감동] 받는	4134
명	impressionist ım.pre.ʃə.nəst	인상파 화가	4135
명동	presage pre.sıdʒ	전조(가 되다)	4136
형	multiple mʌlt.ıp.l̩	다양한, 복합적인	4137
명	multitude mʌlt.ɪ.tud	다수, 군중	4138
형	multi mʌlti	다양한, 다수의	4139
동	multiply mʌlt.ɪ.plaɪ	곱하다, 증가시키다	4140
명	multiplicity mʌlt.ɪ.plɪs.ə.ti	다수, 다양성	4141
명	myth mıθ	신화, 미신	4142
명	mystery mı.stə.ri	신비, 수수께끼	4143
형	mysterious mı.stı.riəs	신비한	4144
명	mythology mə.θɑ.lə.dʒi	신화(학)	4145
형	mythical mı.θək.l̩	신화적인, 상상의	4146
형	mystic mı.stık	신비로운	4147
명	poet poʊɪt	시인	4148
명	poem poʊɪm	시	4149
명	poetry poʊɪ.tri	시	4150

형	**poetic** pou.e.tɪk	시의, 시적인	4151
명동	**inroad** ɪnroud	침해[침략](하다)	4152
명	**raid** reɪd	습격	4153
	(a) **long time ago** ɔ.lɔŋ.taɪm.əgo.ʊ	오래 전에	4154
동	**assume** ə.sum	가정[추측]하다, 떠맡다	4155
명	**assumption** ə.səmp.ʃn	가정, 추측, 인수	4156
부	**presumably** prə.zu.mə.bli	아마도	4157
동	**presume** prə.zum	가정[추측]하다, 건방지다	4158
명	**presumption** prə.zəmp.ʃn	가정, 추측, 건방짐	4159
접	**assuming** (that) ə.sum.ɪŋ.ðæt	~라면	4160
동	**concentrate** kɑn.sən.tret	집중[농축]하다	4161
명	**concentration** kɑn.sən.treɪʃ.ŋ	집중, 농도, 농축	4162
명	**concept** kɑn.sept	개념	4163
형	**conceptual** kən.sep.tʃuəl	개념적인	4164
명	**conception** kən.sep.ʃn	개념, 신념, 구상	4165
명	**misconception** mɪ.skɑn.sep.ʃn	오해	4166
동	**conceptualize** kən.sep.tʃuə.laɪz	개념화하다	4167
동	**construct** kən.strəkt	건설하다	4168
명	**construction** kən.strək.ʃn	건설, 건축, 공사	4169
형	**constructive** kən.strək.tɪv	건설[구조]적인	4170
동	**reconstruct** rik.ən.strəkt	재건[복구]하다	4171
동	**deconstruct** dik.ən.strəkt	해체하다	4172
형	**out-of-date** aʊt.əv.deɪt	구식의, 쓸모없는	4173
형	**up-to-date** ʌp.tə.deɪt	최신의	4174
형	**outdated** aʊt.de.təd	구식의	4175

동	**predate** pri.deɪt	앞서다, 앞당기다	4176
형동	**decline** dɪ.klaɪn	감소, 쇠퇴, 거절하다	4177
동형	**incline** ɪn.klaɪn	(~로) 기울다, 경사	4178
동	**be inclined to V** bi.ɪn.klaɪnd.tə	~할 의향[경향]이 있다	4179
형동	**die** daɪ	죽다, 사라지다, 주사위	4180
동	**die out** daɪ.aʊt	멸종[사장]되다	4181
동	**die down** daɪ.daʊn	사그라지다	4182
형동	**doubt** daʊt	의심(하다)	4183
	no doubt noʊ.daʊt	확실히, 확실한	4184
부	**undoubtedly** ʌn.daʊ.təd.li	의심의 여지없이	4185
형	**dubious** du.biəs	의심스런	4186
형	**doubtful** daʊt.fəl	의심스런, 불확실한	4187
형부	**doubtless** daʊt.ləs	확실한, 확실히	4188
부	**without doubt** wɪð.aʊt.daʊt	의심의 여지없이	4189
명	**drought** draʊt	가뭄	4190
형	**dried** draɪd	건조한	4191
형	**electrical** ə.lek.trɪk.l	전기의	4192
명	**electricity** ə.lek.trɪ.sə.ti	전기	4193
동	**electrify** ə.lek.trə.faɪ	전기가 통하다	4194
명	**entrance** en.trəns	입구, 입장	4195
명	**entry** en.tri	입장, 가입, 참가	4196
동	**enter into** en.tər.ɪn.tu	~에 참여[입력]하다	4197
명	**entrant** en.trənt	신입	4198
부	**extremely** ɪk.strim.li	극단적으로	4199
명	**extremist** ɪk.stri.məst	극단주의자	4200

품사	단어	뜻	번호
명	**extremity** ɪk.stre.mə.ti	극단, 끝부분	4201
명	**extremism** ek.stre.mɪ.zəm	극단주의	4202
명	**fashion** fæʃ.n	패션, 유행, 관습	4203
명	**fad** fæd	유행	4204
형	**fashionable** fæ.ʃə.nəb.l	유행하는, 상류층의	4205
형	**unfashionable** ʌn.fæ.ʃə.nəb.l	인기 없는	4206
동	**grab** græb	움켜[사로]잡다	4207
명/동	**grasp** græsp	꽉 잡다, 이해(하다), 붙잡음	4208
동	**grapple** græp.l	맞서다, 붙잡다	4209
명/동	**grip** grɪp	꽉 잡음, 꽉 쥐다	4210
형	**gripping** grɪp.ɪŋ	주목을 끄는	4211
동	**grope** group	더듬다	4212
명	**injury** ɪn.dʒə.ri	부상, 상처, 피해	4213
동	**injure** ɪn.dʒər	다치다, 해치다	4214
형	**Victorian** vɪk.tɔ.riən	빅토리아 여왕 시대의	4215
형	**Elizabethan** e.lɪ.zə.biθ.n	엘리자베스 여왕 시대의	4216
형/명	**material** mə.tɪ.riəl	직물, 재료, 물질(적인)	4217
부	**materially** mə.tɪ.riə.li	물질[실질]적으로	4218
명	**materialism** mə.tɪ.riə.lɪ.zəm	물질주의, 유물론	4219
형	**materialistic** mə.tɪ.riə.lɪ.stɪk	물질주의적인	4220
형	**diameter** dajæ.mə.tər	직경, 지름	4221
명	**perimeter** pə.rɪ.mə.tər	주변, 둘레	4222
명	**parameter** pə.ræ.mə.tər	매개 변수	4223
형	**metric** me.trɪk	미터(법)의, 계량의	4224
명	**mileage** maɪ.lədʒ	주행 거리, 연비	4225

명	milestone maɪlstoʊn	이정표	4226
명동	notice noʊ.tɪs	인지[공지, 통보](하다)	4227
명	notification noʊ.tɪ.fɪk.eɪʃ.n	통보, 공지	4228
동	notify noʊ.tɪ.faɪ	알리다, 통보하다	4229
형	noticeable noʊ.tɪ.səb.l	눈에 띄는, 분명한	4230
형	unnoticed ʌnnoʊ.ʊ.tɪst	눈에 안 띄는, 무시된	4231
명	ocean oʊʃ.n	해양	4232
형	oceanic oʊ.ʃi.æ.nɪk	대양의	4233
명	oceanographer oʊ.ʃə.nɒ.grə.fə	해양학자	4234
형	ordinary ɔr.də.ne.ri	일상적인, 평범한	4235
형	extraordinary ɪk.strɔr.dne.ri	비범한	4236
동	overpaint oʊv.r.peɪnt	덧칠하다	4237
형	painterly peɪnt.ər.li	화가 특유의	4238
명	pattern pæ.tərn	(반복적) 무늬[행동]	4239
명	patron peɪ.trən	후원자, 단골손님	4240
명	patronage pæ.trə.nɪdʒ	후원, 단골	4241
동	persuade pər.sweɪd	설득하다	4242
형	persuasive pər.sweɪ.sɪv	설득력 있는	4243
동	assuage ə.sweɪdʒ	달래다, 완화하다	4244
동	dissuade dɪ.sweɪd	설득[만류]하다	4245
명	program proʊ.græm	계획표, 차례, 프로그램	4246
명	diagram daɪə.græm	도표, 도식	4247
명	ideogram ɪ.dɪə.græm	표의 문자	4248
명동	range reɪndʒ	범위, 정렬(하다), 사거리, 산맥	4249
명	ridge rɪdʒ	산등성이, 산맥	4250

품사	단어	뜻	번호
형부	**rarely** rer.li	드물게, ~을 잘 하지않는	4251
형	**rarity** re.rə.ti	희귀함, 희박	4252
형명동	**record** rək.ɔrd	기록(하다), 기록적인	4253
명동	**reward** rə.word	보상[보답](하다), 보상금	4254
명동	**award** ə.word	상, 수여하다	4255
형	**rewarding** rə.word.ɪŋ	보람있는, 보상하는	4256
	on sale ɑn.seɪl	판매[할인]중인	4257
형명	**wholesale** houl.seɪl	도매(의)	4258
명	**not for sale** nɑt.fər.seɪl	비매품	4259
	for sale fɔr.seɪl	판매중	4260
형명	**saving** seɪv.ɪŋ	구조[절약](하는), 저축(savings)	4261
명	**salvation** sæl.veɪʃ.n	구조, 구원	4262
명	**savior** seɪ.vjər	구원자	4263
명동	**salvage** sæl.vədʒ	구조[인양](하다)	4264
명	**sir** sɚ	~씨, ~님	4265
형	**surly** sɚ.li	무뚝뚝한, 고압적인	4266
	sorry to hear (that) sɑ.ri.tə.hɪr.ðæt	~가 안타까운	4267
	sorry to V sɑ.ri.tə	~해서 미안한	4268
명동	**structure** strʌk.tʃər	구조, 건물, 조직(하다)	4269
명	**infrastructure** ɪn.frə.strək.tʃər	기반 시설, 기초	4270
동	**restructure** ri.strək.tʃər	재구성하다	4271
형	**structural** strʌk.tʃə.rəl	구조적인	4272
부	**suddenly** sʌd.n.li	갑자기	4273
부	**surprisingly** sər.praɪ.zɪŋ.li	놀랍게도	4274
	to one's surprise tə.wʌnz.sər.praɪz	놀랍게도	4275

형	unsurprising ən.sər.praız.ıŋ	놀랍지 않은	4276
명동	suspect sə.spekt	의심[추측]하다, 용의자	4277
형	suspicious sə.spı.ʃəs	의심스런	4278
명	inspection ın.spek.ʃn	검사, 조사	4279
명	inspector ın.spek.tər	조사관	4280
명	suspicion sə.spıʃ.n	혐의, 의심	4281
동	inspect ın.spekt	검사[점검]하다	4282
명	tradeoff treı.dɒf	거래, 교환, 흥정	4283
명	trademark treıd.mɑrk	(등록)상표, 특성	4284
동	transform træn.sfɔrm	변형[변화, 변압]하다	4285
동	transfer træn.sfɚ	이동[양도, 이적]하다	4286
명	transformation træn.sfər.meıʃ.n	변형, 변화	4287
형	transformative træn.sfɔrmə.tiv	변화시키는	4288
형	transient træn.ʒənt	덧없는, 일시적인	4289
명동	transit træn.zət	운송, 통과(하다)	4290
명	transition træn.zıʃ.n	변천, 전환	4291
형	transitional træn.sıʃ.ŋəl	변천하는, 과도기의	4292
명	vacation vek.eıʃ.n	휴가, 방학	4293
명	vacancy veık.ən.si	빈자리, 공허	4294
형	vacant veıkənt	빈	4295
동	evacuate ı.væ.kjə.et	대피시키다, 비우다	4296
명	evacuation ı.væ.kjə.weıʃ.n	대피, 철수, 배설	4297
동	vacate veıket	비우다, 떠나다	4298
명동	vacuum væ.kjum	공허, 진공(청소하다)	4299
형	vague veıg	막연한, 흐린	4300

통	adopt ə.dɑpt	채택[입양]하다	4301
형	adoptable ə.dɑp.tə.bəl	입양 가능한	4302
명	adoption ə.dɑp.ʃn	채택, 입양	4303
명	adopter ə.dɑp.tər	입양인, 채택자	4304
명	adoptee ə.dɑp.ti	입양아	4305
형부	alone əloun	홀로, 외로운	4306
형	lonely loun.li	외로운, 외딴	4307
	let alone let.əloun	~은 커녕	4308
형	lone loun	혼자인, 외로운	4309
명	loneliness loun.li.nəs	외로움	4310
형	stand-alone stænd.əloun	독립형의	4311
동	analyze æ.nə.laɪz	분석[분해]하다	4312
명	analysis ə.næ.lə.səs	분석, 분해	4313
명	analyst æ.nə.ləst	분석가	4314
형	analytical æ.nə.lɪ.tɪk.l̩	분석적인	4315
형	analyzable æ.nə.laɪ.zə.bəl	분석[분해]가능한	4316
명	anatomy ə.næ.tə.mi	해부(학)	4317
명	attitude æ.tə.tud	태도, 자세	4318
형	apt æpt	적절한, 쉬운	4319
동	be apt to V bi.æpt.tə	~하기 쉽다	4320
명	aptitude æp.tə.tud	적성, 소질, 경향	4321
명	breathing bri.ðɪŋ	호흡, 미풍	4322
명	breath breθ	숨, 호흡	4323
동	breathe brið	숨쉬다, 호흡하다	4324
동	breathe in brið.ɪn	들이쉬다	4325

형	**breathtaking** breθ.tek.ɪŋ	숨막히는	4326
형	**breathless** breθ.ləs	숨가쁜	4327
	out of breath aʊt.əv.breθ	숨가쁜	4328
명	**cancer** kæn.sər	암	4329
형	**anti-cancer** æn.taɪk.æn.sər	항암의	4330
명	**chunk** tʃəŋk	덩어리, 상당량	4331
통	**cling to** klɪŋ.tu	~에 집착하다, 달라붙다 ③ cling | clung | clung	4332
형통	**cluster** klʌ.stər	무리(짓다), 송이	4333
명	**clutter** klʌ.tər	잡동사니, 어수선함	4334
통	**clench** klentʃ	다물다, 쥐다	4335
형	**clumsy** klʌm.zi	어설픈	4336
명통	**clutch** klətʃ	움켜쥠, 쥐다, 변속장치	4337
형	**plump** pləmp	통통한, "쿵"	4338
명	**lump** ləmp	덩어리, 혹	4339
명	**clump** kləmp	덩어리, 집단	4340
명	**hunk** həŋk	덩어리, 덩치	4341
형	**collective** kə.lek.tɪv	집단[단체]적인	4342
명	**collection** kə.lek.ʃn	수집품, 수거	4343
통	**collect** kə.lekt	모으다, 모이다	4344
부	**collectively** kə.lek.tɪ.vli	통틀어서, 단체로	4345
형	**collectivistic** kə.lek.tɪ.vɪstik	집산주의적인	4346
명	**collector** kə.lek.tər	수집가	4347
통	**combine** kəm.baɪn	결합[겸비]하다	4348
명	**combination** kəm.bə.neɪʃ.n	결합, 연합, 조합	4349
통	**conflict with** kən.flɪkt.wɪθ	~와 충돌하다	4350

in conflict with ɪn.kɑn.flɪkt.wɪθ	~와 싸우는	4351
형명 **criminal** krɪ.mən.l	범죄자, 범법적인	4352
명 **criminologist** krɪ.mə.nɑ.lə.dʒəst	범죄학자	4353
형 **crime-ridden** kraɪm.rɪd.n	범죄가 들끓는	4354
명 **democracy** dɪ.mɑ.krə.si	민주주의	4355
형 **democratic** de.mə.kræ.tɪk	민주적인, 민주주의의	4356
명 **democrat** de.mə.kræt	민주주의자, 민주당원	4357
동 **detect** də.tekt	발견[감지]하다	4358
명 **detective** də.tek.tɪv	형사, 탐정	4359
명 **detection** də.tek.ʃn	발견, 탐지	4360
명 **detector** də.tek.tər	탐지기	4361
형 **undetectable** ən.də.tek.təb.l	발견[감지]불가능한	4362
형 **undetected** ʌn.də.tek.təd	발견되지 않은	4363
명 **diet** daɪət	식습관, 식사	4364
동 **ingest** ɪn.dʒest	섭취하다, 삼키다	4365
형 **digestive** daɪ.dʒe.stɪv	소화의	4366
명 **digestion** daɪ.dʒes.tʃən	소화	4367
동 **digest** daɪ.dʒest	소화[요약]하다	4368
형 **dietary** daɪə.te.ri	음식물의, 식습관의	4369
명동 **display** dɪ.spleɪ	전시(하다), 표시장치	4370
동 **deploy** də.plɔɪ	전개[배치]하다	4371
명 **deployment** də.plɔɪ.mənt	전개, 배치	4372
on display ɑn.dɪ.spleɪ	전시된	4373
동 **emerge** ɪ.mɝdʒ	나타나다, 드러나다	4374
형 **emergency** ɪ.mɝ.dʒən.si	비상상황	4375

명	emergence ɪ.mɝ.dʒəns	출현, 발생	4376
형	emergent ɪ.mɝ.dʒənt	긴급한, 나타나는	4377
형	urgent ɝ.dʒənt	긴급한	4378
명동	urge ɝdʒ	충동, 욕구, 촉구[설득]하다	4379
명	urgency ɝ.dʒən.si	긴급(상황)	4380
명	exigency ek.sɪ.dʒən.si	긴급사태	4381
형	exigent ek.sɪ.dʒənt	위급한	4382
명	engineering en.dʒə.nɪr.ɪŋ	공학기술, 공학	4383
명동	experiment ɪk.spe.rə.mənt	실험(하다)	4384
형	experimental ɪk.spe.rə.men.tl	실험적인, 실험의	4385
	on experiment ɑn.ɪk.spe.rə.mənt	시험적으로	4386
명동	function fʌŋk.ʃn	기능[작동](하다), 활동하다	4387
형	defunct də.fʌŋkt	없어진, 죽은	4388
명	dysfunction dɪs.fʌŋk.ʃən	기능 장애	4389
형	functionless fʌŋk.ʃn.les	기능이 없는	4390
명	functionality fʌŋk.ʃə.næ.lə.ti	기능(성)	4391
명	malfunction mæl.fʌŋk.ʃn	오작동	4392
형	functional fʌŋk.ʃnəl	기능[실용]적인	4393
명	multifunction mʌlti.fʌŋk.ʃn	다기능	4394
명	glance glæns	흘끗 보다, 눈짓, 섬광	4395
명동	glimpse glɪmps	흘끗 보다, 눈짓, 섬광	4396
명동	glare gler	섬광, 노려보다	4397
	at a glance ət.ə.glæns	첫눈에	4398
명동	gleam glim	빛(나다)	4399
형명	background bæk.grɑwnd	배경(의)	4400

형	playground ple..graund	운동장, 놀이터	4401
형	grounded graun.dəd	기초를 둔, 접지한	4402
형	groundless graund.ləs	근거 없는	4403
형명	underground ʌn.dər.graund	지하(의), 비밀의	4404
명	groundwater graun.dwɑ.tər	지하수	4405
명	foreground fɔr.graund	전경, 전면	4406
명	ground floor graund.flɔr	1층, 최저	4407
형	ungrounded ən.græun.dɪd	근거 없는	4408
부	hopefully houp.fə.li	바라건대	4409
형	hopeless hou.pləs	절망적인	4410
부	indeed ɪn.did	정말로, "정말"	4411
명	deed did	행위, 업적	4412
	in (very) deed ɪn.ver.i.did	진정, 실제로	4413
명	investment ɪn.vest.mənt	투자	4414
동	invest ɪn.vest	투자하다	4415
동	memorize me.mə.raɪz	암기[기억]하다	4416
형	commemorative kə.mem.rə.tɪv	기념의	4417
명	memento mə.mento.u	기념물	4418
명	memorial mə.mɔ.riəl	기념비	4419
형	memorable me.mə.rəb.l	기억할 만한, 잊지 못할	4420
명	memoir mem.wɑr	회고록	4421
동	commemorate kə.me.mə.reɪt	기념하다	4422
동	memorialize mə.mɔ.riə.laɪz	기념하다	4423
명	method me.θəd	방법, 수단, 절차	4424
형	methodical mə.θɑ.dək.l	체계적인	4425

	단어	뜻	번호
형명	missing mis.iŋ	없어진, 실종	4426
명	omission omiʃ.n̩	생략, 누락	4427
동	omit omit	빠뜨리다, 제외하다	4428
동	vomit vɑ.mət	토하다, 내뱉다	4429
형명	novel nɑv.l̩	소설, 새로운	4430
명	novelty nɑ.vəl.ti	신기함, 새로움	4431
명	novice nɑ.vəs	초보자	4432
명	imperfection ɪm.pɚ.ˌfek.ʃn̩	결함	4433
형	imperfect ɪm.pɝ.fɪkt	결함 있는	4434
	a piece of ə.pis.ʌv	~의 부분	4435
부	apiece ə.pis	각각, 하나에	4436
명동	patch pætʃ	조각, 파편, 고치다	4437
	a piece of cake ə.pis.əv.keɪk	식은 죽 먹기	4438
형	piecemeal pi.smil	단편적인, 조금씩의	4439
형	potential pə.ten.ʃl	가능한, 잠재적인	4440
형	omnipotent ɑmnɪ.pə.tənt	전능한	4441
형	potent poutnt	강한, 유력한	4442
형	latent leɪ.tənt	숨은, 잠복기의	4443
명	potency poutn.si	힘, 잠재력	4444
형	impotent ɪm.pə.tənt	무력한	4445
명	potentiality pə.ten.ʃɪ.æ.lɪ.ti	잠재력	4446
동	promote prəmout	촉진[진급]하다	4447
명	promotion prəmo.uʃ.n̩	승진, (판매)촉진	4448
형명	quality kwɑ.lə.ti	품질, 특성, 훌륭한	4449
형	qualitative kwɑ.lə.te.tɪv	질적인	4450

	영어	뜻	번호
	in quality of in.kwɑ.lə.ti.ʌv	~의 자격으로	4451
형	**remarkable** rə.mɑrk.əb.ḷ	놀라운, 눈에 띄는	4452
명동	**remark** rə.mɑrk	발언(하다)	4453
형	**unremarkable** ən.rə.mɑrk.əb.ḷ	평범한	4454
명	**restoration** re.stə.reɪʃ.ŋ	회복, 복구	4455
동	**restore** rə.stɔr	회복[복구]하다	4456
명	**secretary** se.krə.te.ri	비서, 장관	4457
명	**secrecy** si.krə.si	비밀	4458
동	**secrete** sɪ.krit	숨기다, 분비하다	4459
동	**excrete** ɪk.skrit	분비하다	4460
동	**seek** sik	찾다, 노력[시도]하다 ③ seek | sought | sought	4461
형	**sought-after** æf.tər	수요가 많은	4462
명	**sight** saɪt	시력, 시야	4463
명	**insight** ɪn.saɪt	통찰력	4464
명	**hindsight** haɪnd.saɪt	뒤늦은 깨달음	4465
형	**insightful** ɪn.saɪt.fəl	통찰력 있는	4466
형	**near-sighted** nɪə.saɪ.tɪd	근시의, 근시안적인	4467
형	**shortsighted** ʃɔrt.saɪ.təd	근시의, 근시안적인	4468
명	**oversight** ouv.r̩.saɪt	간과, 무시	4469
명	**foresight** fɔr.saɪt	통찰력	4470
형	**unsightly** ʌn.saɪt.li	보기 흉한	4471
명	**stimulus** stɪ.mjə.ləs	자극(제), 격려	4472
동	**stimulate** stɪ.mjə.let	자극[격려]하다	4473
명	**stimulation** stɪ.mjə.leɪʃ.n	자극, 격려, 흥분	4474
동	**overstimulate** ouv.r̩.stɪ.mjə.let	과다 자극하다	4475

명	**strategy** stræ.tə.dʒi	전략	4476
형	**strategic** strə.ti.dʒɪk	전략적인	4477
명	**strategist** stræ.tɪ.dʒəst	전략가	4478
동	**strategize** stræ.tə.dʒaɪz	전략을 짜다	4479
형	**sunny** sʌ.ni	햇빛이 드는	4480
형	**sunlit** sʌn.lɪt	햇빛 비치는	4481
	in touch with ɪn.tətʃ.wɪθ	~와 접촉[연락]하여	4482
형	**touched** tətʃt	감동한, 감정적인	4483
동	**touch off** tətʃ.ɔf	유발하다	4484
형	**touching** tʌtʃ.ɪŋ	감동시키는, 접촉한	4485
형	**untouched** ʌn.tətʃt	손대지 않은	4486
명	**warmth** wɔrmθ	따뜻함	4487
동	**warm up** wɔrm.ʌp	몸풀다, 준비하다	4488
형	**lukewarm** lu.kwɔrm	미지근한	4489
형	**wealthy** wel.θi	부유한	4490
명	**wealth** welθ	부, 재산, 풍부함	4491
동	**abandon** ə.bæn.dən	버리다, 포기하다	4492
명동	**ban** bæn	금지[추방](하다)	4493
동	**banish** bæ.nɪʃ	추방하다	4494
동	**adapt** ə.dæpt	적응[개조]하다	4495
명	**adaptation** æ.dəp.teɪʃ.n	적응, 각색	4496
명	**adaptability** ə.dæp.tə.bɪ.lə.ti	적응성, 융통성	4497
형	**adaptive** ə.dæp.tɪv	적응의, 조절의	4498
형	**adaptable** ə.dæp.təb.l	융통성 있는	4499
형	**unadaptable** ʌ.nə.dæp.təbl	융통성 없는	4500

형	adequate æ.də.kwət	충분한, 적당한	4501
형	inadequate ɪ.næ.də.kwət	불충분한, 무능한	4502
명	adequacy æ.də.kwə.si	적절, 타당성	4503
명	inadequacy ɪ.næ.dɪ.kwə.si	불충분, 무능	4504
형	adept ə.dept	숙련된	4505
형	afraid ə.freɪd	무서워[걱정]하는	4506
명	friction frɪk.ʃn	마찰, 갈등	4507
부	amazingly ə.meɪ.zɪŋ.li	놀랍게도	4508
명	amazement ə.meɪz.mənt	놀라움	4509
동	be amazed at bi.ə.meɪzd.æt	~에 놀라다	4510
명	maze meɪz	미로, 당혹	4511
동	attach ə.tætʃ	붙이다, 첨부하다	4512
명	attachment ə.tætʃ.mənt	부착, 첨부, 부속물	4513
동	detach də.tætʃ	떼다, 분리[파견]하다	4514
명동	dispatch dɪ.spætʃ	급파(하다), 파견	4515
형	unattached ʌ.nə.tætʃt	무소속의, 솔로인	4516
명	detachment də.tætʃ.mənt	무관심, 분리, 파견	4517
동	discard dɪ.skɑrd	버리다	4518
동	catch up (with) kætʃ.ʌp.wɪθ	~을 따라잡다[처벌하다]	4519
동	check out tʃek.aʊt	확인[대출]하다, 나가다	4520
명	checkpoint tʃek.pɔɪnt	검문소, 검토 항목	4521
동	recheck ri.tʃek	재검토[재검사]하다	4522
명	checklist tʃe.klɪst	점검표	4523
동	check in tʃek.ɪn	투숙[수속]하다	4524
	Check this out tʃek.ðɪs.aʊt	"이것 봐봐"	4525

통	check up tʃek.ʌp	조사[검사]하다	4526
통	double-check dʌb.l̩.tʃek	재확인하다	4527
형	unchecked ən.tʃekt	방치된, 미검토의	4528
명	conversation kɑn.vər.seɪʃ.n̩	대화	4529
부	conversely kɑn.vɚr.sli	반대로	4530
형동	converse kɑn.vɚrs	대화하다, 정반대의	4531
형	conversational kɑn.vɚr.seɪ.ʃə.nəl	대화(체)의	4532
명	definition de.fə.nɪʃ.n̩	정의, 의미, 명확	4533
통	define də.faɪn	정의[한정]하다	4534
통	redefine ri.də.faɪn	재정의하다	4535
형	well-defined wel.dɪ.faɪnd	명확한	4536
통	destroy də.strɔɪ	파괴하다	4537
명	destruction də.strək.ʃn̩	파괴, 파멸	4538
형	destructive də.strək.tɪv	파괴적인	4539
명	discussion dɪ.skəʃ.n̩	토론, 논의	4540
통	discuss dɪ.skəs	토론[논의]하다	4541
명	discourse dɪs.kɔrs	강연, 토론	4542
형	discursive dɪ.skɝ.sɪv	산만한, 광범위한	4543
형	diverse daɪ.vɝs	다양한	4544
명	diversity dɪ.vɝ.sə.ti	다양성, 변화	4545
통	diversify daɪ.vɝ.sə.faɪ	다양화하다	4546
명	diversion daɪ.vɝ.ʒən	전환	4547
통	divide into dɪ.vaɪd.ɪn.tu	~로 나누다	4548
명	dividend dɪ.və.dend	배당금	4549
명	division dɪ.vɪʒ.n̩	분할, 분배, 부서	4550

형	**dividual** dɪ.vɪ.dʒuəl	분리된	4551
형	**divisible** dɪ.vɪ.zəb.l	나눌 수 있는	4552
형	**divisive** dɪ.vaɪ.sɪv	분열시키는	4553
형	**indivisible** m.dɪ.vɪ.zəb.l	나눌 수 없는	4554
형	**undivided** ʌn.də.vaɪ.dəd	완전한	4555
명동	**divorce** dɪ.vɔrs	이혼[분리](하다)	4556
부	**dramatically** drə.mæ.tɪk.li	극적으로	4557
형	**dramatic** drə.mæ.tɪk	극적인	4558
동	**dramatize** drɑ.mə.taɪz	각색[과장]하다	4559
명	**jollity** dʒɒ.lɪ.ti	즐거움	4560
형	**joyful** dʒɔɪ.fəl	즐거운	4561
동	**rejoice** rɪ.dʒɔɪs	즐겁다, 즐겁게 하다	4562
형	**enjoyable** ɪn.dʒɔɪ.əb.l	즐거운	4563
명	**enjoyment** ɪn.dʒɔɪ.mənt	즐거움	4564
형	**flowering** flaʊər.ɪŋ	꽃이 피는	4565
명	**flora** flɔ.rə	식물군	4566
형	**floral** flɔ.rəl	꽃의, 식물의	4567
형	**flowery** flaʊə.ri	꽃이 많은, 꽃무늬의	4568
동	**flourish** flɜ.rɪʃ	번창[번성]하다	4569
동	**guarantee** ge.rən.ti	보장[약속]하다	4570
형	**guaranty** ge.rənt.ti	보증	4571
명	**warranty** wɔ.rən.ti	보증(서), 담보	4572
명동	**warrant** wɔ.rənt	보증(하다), 영장, 근거	4573
명동	**grant** grænt	수여[승인, 인정]하다, 보조금	4574
동	**hit the road** hɪt.ðə.roʊd	출발하다, 떠나다	4575

형	**hit and run** hɪt.ən.rən	뺑소니, 치고 달리기	4576
동	**hit the ceiling** hɪt.ðə.sil.ɪŋ	격노[폭등]하다	4577
동	**hit the nail on the head** hɪt.ðə.neɪl.ɑn.ðə.hed	정곡을 찌르다	4578
동	**hit (up)on** hɪt.ʌp.ɑn	~을 떠올리다	4579
동	**hit the jackpot** hɪt.ðə.dʒæk.pɑt	대박 나다	4580
동	**indicate** ɪn.dəket	나타내다, 암시하다	4581
명	**indication** ɪn.dək.eɪʃ.n	나타냄, 지시, 암시	4582
명	**index** ɪn.deks	색인, 지표	4583
명	**indicator** ɪn.dək.e.tər	지표, 계기판	4584
형	**indicative** ɪn.dɪk.ə.tɪv	나타내는	4585
명동	**manufacture** mæ.njə.fæk.tʃər	제조(하다), 제조업	4586
형명	**mass** mæs	덩어리, 대량의, 대중의, 무리	4587
형	**massive** mæ.sɪv	거대한, 덩어리의, 대량의	4588
동	**amass** ə.mæs	모으다	4589
형	**paramount** pe.rə.mɑwnt	최고의, 최중요한	4590
형	**mountainous** mɑʊn.tə.nəs	산의, 산더미의	4591
명	**mound** mɑʊnd	흙무더기, 동산	4592
명동	**mount** mɑʊnt	산, 오르다, 설치하다	4593
명	**mounting** mɑʊnt.ɪŋ	설치, 받침대	4594
동	**occupy** ɑ.kjə.paɪ	차지[거주]하다	4595
동	**preoccupy** pri.ɑ.kjə.paɪ	선점[몰두]하다	4596
명	**occupation** ɑ.kjə.peɪʃ.n	직업, 점유, 거주	4597
동	**be preoccupied in** bi.pri.ɑ.kjə.paɪd.ɪn	~에 몰두하다	4598
명	**occupant** ɑ.kjə.pənt	점유자, 입주자	4599
명	**occupancy** ɑ.kjə.pən.si	거주, 점유	4600

형	occupational	직업(상)의	4601
	akjə.peɪ.ʃə.nəl		
형	unoccupied	빈, 한가한	4602
	ʌ.nɑ.kjə.paɪd		
부	previously	이전에, 미리	4603
	pri.viə.sli		
형동	progress	전진[진보, 진행](하다)	4604
	prɑ.grɛs		
형	progressive	진보적인, 진행하는	4605
	prə.gre.sɪv		
부	progressively	계속해서	4606
	pragre.sɪ.vli		
동	reflect	반사[반영, 숙고]하다	4607
	rə.flɛkt		
명	reflection	반사, 반영, 숙고	4608
	rə.flɛk.ʃn		
형	reflective	반사적인, 반영하는	4609
	rə.flɛk.tɪv		
동	deflect	빗나가다	4610
	də.flɛkt		
명동	respect	존경[존중](하다)	4611
	rə.spɛkt		
형	respectful	존중하는, 공손한	4612
	rə.spɛkt.fəl		
명	disrespect	무례	4613
	dɪ.srə.spɛkt		
형	respectable	존경할 만한	4614
	rə.spɛk.təb.l		
형	disrespectful	무례한	4615
	dɪ.srə.spɛkt.fəl		
명	unrest	불안	4616
	ʌn.rɛst		
형	restless	불안정한, 끊임없는	4617
	rest.ləs		
동	rest in peace	명복을 빕니다	4618
	rest.ɪn.pis		
명	requiem	추모곡, 안식	4619
	re.kwiəm		
명	route	길, 방법, 수단, 경로	4620
	raʊt		
형명	routine	일상[관례](적인)	4621
	ru.tin		
	en route	도중에	4622
	en.raʊt		
형명	serial	연속적인, 연재물	4623
	sɪ.riəl		
형	sizable	꽤 큰, 꽤 많은	4624
	saɪ.zəb.l		
동	downsize	줄이다	4625
	daʊn.saɪz		

명	**sportsmanship** sport.smən.ʃɪp	정당함, 기량	4626
형	**stylish** staɪ.lɪʃ	유행의, 멋진	4627
	all walk(s) of life ɔl.wɑk.es.əv.laɪf	각계각층의 사람	4628
동	**jaywalk** dʒeɪ.wɔk	무단 횡단하다	4629
동	**walk out** wɑk.aʊt	떠나다, 파업하다	4630
동	**admit** əd.mɪt	인정하다, 들이다	4631
명동	**permit** pər.mɪt	허락[묵인]하다, 허가증	4632
부	**admittedly** æd.mɪ.təd.li	인정하건대, 확실히	4633
형	**permissible** pər.mɪ.səb.l	허용된	4634
명	**permission** pər.mɪʃ.n	허가, 면허	4635
형	**admissible** əd.mɪ.səb.l	용인된	4636
명	**admission** æd.mɪʃ.n	입장(료), 입학, 승인	4637
동	**admit of** əd.mɪt.ʌv	~을 인정[허용]하다	4638
명	**athlete** æθ.lit	운동선수	4639
형	**athletic** æθ.le.tɪk	운동 경기의, 선수의	4640
명	**athletics** æθ.le.tɪks	운동경기	4641
명	**audience** ɑ.diəns	관객, 청중	4642
형	**audible** ɑ.dəb.l	잘 들리는	4643
형	**inaudible** ɪ.nɑ.dəb.l	들리지 않는	4644
형	**audio** ɑ.dio.ʊ	음성의, 청각의	4645
명	**auditorium** ɒ.də.tɔ.riəm	강당	4646
명동	**audit** ɒ.dət	회계 감사, 청강(하다)	4647
명	**auditor** ɒ.də.tər	회계관, 청강생	4648
명	**audition** ədtʃ.n	심사회, 청력	4649
형	**auditory** ɔ.də.tɔ.ri	청각의	4650

품사	단어	뜻	번호
명	authority ɔ.θɔ.rə.ti	권한, 권력, 권위	4651
명	authorities ɔ.θɔ.rə.tiz	당국	4652
동	authorize ɒ.θɔ.raɪz	권한을 주다, 허가하다	4653
형	unauthorized ʌ.nɒ.θɔ.raɪzd	허가 없는	4654
형	authoritative ɔ.θɔ.rə.te.tɪv	권위 있는	4655
형	authoritarian ɔ.θɔ.rə.te.riən	권위적인	4656
명동	bar bɑr	방해(하다), 술집, 법정, 막대기	4657
명	barrier bæ.riər	장벽, 장애물	4658
명	barrage bə.rɑʒ	강둑, 공세	4659
명	embargo em.bɑrgo.ʊ	금지령, 봉쇄	4660
명	barricade bæ.rəked	장애물	4661
동	beautify bju.tə.faɪ	아름답게 하다	4662
동	hinder hɪn.dər	뒤쪽의, 방해하다	4663
형	hind haɪnd	뒤쪽의	4664
	behind bars bə.haɪnd.bɑrz	감옥[철창]에 갇힌	4665
동	fall behind fɑl.bə.haɪnd	뒤쳐지다	4666
명	confusion kən.fjuʒ.n	혼란, 당황	4667
동	confuse kən.fjuz	혼동하다[시키다]	4668
동	confound kɑnfaʊnd	혼동하다, 당황시키다	4669
형명동	content kɑn.tent	내용물, 만족하다, 만족하는	4670
명	contentment kən.tent.mənt	만족	4671
명	discontent dɪs.kɑn.tent	불만, 불평	4672
동	be content with bi.kɑn.tent.wɪθ	~에 만족하다	4673
명동	couple kʌp.l	한 쌍, 연결하다, 부부	4674
	a couple of ə.kʌp.l.ʌv	둘의, 몇 몇의	4675

동	**decouple** dik.ʌp.l̩	분리하다	4676
명동	**credit** kre.dət	신용(하다), 외상, 명예	4677
명	**credibility** kre.də.bɪ.lə.ti	신뢰성	4678
명동	**credential** krə.den.tʃl̩	자격(을 주다)	4679
형	**credible** kre.dəb.l̩	믿을 수 있는	4680
형	**incredible** ɪn.kre.dəb.l̩	믿을 수 없는	4681
형	**incredulous** ɪn.kre.dʒə.ləs	믿지 않는	4682
동	**accredit** ə.kre.dət	~라 믿다, 파견하다	4683
명	**creed** krid	교리, 신념	4684
명동	**discredit** dɪ.skre.dət	불명예, 불신하다	4685
형	**creditable** kre.də.təb.l̩	칭찬[신용]할 만한	4686
명	**database** deɪt.ə.beɪs	자료 모음	4687
명	**daydream** deɪ.drim	몽상	4688
명	**dreamer** dri.mər	몽상가	4689
동	**endure** en.djur	참다	4690
명	**duration** dʊ.reɪʃ.n̩	지속 기간	4691
형	**durable** dʊ.rəb.l̩	오래 견디는	4692
명	**durability** də.rə.bɪ.lə.ti	내구성	4693
형	**endurable** ɪn.dju.rəb.l̩	견딜 수 있는	4694
명	**endurance** en.də.rəns	인내	4695
동	**excite** ɪk.saɪt	흥분시키다, 자극하다	4696
동	**incite** ɪn.saɪt	선동[격려]하다	4697
명	**excitement** ɪk.saɪt.mənt	흥분, 자극	4698
형명	**executive** ɪg.ze.kjə.tɪv	행정적인, 실행의, 관리자	4699
동	**execute** ek.sə.kjut	실행[처형]하다	4700

명	execution ek.sə.kjuʃ.n	실행, 처형	4701
형	executable ɪg.ze.kjə.təb.l	실행 가능한	4702
명	expert ek.spərt	전문가, 숙련된	4703
명	expertise ek.spər.tiz	전문 지식, 전문성	4704
형명	friendly frend.li	친한, ~친화적인, 친선경기	4705
명	friendship frend.ʃɪp	우정	4706
형	eco-friendly iko.ʊ.frend.li	환경친화적인	4707
명	friendliness frend.li.nəs	우정, 친절, 친선	4708
형	unfriendly ən.frend.li	불친절한, 적대적인	4709
동	gather gæ.ðər	모으다, 모이다	4710
명	gathering gæ.ðər.ɪŋ	모임, 군중, 수집품	4711
형명동	aggregate æ.grə.gət	모으다, 총계, 종합적인	4712
동	ignore ɪg.nɔr	무시하다	4713
명	ignorance ɪg.nə.rəns	무지, 무식	4714
형	ignorant ɪg.nə.rənt	무지한, 무식한	4715
명	intensity ɪn.ten.sə.ti	강함, 집중	4716
형	intense ɪn.tens	강한, 집중적인	4717
동	intensify ɪn.ten.sə.faɪ	강해지다	4718
형	intensive ɪn.ten.sɪv	강한, 집중적인	4719
형	one-legged wʌn.legd	외다리의, 일방적인	4720
동	oxidize uk.sə.daɪz	산화시키다, 녹슬다	4721
명	perception pər.sep.ʃn	인식, 견해	4722
동	perceive pər.siv	인식하다	4723
형	perceptible pər.sep.təb.l	인식 가능한	4724
명	precept pri.sept	교훈, 수칙	4725

형	**permanent** pɜ˞.mə.nənt	영구적인, 종신의	4726
형	**perpetual** pər.pe.tʃuəl	영구적인, 종신의	4727
동	**perpetuate** pər.pe.tʃə.wet	영구화하다	4728
명동	**perm** pɜ˞m	파마(하다)	4729
명	**perpetuation** pər.pe.tʃə.weɪʃ.n̩	영구화, 영구보존	4730
형	**rational** ræʃ.n̩.əl	합리[이성]적인	4731
명	**rationality** ræʃ.ə.næl.ət.i	합리성	4732
형	**irrational** ɪ.ræʃ.n̩əl	비이성적인	4733
명동	**ration** ræʃ.n̩	배급(하다)	4734
명	**rationalism** ræʃ.n̩.ə.lɪz.əm	합리[이성]주의	4735
형	**relevant** re.lə.vənt	관련된, 적절한	4736
형	**irrelevant** ɪ.re.lə.vənt	무관한, 부적절한	4737
동	**retire** rə.taɪr	은퇴하다, 자다	4738
형	**retirement** ri.taɪər.mənt	은퇴	4739
형	**retiring** rə.taɪr.ɪŋ	은퇴의, 내성적인	4740
명	**retiree** ri.taɪ.ri	은퇴자	4741
형	**ridden** rɪd.n̩	시달린, 들끓는	4742
형	**rough** rəf	거친, 대충의	4743
형	**tough** təf	강한, 거친, 고된	4744
동	**toughen** tʌf.n̩	강화하다	4745
명	**makeshift** meɪk.ʃɪft	임시방편	4746
동	**suppose** səpouz	추측[가정]하다	4747
동	**be supposed to** bi.səpouzd.tu	~하기로 되어있다	4748
부	**supposedly** səpo.ʊ.zəd.li	아마도	4749
접	**supposing** (that) səpo.uz.ɪŋ.ðæt	~라면	4750

형	universal juˌnɪˌvɝˌsl	보편[세계]적인, 우주의	4751
명	universe juˌnɪˌvərs	우주, 세계	4752
부	universally juˌnɪˌvɝˌsəˌli	널리	4753
동	weaken wikən	약화시키다, 약해지다	4754
명	weakness wikˌnəs	약점	4755
전	above əˌbʌv	~위에, ~을 넘는	4756
	above all əˌbʌvˌɔl	무엇보다	4757
동	afford əˌfɔrd	~할 여유가 있다	4758
형	affordable əˌfɔrˌdəbˌl	감당 가능한, 저렴한	4759
동	beat bit	이기다, 때리다 ③ beat | beat | beat, beaten	4760
동	beat around the bush bitˌəˌraʊndˌðəˌbʊʃ	요점을 피하다	4761
형	beaten bitˌn	패배한, 얻어맞은	4762
형	blank blæŋk	비어있는, 공허한	4763
명	blanket blæŋkət	담요	4764
명	blizzard blɪˌzərd	눈보라	4765
명동	bleach blitʃ	표백(하다)	4766
형	bleak blik	황량한, 냉랭한	4767
명	blight blaɪt	어두움, 병충해	4768
명	campaign kæmˌpeɪn	사회운동, 작전	4769
명	camp kæmp	야영지, 주둔지	4770
명	campus kæmˌpəs	대학 교정, 분교	4771
명	campsite kæmpˌsaɪts	야영지	4772
부	constantly kʊnˌstəntˌli	끊임없이, 자주	4773
명	corporation kɔrˌpəˌreɪʃˌn	법인, 회사	4774
형	corporate kɔrˌpəˌrət	법인의, 단체의	4775

동	incorporate ɪnk.ɔr.pə.ret	통합[법인화]하다	4776
명	incorporation ɪnk.ɔr.pə.reɪʃ.n	법인 설립, 합병	4777
명동	crowd kraʊd	군중, 많음, 모이다	4778
형	crowded kraʊ.dəd	붐비는, 가득 찬	4779
동	overcrowd oʊv.ə.kraʊd	과다 수용하다	4780
명동	scream skrim	비명(지르다)	4781
형	crying kraɪ.ɪŋ	울부짖는	4782
명동	clamor klæ.mər	외침, 외치다	4783
동	decry dɪ.kraɪ	비난하다	4784
동	dispose dɪspoʊz	처리[배치]하다	4785
동	dispose of dɪspoʊz.ʌv	~을 처리하다	4786
명	disposal dɪspo.ʊz.l	처분, 처리, 배치	4787
형	disposable dɪspo.ʊ.zəb.l	일회용의, 처분 가능한	4788
명	predisposition pri.dɪ.spə.zɪʃ.n	성향	4789
	at one's disposal ət.wʌnz.dɪspo.ʊz.l	~의 마음대로	4790
명	distribution dɪ.strə.bjuʃ.n	분배, 분포	4791
동	distribute dɪ.strɪ.bjut	분배하다	4792
명	distributor dɪ.strɪ.bjə.tər	배급자, 유통업자	4793
명동	estimate e.stə.mət	추정[평가, 견적](하다)	4794
명동	underestimate ʌn.də.re.stə.met	과소평가(하다)	4795
명	estimation e.stə.meɪʃ.n	추정, 평가	4796
동	overestimate oʊv.ə.re.stɪ.meɪt	과대평가하다	4797
동	refine rə.faɪn	정제하다, 다듬다	4798
명	refinement rə.faɪn.mənt	개량, 교양	4799
명	refinery rə.faɪ.nə.ri	정제소	4800

명동	**fix** fiks	수리[고정]하다, 해결책		4801
동	**fixate** fik.set	고정하다		4802
명	**fixture** fiks.tʃər	고정물, 시합		4803
명	**prefix** pri.fiks	접두사		4804
동	**fix up** fiks.ʌp	~을 수리하다		4805
동	**refresh** rə.freʃ	상쾌하게[새롭게]하다		4806
명	**refreshment** rə.fre.ʃmənt	상쾌함, 간식		4807
형	**freshwater** fre.ʃwɒ.tər	민물의		4808
명	**freshman** fre.ʃmən	신입생		4809
형	**refreshing** rə.freʃ.ɪŋ	신선한, 재충전한		4810
명	**fund** fʌnd	기금, 자금		4811
명동	**refund** rə.fʌnd	환불[환급](하다)		4812
형	**refundable** rə.fʌn.də.bəl	환불 가능한		4813
명	**heritage** he.rə.tədʒ	유산		4814
명	**heredity** hə.re.də.ti	유전, 상속		4815
동	**inherit** ɪn.he.rət	상속받다, 유전하다		4816
형	**inherent** ɪn.hɪ.rənt	고유의, 내재된		4817
명	**heirloom** er.lum	가보		4818
명	**heir** er	상속인, 후계자		4819
형	**hereditary** hə.re.də.te.ri	세습의, 유전적인		4820
명	**imagery** ɪ.mədʒ.ri	형상, 심상		4821
동	**imply** ɪm.plaɪ	암시[함축]하다		4822
명	**implication** ɪm.plək.eɪʃ.n	암시, 함축, 연루		4823
형	**implicit** ɪm.plɪ.sət	암시된, 내포된, 절대적인		4824
동	**implicate** ɪm.plɪket	연루시키다, 시사하다		4825

형	innovative /ˈɪnəˌveɪtɪv/	혁신적인	4826
명	innovation /ˌɪnəˈveɪʃn/	혁신	4827
명	renovation /ˌrenəˈveɪʃn/	개조, 혁신	4828
동	renovate /ˈrenəveɪt/	개조[혁신]하다	4829
동	innovate /ˈɪnəveɪt/	혁신하다	4830
부	literally /ˈlɪtərəli/	문자 그대로, 정말로	4831
명	literature /ˈlɪtərətʃər/	문학	4832
형	literary /ˈlɪtəreri/	문학적인, 교양있는	4833
명	literacy /ˈlɪtərəsi/	글을 앎, 교양 있음	4834
형	literate /ˈlɪtərət/	글을 아는, 교양 있는	4835
형	literal /ˈlɪtərəl/	문자 그대로의	4836
형	illiterate /ɪˈlɪtərət/	문맹의, 무식한	4837
명	illiteracy /ɪˈlɪtərəsi/	문맹, 무식	4838
명	mechanism /ˈmekəˌnɪzəm/	기계, 구조, 방법	4839
명	mechanic /məˈkænɪk/	기술자	4840
형	mechanical /məˈkænɪkl/	기계적인	4841
명동	mistake /mɪˈsteɪk/	실수[오해](하다) ③ mistake | mistook | mistaken	4842
형	unmistakable /ˌʌnmɪˈsteɪkəbl/	틀림없는	4843
	by mistake /baɪ mɪˈsteɪk/	실수로	4844
형	muscular /ˈmʌskjələr/	근육의	4845
형	native /ˈneɪtɪv/	원주민[원어민]의, 토착의, 타고난	4846
형	innate /ɪˈneɪt/	타고난, 선천적인	4847
형	prenatal /priˈneɪtl/	출생전의	4848
형	obvious /ˈɑbviəs/	분명한	4849
명	occasion /əˈkeɪʒn/	경우, 때, 행사, 기회	4850

형	occasional ək.eɪ.ʒən.l	때때로의	4851
형	on occasion ɑn.ək.eɪʒ.n	때때로	4852
	on this occasion ɑn.ðɪs.ək.eɪʒ.n	이번 기회에	4853
명동	pack pæk	짐(싸다)	4854
명	package pækɪdʒ	묶음, 포장, 소포	4855
명	backpack bæk.pæk	배낭	4856
명	packet pækət	다발, 봉지	4857
동	unpack ən.pæk	(짐을) 풀다	4858
명	plastic bag plæ.stɪk.bæg	비닐 봉지	4859
명	plasticity plæ.stɪ.sɪ.ti	가소성, 유연성	4860
명	plastic surgeon plæ.stɪk.sɝ.dʒən	성형외과 의사	4861
동	possess pə.zes	소유하다, 지니다	4862
명	possession pə.zeʃ.n	소유(물), 재산, 영토	4863
동	repossess ri.pə.zes	압류하다	4864
명	footprint fʊt.prɪnt	발자국	4865
명	fingerprint fɪŋ.gər.prɪnt	지문	4866
동	misprint mɪ.sprɪnt	잘못 인쇄하다	4867
명	printout prɪn.taʊt	출력물	4868
동	imprint ɪm.prɪnt	새겨지다	4869
	out of print aʊt.əv.prɪnt	절판된	4870
명동	praise preɪz	칭찬[찬양](하다)	4871
명동	prize praɪz	상, 소중히 여기다	4872
형	prized praɪzd	소중한	4873
형	praiseworthy preɪz.wər.ði	칭찬할 만한	4874
형	prone proʊn	~하기 쉬운, 엎드린	4875

동	**be prone to V** bi.proʊn.tə	~하기 쉽다	4876
명동	**replace** rɪ.pleɪs	교체[대신]하다	4877
명	**replacement** rə.pleɪt.smənt	교체, 대체	4878
동	**reveal** rɪ.vil	폭로하다, 드러내다	4879
명	**revelation** re.və.leɪʃ.n	폭로, 드러냄	4880
명	**scale** skeɪl	규모, 비례, 등급, 비늘	4881
명	**scales** skeɪlz	저울	4882
형	**large-scale** lɑrdʒ.skeɪl	대규모의	4883
형	**small-scale** smɒl.skeɪl	소규모의	4884
형	**full-scale** fʊl.skeɪl	실물 크기의, 전면적인	4885
명동	**season** siz.ŋ	계절, 양념하다	4886
형	**seasonal** si.zən.l	계절적인	4887
명	**seasoning** siz.n.ɪŋ	양념, 조미료	4888
명	**sector** sek.tər	부문, 구역, 부채꼴	4889
명	**section** sek.ʃn	부분, 구역, 절개	4890
명	**sect** sekt	파벌	4891
동	**dissect** daɪ.sekt	해부하다	4892
명	**intersection** ɪn.tər.sek.ʃn	교차(로)	4893
동	**intersect** ɪn.tər.sekt	교차하다	4894
명	**security** sɪ.kjʊ.rə.ti	보안, 안전, 경비	4895
형동	**secure** sɪ.kjʊr	확보[보장, 보호]하다, 안전한	4896
형	**insecure** ɪn.sə.kjʊr	불안한, 자신 없는	4897
명	**insecurity** ɪn.sɪ.kjʊ.rə.ti	불안(정)	4898
명동	**sentence** sen.təns	문장, 판결(하다)	4899
명	**station** steɪʃ.n	정거장, 위치, -서 *시설	4900

명	**stagnation** stæg.neɪʃ.n	침체, 부진, 불경기	4901
형	**static** stæ.tɪk	정지한, 정전기의	4902
형	**stationary** steɪ.ʃə.ne.ri	고정된, 멈춘	4903
형	**stagnant** stæg.nənt	침체된	4904
명동	**struggle** strʌg.l	분투[노력](하다)	4905
명	**tablet** tæ.blət	알약, (현)판	4906
명	**tab** tæb	식별표	4907
	under the table ʌnd.r.ðə.teɪb.l	비밀리에	4908
형	**teen** tin	10대의	4909
명	**teenager** ti.ne.dʒər	청소년	4910
형	**teenage** ti.nedʒ	10대의	4911
명	**tween** twin	10대 초반	4912
부	**ultimately** ʌl.tə.mət.li	결국, 최후로	4913
형	**ultimate** ʌl.tə.mət	최후의, 최고의	4914
명	**ultimatum** ʌl.tə.meɪ.təm	최후통첩	4915
동	**warn** wɔrn	경고[주의]하다	4916
명	**warning** wɔrn.ɪŋ	경고, 주의	4917
형	**wary** we.ri	조심하는	4918
	under the weather ʌnd.r.ðə.we.ðər	편찮은	4919
명동	**yield** jild	양보[산출](하다)	4920
명	**crop yield** krɑp.jild	수확량, 산출량	4921
형	**high-yield** haɪ.jild	고수확[수익]의	4922
동	**acquire** ə.kwaɪər	얻다, 습득하다	4923
명	**acquisition** æ.kwə.zɪʃ.n	습득(물)	4924
명	**assistance** ə.sɪ.stəns	도움	4925

통	assist ə.sɪst	돕다, 지원하다	4926
명	assistant ə.sɪ.stənt	조수, 보조 수단	4927
명통	attack ə.tæk	공격(하다)	4928
명	assassination ə.sæ.sə.neɪʃ.n	암살	4929
통	assassinate ə.sæ.sə.net	암살하다	4930
통	assail ə.seɪl	공격하다	4931
명	assassin ə.sæ.sən	암살범	4932
명통	assault ə.sɒlt	폭행[습격](하다)	4933
	under attack ʌnd.r.ə.tæk	공격 당하여	4934
명통	attribute æ.trə.bjut	~의 탓이다, ~라고 보다, 속성	4935
명	attribution æ.trə.bjuʃ.n	속성, 귀속	4936
형	attributable ə.trɪ.bjə.təb.l	~의 탓인	4937
명	bath bæθ	욕조, 욕탕, 목욕	4938
통	bask bæsk	(햇빛, 불)쬐다, 은혜 입다	4939
통	bathe beɪð	목욕하다[시키다]	4940
명	bedding bed.ɪŋ	침구, 잠자리	4941
형명통	bound baʊnd	묶인, 튀다, 범위	4942
통	be bound to V bi.baʊnd.tə	~을 꼭 하다	4943
명	boundary baʊn.də.ri	경계(선)	4944
형	binding baɪnd.ɪŋ	구속력 있는	4945
통	rebound ri.baʊnd	되튀다	4946
형	inbound ɪn.baʊnd	들어오는	4947
통	bind baɪnd	속박하다, 묶다, 굳다 ③ bind | bound | bound	4948
형	boundless baʊnd.ləs	끝이 없는	4949
명	bounds baʊndz	한계, 범위	4950

형	**unbounded** ʌn.baʊn.dəd	무제한의, 무한한	4951
동	**cease** sis	중지하다, 그치다	4952
명	**recession** rə.seʃ.n	불황, 후퇴	4953
명	**recess** rə.ses	휴식(시간), 오목한 곳	4954
명	**decease** də.sis	사망	4955
형	**incessant** ɪn.se.sənt	끊임없는	4956
명	**predecessor** pre.də.se.sər	전임자, 이전의 것	4957
명	**cessation** se.seɪʃ.n	중단	4958
형	**ceaseless** si.sləs	끊임없는	4959
형	**deceased** də.sist	사망한	4960
명	**commitment** kə.mɪt.mənt	헌신, 약속, 위임	4961
동	**commit** kə.mɪt	저지르다, 약속하다	4962
명	**committee** kə.mɪ.ti	위원회	4963
명	**commission** kə.mɪʃ.n	위임, 수수료	4964
명	**commissioner** kə.mɪ.ʃə.nər	위원(장)	4965
명	**darkness** dɑrk.nəs	어둠, 암흑, 무지	4966
동	**darken** dɑrkən	어둡게 하다[되다]	4967
명	**detail** də.teɪl	세부(사항)	4968
	in detail ɪn.də.teɪl	상세히	4969
명	**device** dɪ.vaɪs	장치	4970
동	**devise** dɪ.vaɪz	고안[발명]하다	4971
명동	**drink** drɪŋk	마시다, 음료 ③ drink | drank | drunk	4972
명동	**drench** drentʃ	적시다, 호우	4973
형	**drunk** drəŋk	술 취한	4974
형	**drunken** drʌŋkən	술 취한	4975

명	soft drink soft.drɪŋk	음료수	4976
동	elevate e.lə.veɪt	올리다, 높이다	4977
명	elevation e.lə.veɪʃ.n	승격, 증가, 높이	4978
명	lever le.vər	지렛대	4979
명	leverage le.və.rɪdʒ	영향력, 지레 작용	4980
동	establish ə.stæ.blɪʃ	설립하다, 세우다	4981
명	establishment ə.stæ.blɪ.ʃmənt	기관, 시설, 설립	4982
형	well-established wel.ə.stæ.blɪʃt	확립된	4983
동	reestablish riə.stæ.blɪʃ	복구[복직]하다	4984
명	film fɪlm	얇은 막, 영화	4985
형	flimsy flɪm.zi	얇은, 부실한	4986
명	filmmaker fɪl.meɪkər	영화 제작자	4987
명	floor flɔr	바닥, 층	4988
형	floored flɔrd	쓰러진, 패배한	4989
형	fruitful frut.fəl	번성하는, 유익한	4990
명	fruition fru.ɪʃ.n	결실, 성과	4991
동	grind graɪnd	빻다, 갈다 ③ grind | ground | ground	4992
명	grindstone graɪndstoun	맷돌	4993
명동	guide gaɪd	안내하다, 안내서	4994
명	guidance gaɪ.dəns	지도, 안내	4995
명	guideline gaɪd.laɪn	지침, 안내선	4996
동	misguide mɪs.gaɪd	잘못 안내하다	4997
형	harsh hɑrʃ	가혹한, 거슬리는, 거친	4998
형	hairy he.ri	털 많은, 거친	4999
형	hairless her.ləs	털이 없는	5000

품사	단어	뜻	번호
명동	**harvest** har.vəst	수확(하다)	5001
형	**herbal** ɝ.bl	약초의	5002
명	**herb** ɝb	약초, 풀(잎)	5003
명	**herbicide** hɝ.bə.saɪd	제초제	5004
명	**herbivore** hɝ.bɪ.vɔr	초식 동물	5005
형	**icy** aɪ.si	얼음의, 차가운	5006
명	**iceberg** aɪs.bərg	빙산	5007
	the tip of an iceberg ðə.tɪp.əv.ən.aɪs.bərg	빙산의 일각	5008
명	**machine** mɪ.ʃin	기계	5009
명	**machinery** mɪ.ʃi.nə.ri	기계(류), 조직	5010
명동	**mark** mɑrk	표시(하다), 점수	5011
명동	**hallmark** hɑl.mɑrk	품질보증(하다)	5012
형	**marker** mɑrkər	표식, 채점자	5013
부	**markedly** mɑrk.əd.li	뚜렷히	5014
명	**benchmark** bentʃ.mɑrk	기준(점), 성능 비교	5015
형	**mental** men.tl	정신의, 마음의	5016
명	**dementia** dɪ.men.ʃiə	치매	5017
명	**mentality** men.tæ.lə.ti	사고방식, 정신	5018
명	**mentor** men.tɔr	(정신적) 스승	5019
명	**minimum** mɪ.nə.məm	최소(한도), 최저	5020
동	**diminish** də.mɪ.nɪʃ	줄(이)다, 약해지다	5021
형	**minimal** mɪ.nəm.l	최소의, 아주 적은	5022
동	**minimize** mɪ.nə.maɪz	최소화[축소]하다	5023
형	**miniature** mɪ.niə.tʃur	축소형, 소형의	5024
	at a minimum æt.ə.mɪ.nə.məm	최소한도로	5025

명	**diminution** dɪ.mə.nuʃ.n	감소	5026
명	**moment** mou.mənt	순간, 중요	5027
형	**momentous** momen.təs	중요한	5028
명	**momentum** momen.təm	기세, 운동량, 가속도	5029
형	**momentary** mou.mən.tri	순간적인	5030
	in a moment ɪn.ə.mou.mənt	잠시	5031
형	**moral** mɔ.rəl	도덕적인	5032
명	**morality** mə.ræ.lə.ti	도덕(성), 교훈	5033
형	**immoral** ɪ.mɔ.rəl	부도덕한	5034
명	**morale** mə.ræl	의욕, 도덕	5035
명/동	**pair** per	한 쌍, 한 벌, 짝짓다	5036
	paired with perd.wɪθ	~와 짝지어진	5037
명	**par** par	동등	5038
	on a par with ɑn.ə.pɑr.wɪθ	~와 동등한	5039
명	**parity** pe.rə.ti	동등함	5040
형	**disparate** dɪ.spə.rət	이질적인	5041
명	**disparity** dɪ.spe.rə.ti	차이, 격차, 불균형	5042
형/명	**patient** peɪ.ʃənt	인내심 있는, 환자	5043
명	**patience** peɪ.ʃəns	인내(심), 끈기	5044
명	**outpatient** aʊt.pe.ʃənt	통원 환자	5045
명	**inpatient** ɪn.pe.ʃənt	입원 환자	5046
형	**impatient** ɪm.peɪ.ʃənt	성급한	5047
동	**prefer** prə.fɜ	선호하다	5048
형	**preference** pre.fə.rəns	선호, 우선	5049
형	**preferable** pre.fə.rəb.l	더 좋은	5050

형	preferential pre.fə.ren.tʃl	선호하는, 우선적인	5051
명	principle prɪn.səp.l	원칙, 원리, 신념	5052
형	unprincipled ʌn.prɪn.səp.ld	줏대 없는	5053
	in principle ɪn.prɪn.səp.l	원칙적으로	5054
형명	principal prɪn.səp.l	교장, 주요한	5055
부	principally prɪn.sə.pli	주로	5056
명	improvisation ɪmpra.və.zeɪʃ.n	즉흥(시, 연주)	5057
형동	prompt prɑmpt	즉시의, 신속한, ~하게 하다	5058
동	improvise ɪm.prə.vaɪz	즉석에서 하다	5059
부	impromptu ɪm.prɑmp.tu	즉흥적[즉석]으로	5060
동	release ri.lis	발표[해방]하다, 풀다	5061
형동	lease lis	임대(하다)	5062
동	remember rə.mem.bər	기억[회상]하다	5063
명	remembrance ri.mem.brəns	기억, 회상, 추모	5064
동	remember oneself rə.mem.bər.wʌn.self	떠올리다, 정신차리다	5065
형동	screen skrin	화면, 체, 막, 영화, 가리다	5066
명	screenplay skrin.ple	각본	5067
동	settle set.l	해결[정착]하다, 진정되다	5068
명	settlement se.təl.mənt	해결, 정착, 합의, 개척지	5069
명	settler se.tə.lər	정착민	5070
동	settle down set.l.daʊn	정착하다	5071
명	sedation sə.deɪʃ.n	진정(제), 진정 작용	5072
형	sexual sek.ʃuəl	성적인	5073
형	same-sex seɪm.seks	동성의	5074
명	homosexual homosek.ʃə.wəl	동성애자	5075

혱	**heterosexual** he.tə.ro.sek.ʃə.wəl	이성애자	5076
혱	**bisexual** baɪ.sek.ʃuəl	양성애자	5077
혱	**transsexual** træn.sekʃ.juəl	성전환자	5078
혱	**sexist** sek.sɪst	성차별주의자	5079
혱동	**sort** sɔrt	분류하다, 종류	5080
동	**assort** ə.sɔrt	분류하다	5081
동	**sort out** sɔrt.aut	분류[정리]하다	5082
혱	**stable** steɪb.l̩	안정된, 마구간	5083
혱	**stability** stə.bɪ.lə.ti	안정(성), 확고	5084
동	**stabilize** steɪ.bə.laɪz	안정되다[시키다]	5085
혱	**unstable** ʌn.steɪb.l̩	불안정한	5086
혱	**instability** ɪn.stə.bɪ.lə.ti	불안정	5087
혱	**stabilization** ste.bə.lə.zeɪʃ.n̩	안정화	5088
혱	**symptom** sɪmp.təm	징후, 증상	5089
혱	**symbol** sɪm.bl̩	기호, 상징	5090
혱	**symbolic** sɪm.bɑ.lɪk	상징적인, 부호의, 나타내는	5091
혱	**symbolism** sɪm.bə.lɪ.zəm	상징주의	5092
혱	**syndrome** sɪndroʊm	증후군, 증상	5093
동	**symbolize** sɪm.bə.laɪz	상징[의미]하다	5094
혱	**talent** tæ.lənt	재능	5095
혱	**talented** tæ.lən.tad	재능 있는	5096
동	**tie up** taɪ.ʌp	~을 묶다	5097
동	**be tied up** bi.taɪd.ʌp	~에 발묶이다	5098
동	**untie** ʌn.taɪ	끄르다, 풀다	5099
혱동	**tour** tʊr	여행(하다)	5100

명	tourist tʊ.rəst	여행객	5101
명	tourism tʊ.rɪ.zəm	여행(객)	5102
명	contour kɑn.tʊr	윤곽, 등고선	5103
명·동	detour dɪ.tʊr	우회하다, 우회로	5104
명	trip trɪp	여행	5105
형	round-trip rɑʊnd.trɪp	왕복 여행의	5106
형	wild wɑɪld	야생의, 사나운	5107
명	wildlife wɑɪld.lɑɪf	야생 동물	5108
명	wilderness wɪl.dər.nəs	황야	5109
동	bewilder bə.wɪl.dər	당황하게 하다, 길을 잃다	5110
형	academic æk.ə.de.mɪk	학문의, 학술적인	5111
명	academy ək.æ.də.mi	학원, 학회	5112
명	advice æd.vɑɪs	조언, 충고	5113
명	advisor ▪ adviser æd.vɑɪ.zər.æd.vɑɪ.zər	조언자	5114
동	advise æd.vɑɪz	조언[충고]하다	5115
형	advisory æd.vɑɪ.zə.ri	조언하는	5116
명	anxiety æŋ.zɑɪə.ti	걱정, 불안	5117
형	anxious æŋk.ʃəs	걱정하는, 바라는	5118
명	anguish æŋ.gwɪʃ	걱정, 고통	5119
명	angst ɑŋkst	불안	5120
동	be anxious to V bi.æŋk.ʃəs.tə	~하길 바라다	5121
명	atmosphere æt.məs.fɪr	대기(권), 분위기	5122
형	atmospheric æt.məs.fe.rɪk	대기의, 분위기의	5123
명	hemisphere he.məs.fɪr	반구체	5124
명	sphere sfɪr	구체, 범위, 영역	5125

동	**attend** ə.tend	참석[주의]하다	5126
명	**attendance** ə.ten.dəns	출석, 참석	5127
형명	**attendant** ə.ten.dənt	종업원, 참석자, 수반된	5128
명	**attendee** ə.ten.di	참석자	5129
형	**automatic** ɔ.tə.mæ.tɪk	자동의, 무의식[기계]적인	5130
명	**automation** ɔ.tə.meɪʃ.n̩	자동화	5131
동	**automate** ɔ.tə.meɪt	자동화하다	5132
명	**baggage** bæ.gədʒ	수하물	5133
명	**luggage** lʌ.gədʒ	수하물, 짐	5134
명	**bank** bæŋk	은행, 강둑	5135
명	**bankruptcy** bæŋ.krʌp.si	파산	5136
형명	**bankrupt** bæŋ.krʌpt	파산한, 파산자	5137
명	**bottom** bɑ.təm	밑(바닥), 기초	5138
명	**bottom line** bɑ.təm.laɪn	결론, 손익	5139
형	**bottom-up** bɑ.təm.ʌp	아래에서 위로의, 거꾸로의	5140
명	**category** kæ.tə.gɔ.ri	분류, 범주	5141
동	**categorize** kæ.tə.gə.raɪz	분류하다	5142
형	**categorical** kæ.tə.gɑ.rɪk.l̩	단정적인, 범주의	5143
동	**clean up** klin.ʌp	깨끗이[청소]하다	5144
동	**cleanse** klenz	세척하다	5145
명	**cleanliness** klen.li.nəs	청결	5146
동	**rinse** rɪns	씻다	5147
명	**climate** klaɪ.mət	기후, 분위기	5148
형	**climatic** klaɪ.mæ.tɪk	기후상의	5149
부	**counterclockwise** kɑw.tər.klɒ.kwaɪz	시계 반대 방향으로	5150

형영	clockwise klɑ.kwaɪz	시계 방향으로(의)	5151
명	coast koʊst	해안, 가까운 바다	5152
형	coastal koʊ.stl̩	해안의, 가까운 바다의	5153
명	coastline koʊst.laɪn	해안선	5154
동	confirm kən.fɜˑm	확인[확정]하다	5155
명	confirmation kɑn.fər.meɪʃ.n̩	확인, 확정	5156
형	unconfirmed ʌnk.ən.fɜˑmd	확인[확정]안 된	5157
형명	contemporary kən.tem.pə.re.ri	동시대의[현대의](사람)	5158
형	temporary tem.pə.re.ri	일시적인, 임시의	5159
형	temporal tem.pə.rəl	시간의, 일시적인, 측두엽의	5160
명동	contest kɑn.test	대회, 경쟁(하다)	5161
동	contend kən.tend	주장하다, 다투다	5162
명	contender kən.ten.dər	경쟁자	5163
형	contentious kən.ten.ʃəs	논쟁적인	5164
형	uncontested ʌnk.ən.te.stəd	논란[반대]없는	5165
명	contestant kən.te.stənt	참가자, 경쟁자	5166
명	contention kən.ten.ʃn	논쟁, 주장	5167
동	undercook ʌnd.rkʊk	덜 익히다	5168
명	cookery kʊk.ə.ri	요리법	5169
동	encounter enk.aʊn.tər	(우연히) 만나다, 충돌하다	5170
부형동	counter kaʊn.tər	반대(하다), 반대로, 계산대	5171
형명동	counterfeit kaʊn.tər.fɪt	위조의, 모조품, 위조하다	5172
	under the counter ʌnd.r.ðə.kaʊn.tər	불법적으로	5173
형	crucial kruʃ.l̩	중대한, 결정적인	5174
형동	deliberate də.lɪ.bə.rət	고의적인, 신중한, 숙고하다	5175

명	**deliberation** də.lɪ.bə.reɪʃ.n	숙고, 심의	5176
명동	**dress** dres	옷(을 입다)	5177
동	**undress** ʌn.dres	(옷) 벗기다	5178
명	**dressing** dres.ɪŋ	소스, 붕대, 옷입기	5179
동	**dress up** dres.ʌp	꾸미다, 변장하다	5180
명동	**redress** rə.dres	교정(하다), 보상	5181
명동	**escape** ɔ.skeɪp	달아나다, 탈출(하다)	5182
형	**inescapable** ɪ.nə.skeɪ.pəb.l	피할 수 없는	5183
동	**eschew** es.tʃu	피하다	5184
형동	**skew** skju	왜곡하다, 비스듬한	5185
형	**faithful** feɪθ.fəl	충실한, 믿을 만한	5186
동	**be faithful to** bi.feɪθ.fəl.tu	~에 충실하다	5187
형	**unfaithful** ən.feɪθ.fəl	외도하는, 불성실한	5188
형	**fatal** feɪt.l	치명적인, 중요한	5189
명	**fatality** fə.tæ.lə.ti	사망자, 참사, 숙명	5190
명	**fate** feɪt	운(명)	5191
형	**fateful** feɪt.fəl	운명적인	5192
형	**flexible** flek.səb.l	신축성[융통성]있는, 유연한	5193
형	**flexibility** flek.sə.bɪ.lə.ti	탄력성, 유연성, 융통성	5194
동	**flex** fleks	구부리다	5195
형	**inflexible** ɪn.flek.səb.l	융통성[신축성]없는	5196
형	**foreign** fɔ.rən	외국의, 이질적인	5197
명	**foreignness** fɔ.rən.nes	외국풍, 이질성	5198
명	**foreigner** fɔ.rə.nər	외국인, 이방인	5199
명	**deforestation** də.fɔ.rə.steɪʃ.n	살림 벌채	5200

	단어	뜻	번호
형	forested fɔːrəstɪd	숲이 우거진	5201
명	forestry fɔːrəstri	임업	5202
형	gigantic dʒaɪɡæntɪk	거대한	5203
명동	graduate ɡrædʒəwət	졸업하다, 졸업생	5204
형명	undergraduate ʌndərɡrædʒəwət	대학 재학생(의)	5205
명	graduation ɡrædʒueɪʃn	졸업	5206
명	postgraduate poʊstɡrædʒuət	대학원생	5207
명	hierarchy haɪərɑːrki	계급제, 계층	5208
명	patriarchy peɪtriɑːrki	가부장제	5209
명	monarchy mɑnərki	군주제, 왕정(국가)	5210
명	oligarchy ɑːləɡɑːrki	과두정치	5211
명	patriarch peɪtriɑːrk	가장, 족장	5212
명	monarch mɑnərk	군주	5213
명	anarchy ænərki	무정부 상태	5214
명	anarchist ænərkəst	무정부주의자	5215
형	huge hjudʒ	거대한	5216
명	hypothesis haɪpɑːθəsəs	가설	5217
명	thesis θiːsɪs	논제, 논문	5218
명	theme θiːm	주제	5219
명	instruction ɪnstrʌkʃn	지시, 설명, 교육	5220
명	instructor ɪnstrʌktər	강사, 교관, 교사	5221
동	instruct ɪnstrʌkt	지시하다, 가르치다	5222
형	instructive ɪnstrʌktɪv	교육적인	5223
형	intact ɪntækt	손대지 않은, 온전한	5224
형	tactile tæktəl	촉각의	5225

명	**tactics** tæk.tɪks	전술	5226
형	**tactical** tæk.tɪk.l	전술적인	5227
명	**tact** tækt	재치, 요령	5228
형	**tactful** tæk.fəl	재치[요령]있는	5229
동	**interpret** ɪn.tɜ.prət	해석[통역, 이해]하다	5230
명	**interpretation** ɪn.tər.prə.teɪʃ.n	해석, 통역	5231
명	**interpreter** ɪn.tɜ.prə.tər	통역사 , 해석자	5232
동	**misinterpret** mɪ.sɪn.tɜ.pret	오해[오역]하다	5233
동	**introduce** ɪn.trə.dus	소개[도입]하다	5234
명	**introduction** ɪn.trə.dək.ʃn	소개, 도입	5235
형	**introductory** ɪn.trə.dək.tə.ri	출시의, 입문의	5236
명	**intro** ɪntro.ʊ	도입부	5237
명	**knuckle** nʌk.l	손가락 관절	5238
동	**knuckle down** nʌk.l.daʊn	열심히 하다	5239
동	**knock out[down]** nɑk.aʊt[daʊn]	때려눕히다, 쓰러트리다	5240
동	**kneel** nil	무릎 꿇다 ③ kneel | knelt, kneeled | knelt, kneeled	5241
명	**linguist** lɪŋ.gwəst	언어학자	5242
형	**linguistic** lɪŋ.gwɪ.stɪk	언어의	5243
형	**bilingual** baɪ.lɪŋ.gwəl	2개 언어를 하는	5244
형	**paralinguistic** pæ.rə.lɪŋ.gwɪ.stɪk	준언어적인	5245
형	**multilingual** mʌlt.i.lɪŋ.gwəl	다중 언어의	5246
명	**linguistics** lɪŋ.gwɪ.stɪks	언어학	5247
동	**enlist** ɪn.lɪst	입대[협력]하다	5248
명	**roster** rɑ.stər	명부	5249
동	**blackmail** blæk.mel	갈취[협박]하다	5250

명	immigration ı.mə.greıʃ.n	이주, 이민	5251
명	migration maı.greıʃ.n	이주	5252
동	emigrate e.mə.gret	이민[이주] 나가다	5253
명	immigrant ı.mə.grənt	(들어온) 이민자	5254
동	immigrate ı.mə.gret	이민[이주] 오다	5255
동	migrate maı.gret	이주[이동]하다	5256
형명	migrant maı.grənt	이민자, 이주하는	5257
명	emigrant e.mə.grənt	(나가는) 이민자	5258
명	emigration e.mə.greıʃ.n	(나가는) 이민	5259
동	modify mɑ.də.faı	수정[변경]하다	5260
명	modification mɑ.də.fək.eıʃ.n	변경, 조정	5261
형	nervous nɝ.vəs	불안한, 신경질적인, 신경의	5262
명	nerve nɝv	신경(질), 용기	5263
동	unnerve ə.nɝv	불안케 하다	5264
명	opinion ə.pı.njən	의견, 여론, 관점	5265
형	painful peın.fəl	고통스런	5266
형	pain-free peın.fri	고통 없는	5267
형	painless peın.ləs	고통 없는	5268
명	painkiller peınk.ı.lər	진통제	5269
명동	photograph fou.tə.grɑf	사진(을 찍다)	5270
명동	photocopy fouto.ok.ɒ.pi	복사(하다)	5271
형	photographic fou.tə.græ.fık	사진의	5272
명	photography fə.tɑ.grə.fi	사진촬영(술)	5273
명	pollution pə.luʃ.n	오염, 공해	5274
동	pollute pə.lut	오염시키다	5275

명	pollutant pə.lu.tənt	오염 물질	5276
형명동	foul faʊl	반칙(하다), 더러운	5277
명동	portion pɔr.ʃn	부분, 분할[분배]하다	5278
명	proportion prə.pɔr.ʃn	비율, 균형, 부분	5279
형	disproportionate dɪ.sprə.pɔr.ʃə.nət	불균형의	5280
형	proportional prə.pɔr.ʃnəl	비례하는	5281
	in proportion to ɪn.prə.pɔr.ʃn.tu	~에 비례하여	5282
명동전	post poʊst	우편, 기둥, 직위, 알리다, ~후에	5283
형	postage poʊ.stɪdʒ	우편료	5284
형	postal poʊ.stl	우편의	5285
명	postscript poʊs.skrɪpt	추신	5286
명	postcode poʊstkoʊd	우편 번호	5287
명	posterity pɑste.rə.ti	후손, 후예	5288
명	president pre.zə.dent	대통령, 사장	5289
형	presidential pre.zə.den.tʃl	대통령의	5290
명	vice president vaɪs.pre.zə.dent	부통령, 부사장	5291
동	preside prə.zaɪd	주도[통솔]하다	5292
명	priority praɪɔ.rə.ti	우선(권), 우위	5293
형	prior praɪər	~전의	5294
	prior to praɪər.tu	~전에, 먼저	5295
동	prioritize praɪɔ.rə.taɪz	우선을 정하다	5296
명	radiation re.di.eɪʃ.ŋ	방사(선), 복사(열)	5297
형	radiant reɪ.diənt	빛나는, 방사하는	5298
동	radiate reɪ.di.et	방사[발산]하다, 뻗다	5299
형	radioactive reɪ.dɪo.ʊ.æk.tɪv	방사성의	5300

명	**radar** reɪ.dɑr	탐지기	5301
명	**radius** reɪ.diəs	반경, 반지름	5302
명	**resistance** rə.zɪ.stəns	저항, 반대	5303
동	**resist** rə.zɪst	저항[반대]하다	5304
형명	**resistant** rə.zɪ.stənt	저항하는, 저항자	5305
형	**resistive** rɪ.zɪ.stɪv	저항하는	5306
형	**irresistible** ɪ.rə.zɪ.stəb.l	저항할 수 없는	5307
형	**rocky** rɑk.i	바위 투성의, 험난한	5308
명동	**seat** sit	자리, 앉히다	5309
동	**unseat** ən.sit	내쫓다	5310
형	**severe** sə.vɪr	엄격한, 심각한	5311
명	**severity** sɪ.ve.rə.ti	엄격, 심각성	5312
명	**perseverance** pər.sə.vɪ.rəns	인내	5313
동	**persevere** pər.sə.vɪr	인내[고집]하다	5314
명동	**shame** ʃeɪm	부끄러움, 부끄럽게 하다	5315
명	**shyness** ʃaɪ.nəs	수줍음	5316
형	**ashamed** ə.ʃeɪmd	부끄러운	5317
형	**shameful** ʃeɪm.fəl	부끄러운	5318
	shy of ʃaɪ.ʌv	모자라는	5319
형	**shameless** ʃeɪm.ləs	부끄러움 없는	5320
형	**unashamed** ʌ.nə.ʃeɪmd	뻔뻔한	5321
형	**skinny** skɪ.ni	깡마른	5322
명	**skyline** skaɪ.laɪn	지평선	5323
동	**skyrocket** skaɪ.rɑkət	급등하다	5324
명	**skyscraper** skaɪ.skre.pər	고층 건물	5325

형	stranger streɪn.dʒər	낯선 사람, 이방인	5326
부	strangely streɪndʒ.li	이상하게	5327
형	extraneous ek.streɪ.niəs	이질적인, 관계 없는	5328
	strange to say streɪndʒ.tə.seɪ	이상한 말이지만	5329
동	strengthen streŋ.θn	강화하다[되다]	5330
명	strength streŋkθ	힘, 세기	5331
형	strenuous stre.njuəs	격렬한, 분투하는	5332
	on the strength of ɑn.ðə.streŋkθ.ʌv	~에 힘입어	5333
명	substance sʌb.stəns	물질, 본질, 핵심	5334
형	substantial səb.stæn.tʃl	상당한, 실질적인	5335
명	subsistence səb.sɪ.stəns	생존, 생계	5336
동	subsist səb.sɪst	살아가다, 존재하다	5337
형	substantive sʌb.stən.tɪv	실질적인	5338
형동	suit sut	정장, 어울리다, 알맞다, 소송	5339
형	suitable su.təb.l̩	적당한, 어울리는	5340
형	suite swit	한 벌, 특실	5341
동	be suited to[for] bi.su.təd.tə.fər	~에 적합하다	5342
형	unsuitable ʌn.sut.əb.l̩	부적당한	5343
동	sweep swip	청소하다, (휩)쓸다 ③ sweep | swept | swept	5344
형	sweeping swip.ɪŋ	전체적인	5345
동	sweep up swip.ʌp	쓸어 담다	5346
동	sweep down swip.daʊn	휩쓸다	5347
동	sweep away swip.ə.weɪ	휩쓸다, 털다	5348
동	swoop swup	급습하다	5349
형부	swift swɪft	빠른, 재빨리	5350

형	tasty teɪ.sti	맛 좋은, 맛있는	5351
명동	tax tæks	세금(부과하다)	5352
명	taxation tæk.seɪʃ.n̩	과세(액)	5353
명	taxpayer tæk.speər	납세자	5354
명	tariff te.rəf	관세	5355
형	tax-free tæks.fri	면세의	5356
동	throw away θroʊ.ə.weɪ	버리다, 허비하다	5357
동	overthrow ovərθro.ʊ	뒤엎다 ③ overthrow | overthrew | overthrown	5358
동	undermine ʌn.dər.maɪn	약화[훼손]시키다, 파내다	5359
명동	mine maɪn	채굴하다, 광산, 지뢰, 나의 것	5360
명	mineral mɪ.nə.rəl	광물, 무기물	5361
명	mining maɪn.ɪŋ	채굴, 광업	5362
명	miner maɪ.nər	광부, 채광기	5363
형명	vegetarian ve.dʒə.te.riən	채식주의자(의)	5364
명	vegetation ve.dʒə.teɪʃ.n̩	초목	5365
명동	vote voʊt	투표(하다)	5366
명동	vow vaʊ	맹세[서약](하다)	5367
명	voucher vaʊ.tʃər	상품권, 증표	5368
	off the wall ɒf.ðə.wɒl	특이한, 즉흥적인	5369
동	absorb əb.zɔrb	흡수하다, 열중시키다	5370
명	absorption əb.zɔrp.ʃn̩	흡수, 열중	5371
형	absorbed əb.zɔrbd	~에 열중한	5372
명	agency eɪ.dʒən.si	대리점, 대행사	5373
명	agent eɪ.dʒənt	대리인, 요원	5374
형	ambiguous æm.bɪ.gjuəs	애매한	5375

형	ambiguity æm.bɪ.gjuə.ti	애매함	5376
형	unambiguous ʌ.næm.bɪ.gjə.wəs	명백한	5377
형	ambivalent æm.bɪ.və.lənt	양면적인, 애매한	5378
명	approval ə.pruv.l	찬성, 승인	5379
동	approve ə.pruv	찬성[만족]하다	5380
명	disapproval dɪ.sə.pru.vəl	반대, 불만족	5381
동	disapprove dɪ.sə.pruv	반대[불만족]하다	5382
동	approve of ə.pruv.ʌv	~을 찬성[승인]하다	5383
명동	author ɒ.θər	저자, 작가, 저술하다	5384
명	authorship ɒ.θər.ʃɪp	원작자	5385
명	authorization ɒ.θə.rə.zeɪʃ.n̩	허가, 결재	5386
명	bias baɪəs	편견, 성향	5387
형	unbiased ʌn.baɪəst	편견 없는, 공평한	5388
동	be busy ~ing bi.bɪ.zi	~하기에 바쁘다	5389
명	career kə.rɪr	직업, 경력	5390
	in mid career ɪn.mɪd.kə.rɪr	도중에, 근무중에	5391
명	competence kɑm.pə.təns	능력, 자격	5392
형	competent kɑm.pə.tənt	능숙한	5393
형	incompetent ɪnk.ɑm.pə.tənt	무능한	5394
명	incompetence ɪnk.ɑm.pə.təns	무능함	5395
명동	conduct kən.dʌkt	행동[지도](하다), 전하다	5396
명	conduit kɑn.du.ɪt	(전하는) 도관, 수도관	5397
명	duct dəkt	(전하는) 도관, 배관	5398
명	conductor kən.dək.tər	지휘자, 수도관	5399
형	conducive kən.du.sɪv	~에 도움된	5400

형	misconduct	불법 행위	5401
	mɪ.skɑn.dɑkt		
동	constitute	구성하다, ~되다	5402
	kɑn.stə.tut		
명	constitution	헌법, 구성, 체질	5403
	kɑn.stə.tuʃ.n		
명	constituent	성분, 유권자	5404
	kən.stɪ.tʃuənt		
명	context	맥락, 상황	5405
	kɑn.tekst		
형	contextual	맥락적인	5406
	kən.teks.tʃuəl		
형	convincing	설득하는, 확실한	5407
	kən.vɪns.ɪŋ		
동	convince	확신[설득]시키다	5408
	kən.vɪns		
명	conviction	유죄 판결, 확신, 설득력	5409
	kən.vɪk.ʃn		
명동	convict	죄수, 유죄 선고하다	5410
	kɑn.vɪkt		
부	definitely	확실히, 한정적으로, "물론"	5411
	de.fə.nət.li		
형	finite	유한한	5412
	faɪ.naɪt		
형	definite	확실한, 한정된	5413
	de.fə.nət		
형	indefinite	무기한의, 불확실한	5414
	ɪn.de.fə.nət		
명	infinity	무한대, 끝없음	5415
	ɪn.fɪ.nə.ti		
형	infinite	무한한	5416
	ɪn.fə.nət		
형	definitive	최종적인, 확실한	5417
	də.fɪ.nə.tɪv		
동	deprive A of B	A에게 B를 빼앗다	5418
	də.praɪv.ə.ə.ɑv.bi		
명	deprivation	박탈	5419
	de.prə.veɪʃ.ŋ		
동	deprive	빼앗다	5420
	də.praɪv		
형	digital	디지털식의, 숫자의, 손가락의	5421
	dɪ.dʒət.l		
형	digit	숫자, 자릿수, 손가락	5422
	dɪ.dʒət		
동	repeal	폐지[취소]하다	5423
	rə.pil		
동	dispel	쫓아내다, 없애다	5424
	dɪ.spel		
동	propel	추진하다	5425
	prə.pel		

218

동	expel ɪk.spel	추방[배출]하다	5426
명	expulsion ɪk.spʌl.ʃn	추방, 제명	5427
형	repellent rə.pe.lənt	싫은, 쫓는	5428
동	repel rə.pel	쫓아[몰아]내다	5429
동	impel ɪm.pel	재촉[추진]하다	5430
형	domestic də.me.stɪk	국내의, 가정의	5431
명	domain doʊ.meɪn	영토, 분야, 범위	5432
동	domesticate də.me.stəket	길들이다, 정들다	5433
명	dome doʊm	둥근 천장	5434
명	ecosystem iko.ʊ.sɪ.stəm	생태계	5435
형	ecological ik.ə.lɑ.dʒɪk.l̩	생태계의	5436
명	empathy em.pə.θi	공감, 동정심	5437
명	sympathy sɪm.pə.θi	동정(심), 공감	5438
형	empathic em.pæθik	공감적인	5439
동	empathize em.pə.θaɪz	공감하다	5440
형	sympathetic sɪm.pə.θe.tɪk	동정적인, 호감 가는	5441
형	pathetic pə.θe.tɪk	불쌍한, 한심한	5442
동	sympathize sɪm.pə.θaɪz	동정하다	5443
명	antipathy æn.tɪ.pə.θi	반감, 혐오	5444
동	emphasize em.fə.saɪz	강조하다	5445
명	emphasis em.fə.sɪs	강조, 중요	5446
형	emphatic em.fæ.tɪk	강조된, 확실한	5447
동	facilitate fə.sɪ.lə.tet	가능케[촉진]하다	5448
명	facility fə.sɪ.lə.ti	시설, 설비, 재능	5449
형	conciliatory kən.sɪ.liə.tɔ.ri	달래는, 회유하는	5450

동	reconcile rek.ən.saɪl	화해[조화]시키다	5451
동	conciliate kən.sɪ.liˌeɪt	달래다, 중재하다	5452
형	former fɔr.mər	이전의	5453
형	fundamental fʌn.də.men.tl	기본[근본]적인	5454
명	fundamentalist fʌn.də.men.tə.ləst	근본주의자	5455
명	gravity græ.və.ti	중력	5456
동	aggravate æ.grə.veɪt	악화시키다, 무겁게 하다	5457
형	gravitational græ.və.teɪʃ.nəl	중력의	5458
명	guest gest	손님	5459
명동	host houst	주최하다, 주인	5460
명	hostess hou.stɪs	여주인, 안주인	5461
	Be my guest bi.maɪ.gest	"그러세요"	5462
	a host of ə.houst.ʌv	다수의, 많은	5463
명	hostage hɑ.stɪdʒ	인질	5464
명	honesty ɑ.nə.sti	정직, 성실	5465
형	honest ɑ.nəst	정직한, 솔직한	5466
형	dishonest dɪ.sɑ.nəst	부정직한	5467
명	dishonesty dɪ.sɑ.nə.sti	부정직, 불성실	5468
동	be in (the) hospital bi.ɪn.ðə.hɑ.spɪt.l	입원해 있다	5469
형	hospitable hɑ.spɪ.təb.l	환대하는, 친절한	5470
명	hospitality hɑ.spə.tæ.lə.ti	환대	5471
명	hospice hɑ.spəs	요양원, 수용소	5472
부	ill ɪl	병든, 나쁜, 나쁘게	5473
명	illness ɪl.nəs	(질)병	5474
동	investigate ɪn.ve.stə.geɪt	조사[수사]하다	5475

명	investigator ɪn.ve.stə.ge.tər	수사관	5476
명	investigation ɪn.ve.stə.geɪʃ.n	조사, 수사	5477
형	investigative ɪn.ve.stə.ge.tɪv	조사의	5478
형	leafless li.fləs	잎이 없는	5479
명	leaflet li.flət	잎사귀	5480
형	leafy li.fi	잎이 많은	5481
명	letter le.tər	편지, 글자	5482
동	obliterate ə.blɪ.tə.ret	지우다	5483
형	pacific pə.sɪ.fik	태평한	5484
명	the Pacific ðə.pə.sɪ.fik	태평양	5485
동	pacify pæ.sə.faɪ	진정시키다	5486
명	poverty pɑ.vər.ti	가난, 결핍, 부족, 불모	5487
동	impoverish ɪm.pɑ.vrɪʃ	가난하게 하다	5488
명동	promise prɑ.məs	약속(하다), 가망성	5489
명동	compromise kɑm.prə.maɪz	타협[화해](하다), 손상시키다	5490
형	promising prɑ.məs.ɪŋ	장래성 있는	5491
동	push out pʊʃ.aʊt	~을 밀어내다	5492
형	pushy pʊ.ʃi	강요하는	5493
동	recover rɪk.ʌ.vər	회복[복구]하다	5494
명	recovery rɪk.ʌ.vri	회복, 구조, 복구	5495
형	recoverable rɪk.ʌ.və.rəb.l	회복 가능한	5496
명동	repeat rə.pit	반복(하다)	5497
형	repetition re.pə.tɪʃ.n	반복	5498
형	repetitive rə.pe.tə.tɪv	반복적인	5499
형	repeatable rə.pi.təb.l	반복할 수 있는	5500

분류	단어	뜻	번호
부	**repeatedly** rə.pi.təd.li	자꾸, 여러 차례	5501
명	**scene** sin	장면, 현장, 풍경	5502
명	**scenario** sə.ne.rio.ʊ	각본	5503
명	**scenery** si.nə.ri	풍경, 배경	5504
명	**crime scene** kraɪm.sin	범죄 현장	5505
명동	**seal** sil	인장, 봉인하다, 물개	5506
동	**conceal** kən.sil	감추다	5507
명동	**shelter** ʃel.tər	주거지, 피난처, 보호하다	5508
명	**sheriff** ʃe.rəf	보안관	5509
명동	**shield** ʃild	방패, 보호하다	5510
명동	**shock** ʃɑk	충격, 놀라게 하다	5511
명	**aftershock** æft.ər.ʃɑk	여진	5512
부	**shockingly** ʃɑk.ɪŋ.li	충격적으로	5513
명동	**smoke** smoʊk	흡연[훈제](하다), 연기	5514
형	**smoked** smoʊkt	훈제한, 그을린	5515
명	**smog** smɑg	미세먼지	5516
형	**smoky** smoʊk.i	연기나는	5517
명	**passive smoking** pæ.sɪv.smoʊkɪŋ	간접 흡연	5518
명	**non-smoker** nɒn.smoʊk.ə	비흡연자	5519
형	**smoke-free** smoʊk.fri	금연의	5520
형	**unsung** ən.səŋ	(노래)불리지 않은, 이름 없는	5521
명	**spot** spɑt	장소, 지점, 얼룩	5522
형	**spotted** spɑ.təd	얼룩[오점]있는	5523
	on the spot ɑn.ðə.spɑt	즉석에서	5524
부	**backstage** bæk.steɪdʒ	무대 뒤에서, 은밀히	5525

형	offstage ɒf.steɪdʒ	무대 뒤의, 은밀한	5526
형	onstage ɒn.steɪdʒ	무대 위의	5527
동	sweeten swiːt.n̩	달게 하다	5528
형	sweetener swiː.tə.nər	감미료	5529
형	sweetness swiːt.nəs	달콤함	5530
형	urban ɜ.bən	도시의	5531
형	urbanization ɜr.bə.nə.zeɪʃ.n	도시화	5532
형	suburban sə.bɜ.bən	교외의	5533
형	suburb sʌ.bərb	교외, 외곽	5534
동	urbanize ɜ.bə.naɪz	도시화하다	5535
명동	wave weɪv	파도, 흔들다	5536
형	microwave maɪk.rə.weɪv	전자 렌지, 극초단파	5537
동	waver weɪ.vər	흔들리다	5538
동	wave to weɪv.tu	~에 손 흔들다	5539
형	wavelength weɪv.leŋθ	파장	5540
명동	wish wɪʃ	바라다, 소원(빌다)	5541
형	wishful wɪʃ.fəl	희망하는	5542
	with best wishes wɪθ.best.wɪ.ʃəz	행복을 빌며	5543
형	absolute æb.sə.lut	절대적인, 완전한	5544
동	accumulate ə.kju.mjə.let	모으다	5545
형	accumulation ə.kju.mjə.letʃ.n	축적, 누적	5546
동	accrue ə.kru	쌓이다	5547
동	attain ə.teɪn	달성하다, 얻다	5548
형	attainment ə.teɪn.mənt	성과, 성취, 달성	5549
명동	block blɑk	토막, 건물 단지, 차단하다	5550

형	**blockbuster** blɑk.bə.stər	초대작, 강력 폭탄	5551
형	**bloc** blɑk	연합, 집단	5552
형/동	**blockade** blɑk.eɪd	봉쇄(하다)	5553
형	**blockage** blɑkɪdʒ	봉쇄	5554
형	**circulation** sɝ.kjə.leʃ.n̩	(혈액)순환, 유통	5555
형	**circuit** sɝkət	순환, 순회, 회로	5556
형	**circular** sɝ.kjə.lər	원형의, 순회하는	5557
동	**circumscribe** sɝk.əm.skraɪb	제한하다, 둘러싸다	5558
형	**circulate** sɝ.kjə.let	순환하다	5559
형	**circumference** sɝk.əm.frəns	원주, 둘레	5560
동	**encircle** en.sɝk.l̩	둘러싸다	5561
형	**semi-circular** se.mi.sɝ.kjə.lər	반원의	5562
동	**circumvent** sɝk.əm.vent	돌다, 피하다	5563
형	**compelling** kəm.pel.ɪŋ	주목시키는, 설득[강제]적인	5564
동	**compel** kəm.pel	강요하다	5565
동	**be compelled to V** bi.kəm.peld.tə	~을 강제로 하다	5566
형	**convention** kən.ven.ʃn̩	집회, 협정, 관습	5567
형	**conventional** kən.ven.ʃnəl	전통적인, 틀에 박힌	5568
형	**unconventional** ʌnk.ən.ven.ʃnəl	비전통[파괴]적인	5569
형	**covenant** kʌ.və.nənt	약속, 서약	5570
동	**convene** kən.vin	소집[소환]하다	5571
형	**curve** kɝv	곡선	5572
동	**curl** kɝl	곱슬하다, 말다	5573
형/동	**curb** kɝb	구속[억제](하다)	5574
형	**delicious** də.lɪ.ʃəs	맛있는, 즐거운	5575

명/동	**delight** də.laɪt	유쾌(하게 하다)	5576
형	**delectable** də.lek.təb.l	맛있는, 즐거운	5577
형	**delightful** də.laɪt.fəl	유쾌한	5578
형/명	**dozen** dʌz.n	12개(의)	5579
명	**dozens** dʌz.nz	많음, 수십	5580
형	**eager** i.gər	열망하는	5581
동	**yearn** jɜn	열망[그리워]하다	5582
동	**be eager to V** bi.i.gər.tə	~하길 열망하다	5583
형	**meager** mi.gər	빈약한, 마른	5584
명	**entertainment** en.tər.tem.mənt	오락, 연예	5585
동	**entertain** en.tər.tem	(즐겁게) 대접하다, 지니다	5586
형	**entertaining** en.tər.tem.ŋ	재미있는	5587
명	**entertainer** en.tər.teɪ.nər	연예인	5588
명	**error** e.rər	잘못, 오류	5589
형	**erratic** ɪ.ræ.tɪk	이상한, 불규칙한	5590
형	**aberrant** æ.be.rənt	벗어난, 비정상의	5591
형	**erroneous** ero.ʊ.niəs	잘못된	5592
형	**false** fɔls	틀린, 허위의	5593
명	**falsehood** fæls.hʊd	허위	5594
동	**falsify** fɔl.sə.faɪ	왜곡[위조]하다	5595
명	**fallacy** fæ.lə.si	틀린 생각, 오류	5596
형	**fallacious** fə.leɪ.ʃəs	틀린, 허위의	5597
형	**fallible** fæ.ləb.l	틀리기 쉬운	5598
형	**infallible** ɪn.fæ.ləb.l	완벽한	5599
형	**fertile** fɜ.təl	비옥한, 풍부한, 다산의	5600

품사	단어	뜻	번호
명	**fertilizer** fɜ.tə.laɪ.zər	비료	5601
통	**fertilize** fɜr.tə.laɪz	비옥[풍부, 임신]하게 하다	5602
명	**fertility** fər.tɪ.lə.ti	비옥함, 번식력	5603
형	**infertile** ɪn.fɜr.təl	불임의, 불모의	5604
형명	**firm** fɜrm	확고한, 회사	5605
명	**affirmation** æ.fər.meɪʃ.n̩	확언, 지지	5606
형	**affirmative** ə.fɜr.mə.tɪv	긍정[단정]적인	5607
통	**affirm** ə.fɜrm	단언[확인]하다	5608
형	**infirm** ɪn.fɜrm	허약한, 무른	5609
명	**infirmary** ɪn.fɜr.mə.ri	진료소	5610
명통	**flame** fleɪm	불꽃, 타오르다	5611
형	**flammable** flæ.məb.l̩	인화성의	5612
통	**inflame** ɪn.fleɪm	격분시키다	5613
명통	**flare** fler	타오르다, 화염	5614
형	**flamboyant** flæm.bɔɪənt	화려한, 타는 듯한	5615
형	**inflammatory** ɪn.flæ.mə.tɔ.ri	염증의, 자극적인	5616
명	**inflammation** ɪn.flə.meɪʃ.n̩	염증, 연소, 흥분	5617
통	**forget** fər.get	잊다 ③ forget | forgot | forgot, forgotten	5618
형	**forgotten** fər.gɑt.n̩	잊어버린	5619
형	**unforgettable** ʌn.fər.ge.təb.l̩	잊지 못할	5620
형	**forgetful** fər.get.fəl	잘 잊는	5621
형	**forgettable** fər.ge.təb.l̩	잊기 쉬운	5622
명	**fondness** fɑnd.nəs	좋아함	5623
통	**make fun of** meɪk.fən.ʌv	~을 놀리다	5624
형	**fond** fɑnd	좋아하는, 다정한	5625

동	**be fond of** bi.fand.ʌv	~을 좋아하다	5626
	for[in] fun fər[ɪn].fʌn	재미로	5627
명	**paragraph** pe.rə.græf	절, 단락	5628
명동	**autograph** ɔ.tə.græf	서명(하다)	5629
명	**autobiography** ɔto.ʊ.baɪ.ɒ.grə.fi	자서전	5630
명	**biography** baɪɑ.grə.fi	일대기	5631
명	**graph** græf	그림, 도표	5632
형	**graphic** græ.fɪk	그림의, 도표의	5633
부	**graphically** græ.fɪk.li	생생히, 도표로	5634
형	**internal** ɪn.tɝ.nl	내부의, 체내의	5635
형명	**external** ɪk.stɝ.nl	외부(의), 외국의	5636
동	**kidnap** kɪd.næp	납치[유괴]하다	5637
명	**kidnapper** kɪd.næ.pər	유괴범	5638
형	**logical** lɑ.dʒɪk.l	논리적인	5639
명	**logic** lɑ.dʒɪk	논리(학)	5640
형	**illogical** ɪ.lɑ.dʒɪk.l	비논리적인	5641
명	**manner** mæ.nər	방법, 예절, 태도	5642
명	**manners** mæ.nərz	예절	5643
형	**ill-mannered** ɪl.mæ.nəd	무례한	5644
형	**well-mannered** wel.mæ.nəd	예의 바른	5645
	in that manner ɪn.ðət.mæ.nər	그런 식으로	5646
형명	**marine** mə.rin	바다의, 해병대원	5647
명	**marine life** mə.rin.laɪf	해양 생물	5648
형	**maritime** me.rə.taɪm	바다의, 해변의	5649
형	**submarine** sʌb.mə.rin	잠수함, 해저의	5650

명동	**match** mætʃ	맞먹다, 일치(하다), 성냥, 시합	5651
형	**matching** mætʃ.ɪŋ	어울리는	5652
명동	**mismatch** mɪs.mætʃ	부조화(시키다)	5653
형	**matchless** mætʃ.fləs	독보적인, 무적의	5654
형	**mathematical** mæ.θə.mæ.tɪk.ļ	수학적인	5655
명	**mathematics = math** mæ.θə.mæ.tɪks.mæθ	수학	5656
명	**mathematician** mæ.θə.mə.tɪʃ.ŋ	수학자	5657
명	**arithmetic** e.rɪθ.me.tɪk	산수, 계산	5658
형명	**metal** met.ļ	금속(의)	5659
형	**metallic** mə.tæ.lɪk	금속의	5660
명	**medal** med.ļ	훈장	5661
형	**military** mɪ.lə.te.ri	군대의	5662
명	**militia** mə.lɪ.ʃə	민병대	5663
형	**militant** mɪ.lə.tənt	전투적인	5664
동	**meddle** med.ļ	참견하다	5665
동	**mingle** mɪŋ.gļ	섞다, 어울리다	5666
형	**miscellaneous** mɪ.sə.leɪ.niəs	잡다한	5667
동	**mix up** mɪks.ʌp	~을 섞다[혼동하다]	5668
명	**mixture** mɪks.tʃər	혼합[합성](물)	5669
명동	**monitor** mɑ.nə.tər	감시하다, 감시원, 화면	5670
동	**navigate** næ.və.get	길 찾다, 항해하다	5671
명	**navigator** næ.və.ge.tər	항해자	5672
형	**nautical** nɒ.tək.ļ	항해의	5673
명	**navigation** næ.və.geɪʃ.ŋ	항해, 항공	5674
명	**nausea** nɒ.ziə	(배)멀미, 메스꺼움	5675

명	**pace** peɪs	속도, 보폭, 걷다, 한 걸음	5676
명	**apace** ə.peɪs	빨리, 신속히	5677
명	**pessimism** pe.sə.mɪ.zəm	비관(주의)	5678
형	**pessimistic** pe.sə.mɪ.stɪk	비관적인	5679
명	**pessimist** pe.sə.məst	비관론자	5680
명	**phenomenon** fə.na.mə.nɑn	현상, 비범한 인물	5681
명동	**profit** prɑ.fət	이익(을 얻다), 흑자	5682
형	**profitable** prʌ.fə.təb.l	수익이 좋은, 유익한	5683
형	**nonprofit** nanprɑ.fət	비영리적인	5684
명	**profitability** prɑ.fə.tə.bɪ.lə.ti	수익성	5685
형	**unprofitable** ʌn.prɑ.fə.təb.l	무익한, 헛된	5686
동	**purchase** pɜ.tʃəs	구매[획득]하다	5687
명동	**refuse** rə.fjuz	거절하다, 쓰레기	5688
형	**refusal** rə.fjuz.l	거절, 사퇴	5689
동	**repudiate** ri.pju.di.et	거절[부인]하다	5690
동	**repair** rə.per	수리하다	5691
명	**revolution** re.və.luʃ.n	혁명	5692
동	**revolutionize** re.və.lu.ʃə.naɪz	혁명을 일으키다	5693
형	**revolutionary** re.və.lu.ʃə.ne.ri	혁명적인	5694
형명	**rolling** roʊl.ɪŋ	구르는, 회전	5695
동	**enroll** ɪnroʊl	등록[입학]하다	5696
명	**enrollment** enrol.mənt	등록, 입학, 입대	5697
명동	**roll** roʊl	두루마리, 말다	5698
명	**scroll** skroʊl	두루마리	5699
동	**roll down** roʊl.daʊn	굴러 떨어지다, 흐르다	5700

동	**roll up** rool.ʌp	걷어[말아]올리다	5701
동	**unroll** ʌnrool	펼치다, 풀다	5702
명동	**sacrifice** sæ.krə.faɪs	희생(하다), 제물	5703
형	**sacred** seɪ.krəd	신성한	5704
명	**sanctuary** sæŋk.tʃu.e.ri	성역, 안식처	5705
명	**saint** seɪnt	성자	5706
명	**sanctity** sæŋk.tə.ti	신성함, 존엄	5707
부	**sharply** ʃɑr.pli	날카롭게, 급격히	5708
동	**sharpen** ʃɑr.pən	날카롭게[연마]하다	5709
형명	**solid** sɑ.ləd	고체(의), 단단한, 굳은	5710
동	**solidify** sə.lɪ.də.faɪ	굳히다, 굳어지다	5711
동	**consolidate** kən.sɑ.lə.det	굳히다, 강화하다	5712
명	**solidarity** sɑ.lə.de.rə.ti	결속, 연대	5713
명	**consolidation** kən.sɑ.lə.deɪʃ.n̩	합병, 강화	5714
형	**solemn** sɑ.ləm	엄숙한, 진지한	5715
명	**staff** stæf	직원, 막대기	5716
명	**staffing** stæf.ɪŋ	직원 채용	5717
명	**stave** steɪv	막대기, 빗장	5718
동	**stave off** steɪv.ɔf	미리 막다	5719
형부	**straight** streɪt	곧은, 똑바로, 솔직한	5720
형	**straightforward** streɪt.fɔr.wərd	간단한, 솔직한	5721
부형명	**straightaway** streɪt.tə.we	즉시, 직선(의)	5722
동	**straighten** streɪt.n̩	곧게 하다	5723
형	**sufficient** sə.fɪ.ʃənt	충분한	5724
형	**insufficient** ɪn.sə.fɪ.ʃənt	불충분한	5725

통	**suffice** səˈfaɪs	충분하다	5726
형	**self-sufficient** self.sə.fi.ʃənt	자급자족의	5727
통	**suffice it to say** (that) sə.faɪs.ɪt.tə.seɪ.ðæt	~라 말하면 충분하다	5728
명	**sufficiency** sə.fi.ʃən.si	충분함	5729
형	**superior** su.pɪ.riər	우수한, 상급의	5730
형	**inferior** ɪn.fi.riər	열등한, 하급의	5731
명	**superiority** su.pɪ.ri.ɔ.rə.ti	우월	5732
형	**superb** sə.pɚb	훌륭한, 최고의	5733
명	**inferiority** ɪn.fi.ri.ɔ.rə.ti	열등	5734
명동	**title** taɪt.l	제목, 직위를 주다	5735
통	**entitle** en.taɪt.l	자격[권리]를 주다	5736
통	**be entitled to** bi.en.taɪt.ld.tu	~의 자격이 있다	5737
명	**entitlement** en.taɪt.əl.mənt	자격, 권리	5738
명	**subtitle** sʌb.taɪt.l	부제	5739
통	**tolerate** tɑ.lə.ret	견디다, 묵인하다	5740
형	**tolerant** tɑ.lə.rənt	관대한, 견디는	5741
명	**tolerance** tɑ.lə.rəns	관용, 인내력	5742
형	**intolerant** ɪn.tɑ.lə.rənt	참을 수 없는, 편협한	5743
형	**tolerable** tɑ.lə.rəb.l	참을 수 있는	5744
명	**intolerance** ɪn.tɑ.lə.rəns	참을 수 없음, 편협함	5745
형	**intolerable** ɪn.tɑ.lə.rəb.l	참을 수 없는	5746
명동	**trail** treɪl	자국, 길, 쫓다	5747
명	**trailer** treɪ.lər	견인차, 예고편	5748
명	**tract** trækt	넓이, 구역, 계	5749
명동	**extract** ɪk.strækt	추출하다, 추출물	5750

동	**subtract** səb.trækt	빼다, 공제하다	5751
동	**retract** ri.trækt	움츠리다, 취소하다	5752
명	**traction** træk.ʃn	견인	5753
형	**verbal** vɝ.bl	말의, 언어적인	5754
형	**nonverbal** nanvɝ.bəl	비언어적인	5755
명	**verb** vɝb	동사	5756
명	**proverb** prɑ.vɝb	속담, 격언	5757
형명	**acid** æ.səd	산성, 신맛, 신랄한	5758
형	**acetic** ə.se.tɪk	신맛의	5759
동	**acidify** ə.sɪ.də.faɪ	산성화[시게]하다	5760
명동	**address** æ.dres	주소, 연설(하다), 말 걸다	5761
명	**addressee** æ.dre.si	수신인	5762
형	**adventurous** æd.ven.tʃə.rəs	모험적인	5763
명동	**adventure** æd.ven.tʃər	모험(하다)	5764
명	**advent** æd.vent	출현, 도래	5765
명동	**venture** ven.tʃər	모험적 사업, 모험(하다)	5766
형	**aggressive** ə.gre.sɪv	공격적인	5767
명	**aggression** ə.greʃ.ņ	공격, 침해	5768
형	**agricultural** æ.grək.əl.tʃə.rəl	농업의	5769
명	**agriculture** æ.grək.əl.tʃər	농업	5770
명	**aquaculture** æ.kwək.əl.tʃər	수산물 양식	5771
명	**horticulture** hor.tɪk.əl.tʃər	원예	5772
명동	**aid** eɪd	도움, 돕다	5773
형	**unaided** ʌ.neɪ.dəd	도움받지 않는	5774
명	**aide** eɪd	조수, 측근	5775

형명동	alert ə.ˈlɛːt	경고(하다), 주의하는, 민첩한	5776
명동	alarm ə.ˈlɑːrm	경보(기), 놀라게 하다	5777
형	alarming ə.ˈlɑːrm.ɪŋ	걱정스런, 무서운	5778
동	be angry at[with] biˈæŋ.ɡri.ˈæt[wɪθ]	~에 화나다	5779
형	annual ˈæ.njuəl	1년의, 1년마다의	5780
명	anniversary ˌæ.nə.ˈvɜː.sə.ri	기념일	5781
명동	appeal ə.ˈpiːl	애원[간청](하다)	5782
형	appealing ə.ˈpiːl.ɪŋ	매력적인, 호소하는	5783
형	unappealing ˌʌ.nə.ˈpiːl.ɪŋ	매력[호소력]없는	5784
동	assemble ə.ˈsem.bl̩	집합[조립]하다	5785
명	assembly ə.ˈsem.bli	집합, 조립, 국회	5786
동	disassemble dɪ.sə.ˈsem.bl̩	분해하다	5787
형	assertive ə.ˈsɜːr.tɪv	단정[독단]적인	5788
동	assert ə.ˈsɜːt	단언[주장]하다	5789
명	assertion ə.ˈsɜː.ʃn̩	주장, 단정	5790
형	unassertive ˌʌ.nə.ˈsɜːr.tɪv	내성적인	5791
명	assessment ə.ˈse.smənt	평가, 세액, 할당금	5792
동	assess ə.ˈses	평가[할당]하다	5793
명	reassessment riə.ˈse.smənt	재평가	5794
명	astronomer ə.ˈstrɑ.nə.mər	천문학자	5795
명	astronaut ˈæ.strə.nɑt	우주 비행사	5796
명	astrology ə.ˈstrɑ.lə.dʒi	점성술	5797
형	astronomical ˌæ.strə.ˈnɑ.mɪk.l̩	천문학적인	5798
명	asteroid ˈæ.stə.rɔɪd	소행성	5799
명	astronomy ə.ˈstrɑ.nə.mi	천문학	5800

명	**bill** bɪl	계산서	5801
명	**bulletin** bu.lə.tən	게시, 속보	5802
명	**carbon** kɑr.bən	탄소	5803
명	**carbohydrate** kɑrbo.haɪ.dreɪt	탄수화물	5804
명동	**climb** klaɪm	오르다, 상승	5805
형명	**climbing** klaɪm.ɪŋ	오르는, 등산	5806
동	**climb up and down** klaɪm.ʌp.ənd.daʊn	오르내리다	5807
형	**cognitive** kɑg.nə.tɪv	인식하는	5808
명	**cognition** kagnɪʃ.n	인식	5809
명	**cognizance** kɑg.nə.zəns	인식, 이해	5810
형	**cognizant** kɑg.nə.zənt	인식하는	5811
형	**commercial** kə.mɝ.ʃl	상업적인	5812
명	**commodity** kə.mɑ.də.ti	상품, 필수품	5813
명	**commerce** kɑ.mərs	상업	5814
명	**e-commerce** i.kɑ.mərs	전자상거래	5815
명	**commercials** kə.mɝ.ʃlz	광고	5816
명	**compensation** kɑm.pən.seɪʃ.ŋ	보상	5817
동	**compensate** kɑm.pən.seɪt	보상[보완]하다	5818
동	**compensate for** kɑm.pən.seɪt.fɔr	보상[보충]하다	5819
동	**cope with** koʊp.wɪθ	~에 대처[대항]하다	5820
명	**crop** krɑp	농작물	5821
동	**crop up** krɑp.ʌp	불쑥 나타나다	5822
동	**deliver** də.lɪ.vər	배달[연설, 출산]하다	5823
명	**delivery** də.lɪ.və.ri	배달, 출산	5824
명	**natural delivery** næ.tʃə.rəl.də.lɪ.və.ri	자연 분만	5825

동	devote dɪˈvoʊt	바치다, 전념하다	5826
명동	endeavor en.de.vər	노력[시도](하다)	5827
형	devotional dɪvo.ʊ.ʃnəl	헌신[종교]적인	5828
명	devotion dɪvo.ʊʃ.n	헌신, 몰두, 전념	5829
동	devolve dɪˈvɑlv	양도하다	5830
명	devolution de.və.luʃ.n	양도	5831
형	devout dɪˈvaʊt	독실한	5832
동	devote oneself to dɪvoʊt.wʌn.self.tu	~에 전념하다	5833
동	disappoint dɪ.sə.pɔɪnt	실망시키다	5834
명	disappointment dɪ.sə.pɔɪnt.mənt	실망	5835
명	duty du.ti	의무, 직무, 세금	5836
형	dutiful du.ti.fəl	충실한, 의무적인	5837
명	earthquake ɜθ.kwek	지진	5838
명동	quake kweɪk	진동(하다)	5839
명	edge edʒ	끝, 가장자리, (칼)날	5840
	on edge ɑn.edʒ	날카로운, 가장자리에	5841
명	ledge ledʒ	암반, 선반	5842
형	electronic ə.lek.trɑ.nɪk	전자의	5843
명	electronics ə.lek.trɑ.nɪks	전자공학	5844
명	electron ə.lektran	전자	5845
명	electrode ɪ.lektroʊd	전극	5846
동	enhance en.hæns	향상하다[시키다]	5847
명	enhancement en.hæn.smənt	강화, 향상	5848
동	evoke ɪvoʊk	불러오다, 일깨우다	5849
동	provoke prəvoʊk	도발[유발]하다	5850

동	invoke ɪnˈvoʊk	실행[염원]하다, 불러오다	5851
형	provocative prəˈvɑːk.ə.tɪv	도발적인	5852
명	provocation prɑː.vəˈkeɪʃ.n	도발	5853
명	exploration ek.spləˈreɪʃ.ŋ	탐사	5854
형	unexplored ʌ.nɪkˈsplɔːrd	미탐험의, 미개척의	5855
동	explore ɪkˈsplɔːr	탐험[탐사]하다	5856
형	exploratory ɪkˈsplɔː.rə.tɔː.ri	탐험의	5857
명	explorer ɪkˈsplɔː.rər	탐험가	5858
명	affluence ˈæ.fluəns	풍족, 부유	5859
형	affluent ˈæ.fluənt	풍부한, 부유한	5860
명	fluency ˈfluən.si	유창함	5861
형	fluent ˈfluənt	유창한, 유동적인	5862
형	superfluous suˈpɜːrfl.wəs	필요 없는	5863
명	geologist dʒiˈɑ.lə.dʒəst	지질학자	5864
형	geological dʒiəˈlɑ.dʒɪk.l	지질학적인	5865
명	geography dʒiˈɑ.grə.fi	지리(학)	5866
형	geopolitic dʒioˈpɑ.lə.tɪk	지정학적인	5867
형	geographic dʒiəˈgræ.fɪk	지리학의, 지리적인	5868
부	gradually ˈgræ.dʒuə.li	점차적으로, 차츰	5869
명	grammar ˈgræ.mər	문법	5870
형명	instant ˈɪn.stənt	즉시(의), 순간	5871
형	instantaneous ɪn.stənˈtæ.niəs	순간적인	5872
명	institution ɪn.stəˈtuʃ.n	협회, 시설, 제도	5873
명동	institute ˈɪn.stə.tut	설립[도입]하다, 기관	5874
동	institutionalize ɪn.stəˈtu.ʃə.nə.laɪz	제도화하다	5875

	단어	뜻	번호
형	institutional ɪn.stə.tu.ʃə.nəl	제도적인	5876
명	instrument ɪn.strə.mənt	기구, 도구, 악기	5877
형	instrumental ɪn.strə.men.tl	수단[도움]이 된, 악기의	5878
명	invasion ɪn.veɪʒ.ŋ	침략, 침해	5879
동	invade ɪn.veɪd	침략[침해]하다	5880
명	invader ɪn.veɪ.dər	침략자	5881
형	invasive ɪn.veɪ.sɪv	침략[침해]적인	5882
동	evade ɪ.veɪd	피하다	5883
명	evasion ɪ.veɪʒ.ŋ	회피	5884
동	overlap oʊv.ə.læp	겹치다	5885
명동	lap læp	무릎, 한 바퀴, 겹치다	5886
명동	leak lik	누출(되다), 구멍	5887
명	leakage likədʒ	누출, 새어나감	5888
형	unlucky ʌn.lək.i	불운한, 불길한	5889
형명	luxury lʌg.ʒə.ri	사치(스런), 사치품	5890
형	luxurious lʌg.ʒɜ.riəs	사치스런, 풍부한	5891
형	luxuriant lʌg.ʒɜ.riənt	풍부한, 다산의	5892
형	deluxe də.ləks	고급의	5893
형	lush ləʃ	무성한	5894
형	mapped mæpt	계획된, 배치된	5895
동	read a map rid.ə.mæp	지도를 보다	5896
형	marriageable mæ.rɪ.dʒəb.l̩	결혼 적령기의	5897
형	marital me.rət.l̩	결혼의	5898
형	unmarried ʌn.me.rid	미혼의	5899
동	remarry ri.me.ri	재혼하다	5900

형	**mature** mə.tʃʊr	어른스런, 숙성한	5901
명	**maturity** mə.tʃʊ.rə.ti	성숙, 만기일	5902
명	**premature** pri.mə.tʃʊr	조기의, 이른	5903
형	**immature** ɪ.mə.tʃʊr	미숙한	5904
동	**mention** men.ʃn	언급[말]하다	5905
	Don't mention it doʊnt.men.ʃn.ɪt	"천만에요"	5906
	not to mention nɑt.tə.men.ʃn	~은 말할 것도 없고	5907
명	**neighborhood** neɪ.bər.hʊd	이웃(사람들), 근처, 동네	5908
형명	**neighbor = neighbour** neɪ.bər.neɪ.bər	이웃(의)	5909
형	**neighboring** neɪ.bər.ɪŋ	이웃의, 근처의	5910
명	**notion** noʊʃ.n	개념, 생각	5911
형	**notional** noʊ.ʃnəl	개념[추상]적인	5912
명	**nutrition** nu.trɪʃ.n	영양분, 음식물	5913
명	**nutrient** nu.triənt	영양분	5914
형	**nutritious** nu.trɪ.ʃəs	영양가 있는	5915
형	**nutritional** nu.trɪʃ.nəl	영양적인	5916
명	**nutritionist** nu.trɪ.ʃə.nəst	영양사	5917
동	**ought to V** ɔt.tə	~해야 하다, ~가 틀림없다	5918
동	**owe** oʊ	~에 신세[빚]지다	5919
전	**owing to** oʊɪŋ.tu	~때문에	5920
동	**overwhelm** oʊv.ə.welm	압도하다	5921
형	**overwhelming** oʊv.ə.welm.ɪŋ	압도적인, 저항할 수 없는	5922
형명	**private** praɪ.vət	개인적인, 은밀한, 병사	5923
명	**privacy** praɪ.və.si	사생활, 비밀	5924
명	**privatization** praɪ.və.tə.zeɪ.ʃən	민영화, 개인화	5925

통	privatize pri.və.taiz	민영화[개인화]하다	5926
부	in private in.prai.vət	은밀히, 비공개로	5927
형	private-sector prai.vət.sek.tər	민간 부문의	5928
통	propose prəpouz	제안[청혼]하다	5929
명	proposal prəpo.uz.l	신청, 제안	5930
명	proposition pra.pə.ziʃ.n	제안, 일, 문제	5931
통	recommend rek.ə.mend	추천[충고]하다	5932
명	recommendation rek.ə.mən.deiʃ.n	추천, 충고	5933
통	commend kə.mend	추천[칭찬]하다	5934
명	commendation ka.mən.deiʃ.n	추천, 칭찬	5935
형	religious rə.li.dʒəs	종교의, 신앙의	5936
명	religion rə.li.dʒən	종교	5937
명	root rut	뿌리, 근원	5938
통	uproot ə.prut	근절하다, 뽑아내다	5939
통	scare sker	놀라게[두려워]하다	5940
형	scary ske.ri	무서운, 겁나는	5941
명통	scar skar	흉터, 상처(내다)	5942
통	scare off sker.ɒf	~에게 겁 주다	5943
	behind schedule bə.haind.skedʒ.ul	예정보다 늦게	5944
통	reschedule ri.ske.dʒul	일정을 바꾸다	5945
명통	shut ʃət	닫다, 닫은 ③ shut ǀ shut ǀ shut	5946
통	shut down ʃət.daun	폐쇄하다	5947
통	shut off ʃət.ɒf	차단하다, 멈추다	5948
명	snowfall snou.fɔl	강설(량)	5949
형	snowy snoui	눈 덮인, 순백의	5950

형	**spirit** spɪ.rət	정신, 영혼	5951
형	**spiritual** spɪ.rɪ.tʃə.wəl	정신[영]적인, 마음의	5952
형	**spirited** spɪ.rə.təd	활기찬	5953
형동	**steady** ste.di	꾸준한, 확고한, 진정하다	5954
형	**steadfast** sted.fæst	변함없는, 굳건한	5955
형	**unsteady** ʌn.ste.di	불안정한	5956
명동	**stream** strim	하천, 흐름, 흐르다	5957
형	**mainstream** meɪn.strim	주류	5958
명동	**streamline** strim.laɪn	유선형, 간소화하다	5959
형부	**downstream** daʊn.strim	하류에(의)	5960
형부	**upstream** ʌp.strim	상류에(의)	5961
동	**strive** straɪv	노력[항쟁]하다	5962
동	**strive for** straɪv.fɔr	~을 위해 노력하다	5963
명	**retrieval** rə.tri.vəl	회복, 검색	5964
동	**retrieve** rə.triv	되찾다, 만회하다	5965
형	**strife** straɪf	투쟁	5966
동	**contrive** kən.traɪv	어떻게든 하다	5967
형	**irretrievable** ɪ.rɪ.tri.vəb.l̩	돌이킬 수 없는	5968
형	**textual** teks.tʃə.wəl	본문의, 교과서의	5969
명	**textbook** tekst.bʊk	교과서	5970
형	**theatrical** θi.æ.trɪk.l̩	극장의, 극적인	5971
형	**tight** taɪt	(꽉) 조이는, 엄격한	5972
동	**tighten** taɪt.ŋ	조이다, 팽팽해지다	5973
형	**tremendous** trə.men.dəs	엄청난, 무서운	5974
명	**tremor** tre.mər	떨림, 전율, 진동	5975

동	**tremble** trem.bl̩	떨(리)다, 무서워하다	5976
명동	**trigger** trɪ.ɡər	방아쇠, 발사[유발]하다	5977
형	**unique** ju.nik	유일한, 독특한	5978
명	**uniqueness** ju.nik.nəs	유일함, 독창성	5979
형	**vicious** vɪ.ʃəs	나쁜, 악의적인	5980
명	**vice** vaɪs	악덕, 부- *직책	5981
동	**vitiate** vɪ.ʃɪeɪt	훼손하다	5982
명	**victim** vɪk.təm	희생자, 피해자	5983
동	**victimize** vɪk.tə.maɪz	희생시키다	5984
명	**vicinity** və.sɪ.nə.ti	근처, 근접	5985
명	**volcano** valkeɪno.ʊ	화산	5986
형	**volcanic** valkæ.nɪk	화산의	5987
동	**wake** weɪk	깨(우)다 ③ wake | woke | woken	5988
동	**awaken** ə.weɪkən	깨(우)다, 깨닫다, 일으키다	5989
동	**wake up** weɪk.ʌp	일어나다, 깨다	5990
동	**waken** weɪkən	일어나다, 깨우다	5991
	in the wake of ɪn.ðə.weɪk.ʌv	~에 뒤이어	5992
형동	**awake** ə.weɪk	깨(우)다, 깨어있는 ③ awake - awoke - awoken	5993
동	**wake up to** weɪk.ʌp.tu	~을 깨닫다, ~에 잠이 깨다	5994
명	**wetland** wet.lænd	습지	5995
명	**midwife** mɪ.dwaɪf	산파	5996
명	**housewife** haʊs.waɪf	주부	5997
명	**vine** vaɪn	포도나무, 덩굴	5998
명	**vinegar** vɪ.nə.ɡər	식초	5999
형명	**vintage** vɪn.tɪdʒ	포도주, 연식(있는)	6000

	영어	한국어	번호
명	**winery** waɪ.nə.ri	양조장	6001
형	**wooden** wʊd.n̩	나무의	6002
명	**woodwind** wʊ.dwɪnd	목관 악기	6003
명	**woodland** wʊd.lænd	삼림지	6004
명	**woods** wʊdz	숲	6005
명	**administration** æd.mɪ.nə.streɪʃ.n̩	경영, 행정	6006
명	**administrator** əd.mɪ.nə.stre.tər	경영자, 행정관	6007
형	**administrative** əd.mɪ.nə.stre.tɪv	경영의, 행정의	6008
동	**administer** əd.mɪ.nə.stər	경영[관리]하다	6009
명동	**aim** eɪm	목표[조준](하다)	6010
동	**aim for** eɪm.fɔr	~로 향하다[목표하다]	6011
형	**aimless** eɪm.ləs	목표 잃은	6012
동	**alleviate** ə.li.vi.et	완화하다	6013
명	**alleviation** ə.li.vi.eɪʃ.n̩	완화	6014
명	**anthropology** æn.θrə.pɑ.lə.dʒi	인류학	6015
명	**philanthropist** fə.læn.θrə.pəst	박애주의자	6016
명	**philanthropy** fə.læn.θrə.pi	박애주의	6017
동	**appoint** ə.pɔɪnt	임명[지정]하다	6018
명	**appointment** ə.pɔɪnt.mənt	약속, 임명, 지명, 예약	6019
동	**make an appointment** meɪk.ən.ə.pɔɪnt.mənt	임명[약속]하다	6020
명	**appointee** ə.pɔjn.ti	임명된 사람	6021
동	**arrange** ə.reɪndʒ	정리[준비, 배열]하다	6022
명	**arrangement** ə.reɪndʒ.mənt	정리, 배열, 조정	6023
동	**array** ə.reɪ	배열[정렬]하다	6024
동	**belong to** bɪ.lɔŋ.tu	~에 속하다	6025

명	belongings bɪ.lɔŋ.ŋz	소유물	6026
명동	board bɔrd	탑승하다, 판자, 위원회	6027
형	aboard ə.bɔrd	탑승한, 합류한	6028
명	dashboard dæʃ.bɔrd	계기판	6029
명	boarding bɔrd.ŋ	널빤지, 탑승, 기숙	6030
동	go overboard goʊ.oʊv.r.bɔd	열광하다	6031
	on board ɑn.bɔrd	배 위에, 탑승한	6032
	a bottle of ə.bɑt.l.ʌv	한 병의	6033
명	bottleneck bɑ.təl.nek	병목	6034
명	brand brænd	상표, 상품	6035
동	brandish bræn.dɪʃ	휘두르다, 과시하다	6036
형	brand-new bræn.nju	새로운	6037
명	brushwork brʌ.ʃwərk	화법	6038
동	brush up on brəʃ.ʌp.ɑn	복습하다	6039
동	brush off brəʃ.ɑf	거절[무시]하다, 털다	6040
동	calm down kɑm.daʊn	진정시키다	6041
명	calmness kɑm.nəs	고요, 침착	6042
부	cheaply tʃi.pli	싸게	6043
명동	collapse kə.læps	붕괴[실패](하다)	6044
명동	lapse læps	경과, 실수, 소멸(하다)	6045
명동	elapse ə.læps	경과(하다), 지나다	6046
동	relapse ri.læps	재발[퇴보]하다	6047
동	lapse into læps.ɪn.tu	~에 빠지다	6048
명동	contract kɑn.trækt	계약[약혼, 수축](하다), 병걸리다	6049
명	contraction kɑn.træk.ʃn	수축, 축소	6050

형	contractual kən.træk.tʃuəl	계약상의	6051
명	contractor kɑn.træk.tər	계약자	6052
형	convenient kən.vi.njənt	편리한, 가까운	6053
명	inconvenience ɪnk.ɔn.vi.jəns	불편	6054
명	convenience kən.vi.njəns	편의, 편리한 것	6055
형	inconvenient ɪnk.ɔn.vi.njənt	불편한	6056
명동	crash kræʃ	사고, 추락, 충돌(하다), "쿵!"	6057
동	rush rəʃ	돌진하다, 서두르다	6058
명	clash klæʃ	충돌	6059
동	slash slæʃ	후려치다, 베다	6060
명	dash dæʃ	돌진	6061
명동	smash smæʃ	박살(내다)	6062
동	mash mæʃ	으깨다	6063
동	bash bæʃ	때리다	6064
명동	smack smæk	찰싹 치다, 맛, 향	6065
동	demonstrate de.mən.stret	증명[데모]하다, 보여주다	6066
명	demonstration de.mən.streɪʃ.n	시위, 설명, 입증	6067
동	remonstrate re.mən.strcɪt	항의하다	6068
동	deny də.naɪ	부인[거절]하다	6069
명	denial də.naɪəl	부인, 거절	6070
형	undeniable ʌn.də.naɪəb.l	부인할 수 없는	6071
명	dialect daɪə.lekt	방언	6072
명	dialog = dialogue daɪə.lɔg	대화	6073
동	discourage dɪs.kɝ.ɪdʒ	좌절시키다, 막다	6074
명	courage kɝ.rədʒ	용기	6075

	단어	뜻	
형	courageous kə.reɪ.dʒəs	용감한	6076
동	distort dɪ.stɔrt	비틀다, 왜곡하다	6077
명	distortion dɪ.stɔr.ʃn	왜곡, 찌그러짐	6078
명	torque tɔrk	회전력	6079
동	disturb dɪ.stɚb	방해하다	6080
명	disturbance dɪ.stɚ.bəns	소동, 방해	6081
형	disturbing dɪ.stɚb.ɪŋ	방해된, 충격적인	6082
형	undisturbed ʌn.dɪ.stɚbd	방해받지 않은	6083
형	dominant dɑ.mə.nənt	지배[압도]적인	6084
동	dominate dɑ.mə.net	지배[압도]하다	6085
명	domination dɑ.mə.neɪʃ.n	지배, 우월	6086
부	predominantly prə.dɑ.mə.nənt.li	주로	6087
명	dominance dɑ.mə.nəns	지배, 우월	6088
형	predominant prə.dɑ.mə.nənt	지배[압도]적인	6089
동	predominate prə.dɑ.mə.net	지배[압도]하다	6090
동	eliminate ə.lɪ.mə.net	없애다	6091
명	elimination ə.lɪ.mə.neɪʃ.n	제거	6092
형	empty emp.ti	비어 있는, 공허한	6093
형동	exempt ɪg.zempt	면제하다, 면제된	6094
명	exemption ɪg.zemp.ʃn	면제	6095
동	feel empty fil.emp.ti	배고프다, 허전하다	6096
명	enchantment en.tʃænt.mənt	매혹, 강화 마법	6097
명	charm tʃɑrm	매력, 마력	6098
동	disenchant dɪ.sən.tʃænt	환상에서 깨다	6099
형	charming tʃɑrm.ɪŋ	매력적인, 멋진	6100

동	enchant en.tʃænt	마법 걸다, 현혹하다	6101
명	equipment ɪ.kwɪp.mənt	장비, 설비, 비품	6102
동	equip ɪ.kwɪp	장비[설치]하다	6103
명·동	esteem ə.stim	존경(하다)	6104
명	self-esteem self.ɪ.stim	자부심, 자존감	6105
형	ethical e.θɪk.l̩	윤리[도덕]적인	6106
명	ethics e.θɪks	윤리학	6107
명	ethic e.θɪk	윤리	6108
형	unethical ʌ.ne.θɪk.l̩	비윤리적인	6109
명	etiquette e.tɪkət	예절	6110
명	evil iv.l̩	악	6111
명	devil dev.l̩	악마	6112
형	devilish de.vlɪʃ	악마 같은	6113
명	extinction ɪk.stɪŋk.ʃn	멸종, 종결, (불의) 소화	6114
형	extinct ɪk.stɪŋkt	멸종된, 폐지된, 꺼진	6115
동	extinguish ɪk.stɪŋ.gwɪʃ	(불)끄다, 없애다	6116
형	fantastic fæn.tæ.stɪk	환상적인, 상상의	6117
형·명·동	fancy fæn.si	상상(하다), 고급의, 꾸민	6118
동	fantasize fæn.tə.saɪz	환상에 빠지다	6119
명	fantasy fæn.tə.si	환상, 상상	6120
명	phantom fæn.təm	유령, 환상	6121
형	fanciful fæn.sə.fəl	상상적인	6122
형·명	flat flæt	평평(한), 납작한, 균일한	6123
동	deflate də.fleɪt	수축시키다, 공기가 빠지다	6124
동	flatten flæt.n̩	평평하게 하다	6125

형	inflatable ın.fleı.təb.l	공기주입식의	6126
동	inflate ın.fleıt	부풀게[팽창]하다	6127
명	inflation ın.fleıʃ.n	통화 팽창, 폭등	6128
명	flat tire flæt.taıər	펑크난 타이어	6129
명	deflation də.fleıʃ.n	물가 하락, 수축	6130
동	fluctuate flʌk.tʃə.wet	변동[오르내림]하다	6131
명	fluctuation flʌk.tʃu.eıʃ.n	변동, 오르내림	6132
형	fragile fræ.dʒəl	부서지기 쉬운, 연약한	6133
명동	fracture fræk.tʃər	골절(시키다), 균열	6134
명	fragility frə.dʒı.lə.ti	연약	6135
명동	fragment fræg.mənt	파편(이 되다)	6136
명	refraction rı.fræk.ʃn	굴절	6137
형	frail freıl	노쇠한, 약한	6138
명	fraction fræk.ʃn	부분, 파편	6139
명동	freeze friz	얼리다, 결빙 ③ freeze | froze | frozen	6140
형	frozen froʊ.zən	얼은, 냉혹한	6141
형	frigid frı.dʒəd	추운, 냉랭한	6142
형	genuine dʒe.njə.wən	진짜의, 순수한	6143
형	ingenious ın.dʒi.njəs	독창적인, 영리한	6144
형	ingenuous ın.dʒe.njuəs	정직한	6145
명	genius dʒi.njəs	천재(성)	6146
명	ingenuity ın.dʒə.nuə.ti	독창성, 영리함	6147
형	disingenuous dı.sın.dʒe.njuəs	부정직한	6148
동	hang hæŋ	걸다, (목)매달다 ③ hang | hung | hung	6149
동	hang out hæŋ.aʊt	매달다, 시간 보내다	6150

동	hang out with hæŋ.aut.wɪθ	~와 어울리다	6151
명	hangover hæŋo.o.və	숙취, 잔존물	6152
명동	overhang oʊv.ə.hæŋ	돌출(하다) ③ overhang | overhung | overhung	6153
동	hang on hæŋ.ɑn	붙잡다, 매달리다	6154
동	hang up hæŋ.ʌp	(전화를)끊다, 걸어두다	6155
명동	hide haɪd	숨(기)다, 가죽 ③ hide | hid | hid, hidden	6156
형	hidden hɪd.n	숨은, 비밀의	6157
명동	hire haɪər	고용[임대](하다)	6158
동	hire out haɪər.aʊt	해주다, 빌려주다	6159
명동	honor ɑ.nər	명예, 존경하다	6160
형	honorable ɑ.nə.rə.bəl	명예로운, 존경할 만한	6161
형	honorary ɑ.nə.re.ri	명예상의	6162
	in honor ɪn.ɑ.nər	도의상	6163
	in honor of ɪn.ɑ.rer.ʌv	~을 기리기 위해	6164
동	pay honor to peɪ.ɑ.nər.tu	~에 경의를 표하다	6165
동	interrupt ɪn.tə.rəpt	방해[중단]하다	6166
명	interruption ɪn.tə.rəp.ʃn	중단	6167
형	uninterrupted ʌ.nɪn.tə.rəp.təd	끊임없는	6168
명동	rupture rʌp.tʃər	파열(시키다), 불화	6169
형	intimate ɪn.tə.mət	친밀한, 성관계의	6170
명	intimacy ɪn.tə.mə.si	친밀	6171
형명	introvert ɪntro.vərt	내향적인(사람)	6172
형명	extrovert ek.strə.vərt	외향적인(사람)	6173
형	extroverted ek.strə.vər.təd	외향적인	6174
명	intuition ɪn.tu.ɪʃ.n	직관(력), 직감	6175

명	**tuition** tju.ɪʃ.n	수업	6176
형	**intuitive** ɪn.tuə.tɪv	직관적인	6177
명	**tutorial** tu.tɔ.riəl	개인 지도	6178
명	**tutor** tu.tər	개인 교사	6179
형명	**senior** si.njər	상위의, 연장자, 4학년	6180
형명	**junior ▪ Jr.** dʒu.njər	2세(의), 후배(의)	6181
명	**sophomore** sɑf.mɔr	2학년생	6182
형명	**laboratory** læ.brə.tɔ.ri	실험실(의)	6183
명	**lab** læb	실험실	6184
동	**lend** lend	빌려주다, 제공하다 ③ lend | lent | lent	6185
명동	**loan** loun	대출, 빌려주다	6186
동	**lend a hand** lend.ə.hænd	돕다	6187
명	**masterpiece** mæst.r̩.pis	걸작	6188
명	**mastery** mæst.ər.i	숙달, 지배	6189
명	**magistrate** mæ.dʒə.stret	행정관	6190
형	**masterful** mæst.r̩.fl̩	숙달된	6191
형	**maximum** mæk.sə.məm	최대의	6192
동	**maximize** mæk.sə.maɪz	최대화하다	6193
명	**max** mæks	최대치	6194
부	**maximally** mæk.sɪ.mə.li	최대한으로	6195
명	**climax** klaɪ.mæks	절정, 최고점	6196
명	**maxim** mæk.səm	격언, 명언	6197
명	**cornmeal** kɔrn.mil	옥수수 가루	6198
	after a meal æf.tər.ə.mil	식사 후	6199
동	**skip a meal** skɪp.ə.mil	식사를 거르다	6200

	단어	뜻	번호
형	**moody** mu.di	침울한	6201
형	**neutral** nu.trəl	중립의, 공평한	6202
형	**neuter** nu.tər	중성의, 거세의	6203
동	**neutralize** nu.trə.laɪz	무효화[중화]하다	6204
명	**neutrality** nu.træ.lə.ti	중립	6205
형	**odd** ɑd	기묘한, 홀수의, 남은	6206
명	**odds** ɑdz	가망성, 역경, 내기(배당률)	6207
	at odd with ət.ɑd.wɪθ	~와 매우 다른	6208
명	**plate** pleɪt	접시, 판	6209
명	**plaque** plæk	명판, 치석	6210
명	**plateau** plæto.ʊ	고원 *높은 지대의 벌판	6211
명	**platform** plæt.fɔrm	승강장, 연단, 기반	6212
명	**platter** plæ.tər	큰 접시, 쟁반	6213
명	**template** tem.plət	견본, 보기판	6214
명	**slate** sleɪt	석판	6215
명	**platelet** pleɪt.lət	혈소판	6216
명	**plenty** plen.ti	풍부함	6217
형	**plentiful** plen.tə.fəl	풍부한	6218
동	**replenish** ri.ple.nɪʃ	보충하다	6219
	a plenty of ə.plen.ti.ʌv	많은	6220
명	**plenitude** ple.nɪ.tjud	풍부함	6221
명	**pole** poʊl	극(지방), 막대기	6222
형	**polar** poʊ.lə	극지방의	6223
동	**polarize** poʊ.lə.raɪz	양극화[양분]하다	6224
형	**bipolar** baɪpo.ʊ.lə	조울의, 양극의	6225

동	be poles apart bi.poulz.ə.purt	정반대가 되다	6226
명	Polaris pou.læ.ris	북극성	6227
명	precision pri.sɪʒ.n̩	정확, 정밀, 신중	6228
형	precise prə.saɪs	정확한, 정밀한	6229
형	imprecise ɪm.prə.saɪs	부정확한	6230
형	concise kən.saɪs	간결한	6231
형	respiratory re.spə.rə.tɔ.ri	호흡의	6232
명	respiration re.spə.reɪʃ.n̩	호흡	6233
명	perspiration pər.spə.reɪʃ.n̩	땀	6234
동	respire rɪ.spaɪər	호흡하다	6235
동	transpire træn.spaɪər	발생[발산]하다	6236
동	perspire pər.spaɪr	땀 흘리다, 분비하다	6237
형명동	retail ri.tel	소매(판매하다), 소매의	6238
명	retailer ri.te.lər	소매업자	6239
명	seedling sid.l̩.ɪŋ	묘목	6240
동	sow sau	뿌리다, 심다 ③ sow | sowed | sown	6241
명	shipment ʃɪp.mənt	수송, 발송, 선적	6242
동	ship to ʃɪp.tu	~로 발송하다	6243
명	shipping ʃɪp.ɪŋ	선적, 해운(업)	6244
명	shipwreck ʃɪ.prek	난파(선)	6245
명동	shot ʃɑt	발사[시도](하다)	6246
형	a long shot ə.lɔŋ.ʃɑt	승산 없음	6247
동	slip slɪp	미끄러지다	6248
명동	slide slaɪd	미끄러지다, 미끄럼틀 ③ slide | slid | slid	6249
동	skid skɪd	미끄러지다	6250

품사	단어	뜻	번호
명	sled sled	썰매	6251
동	slither slɪ.ðər	기어가다	6252
동	glide glaɪd	미끄러지다, 활공하다	6253
형	slippery slɪ.pə.ri	미끄러운, 믿을 수 없는	6254
형동	slant slænt	비스듬한, 기울다	6255
명동	slope sloʊp	경사(지다), 기울기	6256
명	landslide lænds.laɪd	산사태, 압승	6257
명동	soil sɔɪl	흙, 땅, 더럽히다	6258
명동	spring sprɪŋ	봄, 용수철, 탄력, 튀다, 온천(springs) ③ spring | sprang | sprung	6259
명	offspring ɒf.sprɪŋ	자식, 새끼	6260
동	sprint sprɪnt	전력 질주하다	6261
명동	steal stil	훔치다, 절도 ③ steal | stole | stolen	6262
명동	stalk stɔk	몰래 쫓다, 줄기	6263
형	stealthy stel.θi	몰래 하는, 은밀한	6264
명	stealth stelθ	몰래 하기, 잠행	6265
형	sum səm	합계, 요약	6266
형	summary sʌ.mə.ri	요약한, 즉석의	6267
동	summarize sʌ.mə.raɪz	요약하다	6268
명동	sum up səm.ʌp	요약(하다)	6269
형	zero-sum zɪro.ʊ.səm	손익 합이 같은	6270
동	sustain sə.stem	지속[지탱]하다	6271
형	sustainable sə.steɪ.nəb.l	지속[지탱]가능한	6272
명	sustainability sə.ste.nə.bɪ.lə.ti	지속성	6273
형	unsustainable ʌn.sə.steɪ.nəb.l	지속 불가능한	6274
형	tiny taɪ.ni	작은, 조그마한	6275

동	scrutinize skru.tə.naɪz	조사[관찰]하다	6276
명	scrutiny skru.tə.ni	정밀 조사	6277
명	tongue təŋ	혀, 말	6278
명	mother tongue m.ʌð.r.təŋ	모국어	6279
명	trait treɪt	특징, 특성	6280
동	portray pɔr.treɪ	묘사하다	6281
명	portrait pɔr.trət	초상화, 인물 사진	6282
명	portrayal pɔr.treɪəl	묘사, 초상화	6283
동	translate trænz.leɪt	번역[해석]하다	6284
명	translation trænz.leɪʃ.ŋ	번역	6285
형	transparent træn.spe.rənt	투명한, 솔직한	6286
명	transparency træn.spe.rən.si	투명(도)	6287
형명	patent pæ.tənt	특허, 명백한	6288
명	tribe traɪb	부족, 종족	6289
형	tribal traɪb.l	부족의, 종족의	6290
형	troublesome trʌ.bəl.səm	성가신	6291
동	have trouble with həv.trʌb.l.wɪθ	~로 고생하다	6292
명	troublemaker trʌ.bəl.mekər	문제아	6293
동	utilize ju.tə.laɪz	이용[활용]하다	6294
명	utility ju.tɪ.lə.ti	유용(품), 공공시설	6295
형명	utilitarian ju.tɪ.lə.te.riən	실용적인, 공리주의자	6296
형	violent vaɪə.lənt	폭력적인, 격렬한	6297
명	violence vaɪə.ləns	폭력, 격렬함	6298
형	nonviolent nanvaɪə.lənt	비폭력적인	6299
명	volume vɑ.ljum	부피, 양, 음량, 두루마리	6300

동	revolve rɪ.vɑlv	회전하다, 돌다	6301
동	convolve kən.vɑlv	감다, 빙빙 돌다	6302
형	vulnerable vʌl.nə.rəb.l̩	취약한	6303
명	vulnerability vʌl.nə.rə.bɪ.lə.ti	취약성	6304
형	unwelcome ʌn.welkəm	반갑지 않은	6305
동	accelerate æk.se.lə.ret	가속하다	6306
명	acceleration æk.se.lə.reɪʃ.n̩	가속	6307
형동	blame bleɪm	비난(하다), 책임	6308
형	blasphemous blæ.sfə.məs	신성모독의	6309
형	blameless bleɪm.ləs	떳떳한	6310
동	boast boʊst	자랑[장담]하다	6311
형	boastful boʊst.fəl	자랑하는, 허풍 떠는	6312
형동	boost bust	밀어주다, 상승, 격려	6313
형동	breed brid	(새끼) 낳다, 기르다, 품종 ③ breed | bred | bred	6314
명	breeder bri.dər	사육사	6315
형동	brood brud	신경 쓰다, 품다, 종족, 새끼	6316
명	budget bʌ.dʒət	예산, 비용	6317
명	cave keɪv	동굴	6318
동	excavate ek.skə.vet	파내다	6319
명	cavity kæ.və.ti	구멍	6320
명	excavation ek.skə.veɪʃ.n̩	파내기	6321
명	celebrity sə.le.brə.ti	유명인, 명성	6322
동	chew tʃu	씹다	6323
명	jaw dʒɒ	턱	6324
동	gnaw nɒ	갉아먹다	6325

형	**chronic** kra.nık	장기간의, 만성적인	6326
명	**chronicle** kra.nɔk.ḷ	연대기	6327
명	**chronology** krə.nɑ.lə.dʒi	연대순, 연표	6328
형	**chronological** krɑ.nə.lɑ.dʒık.ḷ	연대순의, 시간순의	6329
형	**cloudy** klau.di	흐린, 구름 낀	6330
명	**clue** klu	단서	6331
형	**clueless** klu.ləs	단서 없는	6332
명동	**cue** kju	신호(를 주다), 단서	6333
동	**command** kə.mænd	명령[지휘]하다	6334
명	**commander** kə.mæn.dər	지휘관, 사령관	6335
동	**comply** kəm.plaı	준수하다, 따르다	6336
동	**comply with** kəm.plaı.wıθ	~에 따르다	6337
명	**accomplice** ək.ɑm.pləs	공범	6338
명	**compliance** kəm.plaıəns	준수, 순종	6339
형	**compliant** kəm.plaıənt	순응[준수]하는	6340
명	**congress** kɑŋ.grəs	의회	6341
동	**congregate** kɑŋ.grə.get	모이다	6342
명	**congregation** kɑŋ.grə.geıʃ.n	모임, 신도	6343
명	**congressman** kɑŋ.grə.smən	의원	6344
명	**corner** kɔr.nər	모서리, 구석	6345
명	**cornerstone** kɔr.nərstoun	주춧돌, 기초	6346
명동	**court** kɔrt	법정, 경기장, 구애하다	6347
명	**Supreme Court** sə.prim.kɔrt	대법원	6348
명	**courtroom** kɔr.trum	법정	6349
명	**courtship** kɔr.tʃıp	구애	6350

명	**crew** kru	승무원, 패거리	6351
동	**cultivate** kʌl.tə.veɪt	경작하다	6352
명	**cultivation** kʌl.tɪ.veɪʃ.n	경작, 양성	6353
동	**decorate** dek.ə.ret	장식하다	6354
명	**decoration** dek.ə.reɪʃ.n	장식(품)	6355
형	**decorative** de.krə.tɪv	장식용의	6356
명	**density** den.sə.ti	밀도, 농도	6357
형	**dense** dens	빽빽한, 밀집한	6358
동	**condense** kən.dens	압축[농축]하다	6359
동	**derive** də.raɪv	비롯되다, 얻다	6360
형명	**derivative** də.rɪ.və.tɪv	파생된, 파생물	6361
동	**be derived from** bi.də.raɪvd.frʌm	~로부터 얻다	6362
동	**derive from** də.raɪv.frʌm	~에서 유래하다[얻다]	6363
형	**desperate** de.sprət	필사[절망]적인	6364
명	**desperation** de.spə.reɪʃ.n	자포자기	6365
명동	**despair** dɪ.sper	절망(하다)	6366
	in despair ɪn.dɪ.sper	절망하여	6367
명	**disaster** dɪ.zæ.stər	재앙	6368
형	**disastrous** dɪ.zæ.strəs	재앙의	6369
명	**discrepancy** dɪ.skre.pən.si	모순, 차이	6370
동	**discriminate** dɪ.skrɪ.mə.net	구별[차별]하다	6371
형	**indiscriminate** ɪn.də.skrɪ.mə.nət	무차별적인	6372
형	**discreet** dɪ.skrit	신중한, 분별 있는, 겸손한	6373
형	**discrete** dɪ.skrit	별개의	6374
명	**discretion** dɪ.skreʃ.n	재량, 신중함	6375

형	discriminatory dɪ.skrɪ.mə.nə.tɔ.ri	차별적인	6376
형	discretionary dɪ.skre.ʃə.ne.ri	재량의	6377
명	discrimination dɪ.skrɪ.mə.neɪʃ.n	차별, 차이	6378
형	indiscreet ɪn.də.skrit	경솔한, 무분별한	6379
동	dismiss dɪ.smɪs	해산시키다, 해고하다	6380
명	demise dɪ.maɪz	사망, 서거	6381
명	disruption dɪs.rəp.ʃn	붕괴, 혼란	6382
동	disrupt dɪs.rəpt	방해[분열]하다	6383
형	disruptive dɪs.rəp.tɪv	혼란시키는	6384
명	document dɑ.kjə.ment	서류, 문서	6385
형	undocumented ʌn.dɑ.kjə.men.təd	무허가의, 근거 없는	6386
명	documentary dɑ.kjə.men.tə.ri	기록물, 문서의	6387
명	documentation dɑ.kjə.men.teɪʃ.n	서류, 문서(화)	6388
명	enemy e.nə.mi	적	6389
형	inimical ɪ.nɪ.mɪk.l̩	해로운, 적대적인	6390
동	evaporate ɪ.væ.pə.ret	증발하다[시키다]	6391
명	evaporation ɪ.væ.pə.reɪʃ.n	증발	6392
형	vaporous veɪ.pə.rəs	증기의, 헛된	6393
명동	vapor veɪ.pər	증기, 증발하다	6394
명동	flavor fleɪ.vər	맛(을 내다), 풍미, 조미료	6395
형	savory seɪ.və.ri	맛[향]좋은, 즐거운	6396
명	savor seɪ.vər	맛, 풍미, 향기	6397
형	foolish fu.lɪʃ	바보 같은	6398
명	folly fɑ.li	바보짓	6399
형	foolproof ful.pruf	바보도 하는	6400

품사	단어	뜻	번호
명	gap gæp	틈, 차이, 간격	6401
동	gape geɪp	입 벌리다, 하품하다, 갈라지다	6402
동	gasp gæsp	숨 차다	6403
명동	hazard hæ.zərd	위험(하게 하다)	6404
형	hazardous hæ.zər.dəs	위험한, 모험적인	6405
형	haphazard hæp.hæ.zərd	우연한, 무작위의	6406
부	hence hens	그러므로, 지금부터	6407
부	henceforth hens.fɔrθ	이후로	6408
명	hydrogen haɪ.drə.dʒən	수소	6409
동	dehydrate də.haɪ.dret	탈수[건조]하다	6410
형	inevitable ɪ.ne.və.təb.l	불가피한, 필연적인	6411
형	infant ɪn.fənt	유아의, 초기의	6412
명	infancy ɪn.fən.si	유아기, 초기	6413
형	infantile ɪn.fən.təl	유아 같은, 유치한	6414
동	irritate ɪ.rə.tet	짜증나게 하다	6415
형	irritable ɪ.rə.təb.l	짜증 내는	6416
명	irritation ɪ.rə.teɪʃ.n	짜증남, 염증	6417
형	irascible ɪ.ræ.səb.l	화를 잘 내는	6418
동	jump on dʒəmp.ɑn	~에 뛰어들다, ~로 뛰어오르다	6419
명동	label leɪb.l	꼬리표(붙이다), 분류하다	6420
명	liability laɪə.bɪ.lə.ti	책임, 문제점	6421
형	liable laɪəb.l	책임 있는, ~할 것 같은	6422
동	be liable to V bi.laɪəb.l.tə	~할 것 같다	6423
부	reliably rə.laɪə.bli	확실히	6424
동	lift lɪft	올리다, 들다, 없애다	6425

	단어	뜻	
동	uplift /ˌʌpˈlɪft/	들어올리다	6426
형	lofty /ˈlɔf.ti/	매우 높은, 고상한	6427
부	aloft /əˈlɔft/	높게	6428
명동	load /loʊd/	짐(싣다), 작업량	6429
명동	overload /ˌoʊv.əˈloʊd/	과다 적재(하다)	6430
동	unload /ʌnˈloʊd/	짐[승객]을 내리다	6431
형	loud /laʊd/	시끄러운, 큰소리로	6432
부	aloud /əˈlaʊd/	소리 내어	6433
명	narrative /ˈne.rə.tɪv/	이야기, 서술	6434
명	narrator /ˈne.re.tər/	서술자	6435
명	narration /neˈreɪʃ.n/	이야기(함), 서술, 화법	6436
동	narrate /ˈne.ret/	이야기[해설]하다	6437
명동	neglect /nəˈglekt/	무시(하다), 무관심, 태만하다	6438
형	negligence /ˈne.glə.dʒəns/	태만, 부주의	6439
형	negligible /ˈne.glə.dʒəb.l/	무시할 만한, 미미한	6440
형	negligent /ˈne.glə.dʒənt/	태만한, 부주의한	6441
동	nurture /ˈnɝ.tʃər/	양육하다, 기르다	6442
명	nursery /ˈnɝ.sə.ri/	유치원, 양성소	6443
명동	nurse /nɝs/	간호사, 유모, 보살피다	6444
명	obligation /ˌɑ.bləˈgeɪʃ.n/	의무	6445
동	obligate /ˈɑ.blə.get/	강요[의무화]하다	6446
형	obligatory /əˈblɪ.gə.tɔ.ri/	의무적인, 필수의	6447
형	obliging /əˈblaɪdʒ.ɪŋ/	돕는, 친절한	6448
형	unobligated /ˌən.ɑ.bləˈge.təd/	강요[의무]가 아닌	6449
형	be obligated to V /biˈɑ.blə.ge.təd.tə/	~할 의무가 있다	6450

명	option /ɑp.ʃn/	선택, 방법	6451
동	opt /ɑpt/	선택[선호]하다	6452
형	optional /ɑp.ʃə.nəl/	선택적인	6453
명	parliament /pɑr.lə.mənt/	의회	6454
형	parliamentary /pɑr.lə.men.tə.ri/	의회의	6455
명동	pet /pet/	애완동물, 쓰다듬다	6456
형	petty /pe.ti/	사소한, 종속된	6457
형동	pat /pæt/	쓰다듬다, 꼭 맞는	6458
명	phrase /freɪz/	구, 숙어, 말씨	6459
동	paraphrase /pe.rə.freɪz/	말바꿔 표현하다	6460
명	catch phrase /kætʃ.freɪz/	표어	6461
명	predator /pre.də.tər/	육식 동물	6462
형	predatory /pre.də.tɔ.ri/	육식의, 약탈하는	6463
형	prevalent /pre.və.lənt/	널리 퍼진, 유행한	6464
동	prevail /prɪ.veɪl/	만연하다, 이기다	6465
명	prevalence /pre.və.ləns/	널리 퍼짐, 유행	6466
동	pull /pʊl/	(끌어)당기다	6467
동	pull a long face /pʊl.ə.lɔŋ.feɪs/	우울한 얼굴을 하다	6468
동	pull down /pʊl.daʊn/	~을 내리다	6469
동	pull one's leg /pʊl.wʌnz.leg/	놀리다, 장난치다	6470
동	pull one's weight /pʊl.wʌnz.weɪt/	직무를 다하다	6471
동	pull out /pʊl.aʊt/	뽑다, 벗어나다	6472
동	pluck /plək/	뽑다, 따다	6473
동	punish /pʌ.nɪʃ/	처벌하다	6474
명	punishment /pʌ.nɪʃ.mənt/	처벌	6475

형	**punitive** pju.nə.tɪv	징벌적인	6476
형	**unpunished** ʌn.pə.nɪʃt	처벌받지 않은	6477
명	**impunity** ɪm.pju.nə.ti	면죄, 무사	6478
형	**punishable** pʌ.nɪ.ʃəb.l	처벌 가능한	6479
형	**rank** ræŋk	계급, 등급	6480
형	**ranking** ræŋkɪŋ	순위, 상급의	6481
명동	**regret** rɪ.gret	후회(하다), 유감	6482
형	**regretful** rɪ.gret.fəl	후회하는, 유감스런	6483
형	**regression** rə.greʃ.n̩	후퇴, 회귀	6484
동	**repent** rə.pent	후회하다	6485
형	**regrettable** rɪ.gre.təb.l	후회되는, 슬픈	6486
동	**resemble** rə.zem.bl̩	닮다, 비슷하다	6487
명	**semblance** sem.bləns	외관, 유사	6488
명	**resemblance** rə.zem.bləns	닮음	6489
동	**dissemble** dɪ.sem.bl̩	숨기다, 가장하다	6490
명동	**resort** rə.zɔrt	휴양지, 의존(하다)	6491
동	**resort to** rə.zɔrt.tu	~에 의존하다	6492
동	**shake** ʃeɪk	흔들다, 악수하다 ③ shake ǀ shook ǀ shaken	6493
동	**shake up** ʃeɪk.ʌp	뒤흔들다, 개혁하다	6494
명동	**shiver** ʃɪ.vər	떨다, 오한	6495
형	**shaky** ʃeɪk.i	흔들리는, 떨리는	6496
동	**shudder** ʃʌ.dər	떨다, 오싹하다	6497
동	**shake hands with** ʃeɪk.hændz.wɪθ	~와 악수하다	6498
형	**silent** saɪ.lənt	조용한, 침묵의	6499
명	**silence** saɪ.ləns	침묵, 고요	6500

명동	**sniff** snɪf	"킁킁"(거리다), 냄새(맡다)	6501
명동	**sneeze** sniz	재채기(하다)	6502
동	**snore** snɔr	코 골다	6503
동	**snort** snɔrt	코웃음을 치다	6504
명동	**snuff** snʌf	냄새(맡다)	6505
부	**softly** sɒft.li	부드럽게, 조용히	6506
동	**soften** sɒf.n̩	부드럽게 하다	6507
명동	**stake** steɪk	내기(하다), 판돈, 말뚝, 화형대	6508
명	**stakeholder** steɪkhoʊ.ʊl.də	주주	6509
	at stake ət.steɪk	위태로운, 좌우된	6510
명	**stock** stɒk	주식, 저장, 재고, 가축	6511
명동	**stockpile** stɒk.paɪl	비축(하다)	6512
명	**stockholder** stɒkhoʊ.ʊl.də	주주	6513
명	**livestock** laɪv.stɒk	가축	6514
형	**subtle** sʌt.l̩	미묘한, 섬세한	6515
명	**subtlety** sʌ.təl.ti	미묘함, 교묘함	6516
명동	**swing** swɪŋ	흔들리다, 회전(하다), 그네 ③ swing | swung | swung	6517
동	**sway** sweɪ	흔들다	6518
명동	**swirl** swɜrl	소용돌이(치다)	6519
동	**wag** wæg	흔들다	6520
명동	**tail** teɪl	꼬리, 미행하다	6521
동	**entail** en.teɪl	수반[의미]하다	6522
명동	**tag** tæg	꼬리표(를 달다)	6523
동	**tag along** tæg.ə.lɒŋ	~을 따라가다	6524
명	**tension** ten.ʃn	긴장, 갈등	6525

형명	**tense** tens	긴장한, 시제	6526
명	**territory** te.rə.tɔ.ri	영토, 지역	6527
형	**territorial** te.rə.tɔ.riəl	영토의, 지방의	6528
형명	**extraterrestrial** ek.strə.tə.re.striəl	외계의, 외계인	6529
형	**terrestrial** tə.re.striəl	지구의, 지상의	6530
명	**terrain** tə.rein	지역, 지형	6531
명	**trend** trend	경향, 유행	6532
형	**trendy** tren.di	유행의, 세련된	6533
형	**valid** væ.ləd	유효한, 타당한	6534
동	**validate** væ.lə.det	입증[승인]하다	6535
명	**validity** və.lı.də.ti	유효성, 타당성	6536
형	**invalid** ın.və.ləd	무효한, 병약한	6537
동	**invalidate** ın.væ.lə.det	무효화하다	6538
형	**virtual** vɝ.tʃuəl	사실상의, 가상의	6539
명동	**volunteer** va.lən.tır	봉사자, 자원자, 자원하다	6540
형	**involuntary** ın.va.lən.te.ri	비자발적인	6541
형명	**voluntary** va.lən.te.ri	자발적인, 자원 봉사	6542
형	**abundant** ə.bʌnd.ənt	풍부한	6543
동	**abound** ə.baund	풍부하다	6544
명	**abundance** ə.bʌnd.əns	풍부	6545
형	**redundant** rə.dən.dənt	중복의, 해고된	6546
명	**redundancy** rə.dən.dən.si	중복, 해고	6547
동	**adjust** ə.dʒəst	조절[적응]하다	6548
명	**adjustment** ə.dʒəst.mənt	조정, 순응	6549
형	**adjustable** ə.dʒə.stəb.l	조절[적응]가능한	6550

통	**admire** æd.maɪr	존경[감탄]하다	6551
명	**admiration** æd.mə.reɪʃ.n	존경, 감탄	6552
형	**admirable** æd.mə.rəb.l	존경[감탄]스런	6553
형	**alien** eɪ.liən	외국의, 이질적인, 외계인, 외국인	6554
통	**alienate** eɪ.ljə.net	멀어지다, 소외되다	6555
명	**alienation** e.liə.neɪʃ.n	소외감	6556
명	**analogy** ə.næ.lə.dʒi	비슷함, 비유	6557
형	**analog** æn.əl.ɔg	유사한, 유추하는	6558
통	**apologize** ə.pɑ.lə.dʒaɪz	사과[변명]하다	6559
명	**apology** ə.pɑ.lə.dʒi	사과, 변명, 옹호	6560
형	**apologetic** ə.pɑ.lə.dʒe.tɪk	사죄의, 변명의	6561
형	**arbitrary** ɑr.bə.tre.ri	독단적인, 임의의	6562
명	**arbitrator** ɑr.bə.tre.tər	중재자, 심판	6563
명	**arbitration** ɑr.bə.treɪʃ.n	중재	6564
통	**arbitrate** ɑr.bə.tret	중재하다	6565
명	**article** ɑr.tək.l	기사, 글, 물품	6566
형통	**articulate** ɑrtɪ.kjə.let	분명히 말하다, 분명한	6567
	The Atlantic ði.ət.læn.tɪk	대서양	6568
형	**authentic** ə.θen.tɪk	진짜의, 진품인	6569
부	**authentically** ɒ.θen.tɪk.li	확실히	6570
명	**authenticity** ɒ.θən.tɪ.sə.ti	확실성, 신뢰성	6571
형	**inauthentic** ɪn.ə.θen.tɪk	진짜가 아닌	6572
명	**authentication** ɒ.θen.tək.eɪʃ.n	인증	6573
통	**authenticate** ɒ.θen.təket	인증[증명]하다	6574
명	**bacteria** bæk.tɪ.riə	세균	6575

	단어	뜻	
형	**bacterial** bæk.tɪ.riəl	세균의	6576
형	**antibacterial** æn.ti.bæk.tɪ.riəl	항균성의	6577
형동	**bare** ber	벗은, 빈, 드러내다	6578
부	**barely** ber.li	거의 않(-다), 간신히	6579
명	**blindness** blaɪnd.nəs	맹목, 실명	6580
부	**blindly** blaɪnd.li	안 보여서, 맹목적으로	6581
명	**blunder** blʌn.dər	큰 실수	6582
형동	**blow** bloʊ	타격, (바람)불다 ③ blow | blew | blown	6583
명	**blowout** bloʊaʊt	파열	6584
동	**blow up** bloʊ.ʌp	폭발하다, 바람 넣다	6585
동	**blow away** bloʊ.ə.weɪ	날리다, 이기다	6586
동	**blow off** bloʊ.ɒf	~을 날리다, 끝내다	6587
형	**overblown** oʊvərbloʊn	과장된, 과도한	6588
동	**borrow** baro.ʊ	빌리다	6589
명	**branch** bræntʃ	가지, 지사, 분점	6590
명	**bravery** breɪ.və.ri	용감	6591
형	**barbarian** barbe.riən	야만인, 잔인한	6592
형	**barbaric** barbæ.rɪk	야만적인	6593
형	**barbarous** bar.bə.rəs	야만적인	6594
명	**abbreviation** ə.bri.vi.eɪʃ.ŋ	약어, 생략	6595
동	**abbreviate** ə.bri.vi.et	줄여 쓰다	6596
동	**abridge** ə.brɪdʒ	요약하다, 줄이다	6597
동	**unabridged** ʌ.nə.brɪdʒd	생략 없는	6598
형	**brief** brif	잠시의, 간단한	6599
명	**briefing** brif.ɪŋ	요약 보고	6600

품사	단어	뜻	번호
명	**brevity** bre.və.ti	간결성, 짧음	6601
	to be brief tə.bi.brif	간단하게	6602
명동	**burden** bɜ.dn	짐(을 지우다), 부담(시키다)	6603
형	**burdensome** bɜ.dən.səm	부담스런	6604
동	**overburden** oʊv.ə.bɜ.dən	과한 부담을 주다	6605
명동	**capture** kæp.tʃər	포획[포착](하다)	6606
동	**intercept** ɪn.tər.sept	가로채다, 막다	6607
명	**caption** kæp.ʃn	제목, 설명, 자막	6608
형명	**captive** kæp.tɪv	사로잡힌, 포로	6609
동	**recapture** rik.æp.tʃər	되찾다	6610
명	**captivity** kæp.tɪ.və.ti	포로, 감금	6611
동	**captivate** kæp.tɪ.vet	사로잡다, 매혹하다	6612
명	**caution** kɒʃ.ŋ	조심, 신중, 경고	6613
명	**precaution** prik.ɒʃ.n	예방	6614
형	**cautious** kɒ.ʃəs	조심스런	6615
동	**celebrate** se.lə.bret	축하하다	6616
형	**celebrated** se.lə.bre.təd	유명한	6617
명	**celebration** se.lə.breɪʃ.n	축하	6618
형	**charity** tʃe.rə.ti	자선(단체), 구호(금품)	6619
동	**cherish** tʃe.rɪʃ	소중히 하다	6620
형	**charitable** tʃe.rə.təb.l	자비로운, 자선의	6621
명	**code** koʊd	암호, 규칙, 법전	6622
동	**encode** ɪnkoʊd	암호화하다	6623
동	**decode** dikoʊd	해독하다	6624
동	**codify** koʊ.dɪ.faɪ	법률화하다	6625

명	**conference** kɑn.fə.rəns	회의, 상의	6626
동	**confer** kən.fɜ	주다, 회의[상의]하다	6627
명	**conference call** kɑn.fə.rəns.kɒl	전화 회의	6628
동	**confine** kən.faɪn	한정하다, 가두다	6629
명	**confinement** kən.faɪn.mənt	감금, 분만	6630
명	**consent** kən.sent	동의, 허락	6631
명	**assent** ə.sent	동의, 허락	6632
동	**assent to** ə.sent.tu	~에 동의[허락]하다	6633
동	**consent to** kən.sent.tu	~에 동의[허락]하다	6634
명	**consensus** kən.sen.səs	합의	6635
형명	**contingent** kən.tɪn.dʒənt	파견대, 우발적인	6636
명	**contingency** kən.tɪn.dʒən.si	우발 사태, 우연성	6637
형	**contingent (up)on** kən.tɪn.dʒənt.ʌp.ɑn	~여하에 달린	6638
동	**correspond** kɔ.rə.spɑnd	일치[해당, 소통]하다	6639
명	**correspondent** kɔ.rə.spɑn.dənt	특파원, 중계	6640
동	**correspond to** kɔ.rə.spɑnd.tu	~에 일치하다	6641
명	**correspondence** kɔ.rə.spɑn.dəns	통신, 소통, 상응	6642
동	**correspond with** kɔ.rə.spɑnd.wɪθ	~와 부합하다	6643
형	**crude** krud	천연의, 날것의, 조잡한	6644
형	**rude** rud	무례한, 거친, 미숙한	6645
형	**erudite** e.rə.daɪt	학식 있는	6646
명동	**cure** kjʊr	치료(하다)	6647
형	**incurable** ɪn.kjʊ.rəb.l	불치의, 구제불능의	6648
형	**curable** kjʊ.rəb.l	치유 가능한	6649
명동	**defeat** də.fit	패배(시키다)	6650

명동	**desert** dez.rt	사막, 버리다	6651
명	**desertification** dɪ.zɝ.tɪ.fɪk.eɪʃ.n̩	사막화	6652
명	**destination** de.stə.neɪʃ.n̩	목적지	6653
명	**destiny** de.stə.ni	운명	6654
형	**detrimental** de.trɪ.men.tl	해로운	6655
동	**deteriorate** də.tɪ.riə.ret	악화되다[시키다]	6656
명	**detriment** de.trə.mənt	손해, 손상	6657
명	**deterioration** də.tɪ.riə.reʃ.n̩	악화	6658
명	**edition** ɪ.dɪʃ.n̩	~판, ~본, ~편	6659
형명	**editorial** ed.ɪ.tɔr.ɪəl	편집자의, 사설	6660
명	**endorsement** en.dɔr.smənt	지지, 이서, 승인	6661
동	**endorse** en.dɔrs	지지[서명, 보증]하다	6662
	etc. = et cetera et.se.tə.rə..et.se.tə.rə	~등등, 기타	6663
동	**exhaust** ɪg.zɒst	탈진[배출, 고갈]시키다	6664
명	**exhaustion** ɪg.zɒs.tʃən	탈진, 녹초	6665
형	**inexhaustible** ɪ.nɪg.zɒ.stəb.l̩	무한한, 지치지 않는	6666
형	**exhaustive** ɪg.zɒ.stɪv	철저한, 완전한	6667
명동	**exhibit** ɪg.zɪ.bət	전시(하다), 전시회, 나타내다	6668
명	**exhibition** ek.sə.bɪʃ.n̩	전시회	6669
명동	**exit** eg.zət	출구, 나가다	6670
형	**exotic** ɪg.zɑ.tɪk	이국적인, 외국산의	6671
명	**exile** eg.zaɪl	추방, 망명(자)	6672
명	**exodus** ek.sə.dəs	탈출	6673
형명	**exterior** ɪk.stɪ.riər	실외, 외부, 외관상의	6674
형명	**interior** ɪn.tɪ.riər	실내, 내부(의)	6675

명	fan fæn	선[환]풍기, 부채, 애호가	6676
명	fanatic fə.næ.tɪk	열광자	6677
형명	fat fæt	지방, 뚱뚱한	6678
명	nonfat nɑn.fæt	무지방	6679
동	fatten fæt.n	살찌다	6680
형명	fatty fæ.ti	기름진, 뚱보	6681
동	float floʊt	뜨다, 떠오르다	6682
형부	afloat əfloʊt	(물에) 뜬, 빚 없이	6683
형	floating floʊt.ɪŋ	떠다니는, 유동적인	6684
명	flotation floʊ.teɪʃ.n	부양, 주식 상장	6685
명	fossil fɑs.l	화석	6686
명	fossilization fɑ.sə.lɑɪ.zeɪʃ.n	화석화	6687
명	frustration frʌ.streɪʃ.n	좌절, 분노	6688
동	frustrate frə.stret	좌절시키다	6689
동	fulfill fʊl.fɪl	이행[완수]하다	6690
명	fulfillment fʊl.fɪl.mənt	수행, 성취	6691
형	unfulfilled ʌn.fʊl.fɪld	이뤄지지 않은	6692
형	fulfilling fʊl.fɪl.ɪŋ	만족시키는	6693
부	gently dʒent.li	부드럽게, 다정하게	6694
형	ungentle ʌn.dʒen.tl	무례한, 불친절한	6695
형	gifted ɡɪf.təd	재능 있는	6696
부	gladly ɡlæd.li	기꺼이	6697
명	glee ɡli	환희	6698
형	grand ɡrænd	웅장한, 야심 찬	6699
형	grandiose ɡræn.dɪoʊs	거창한	6700

동	aggrandize <small>ə.ɡræn.daɪz</small>	확대[과장]하다	6701
명	guilt <small>ɡɪlt</small>	유죄, 죄의식	6702
형	guilty <small>ɡɪl.ti</small>	유죄의, 죄의식의	6703
형	humorous <small>hju.mə.rəs</small>	웃기는, 재치있는	6704
명	humor <small>hju.mər</small>	웃음, 재치	6705
동	hurry <small>hɜ.ri</small>	서두르다, 재촉하다	6706
명동	hurl <small>hɝl</small>	던지다, 비난	6707
	in a hurry <small>ɪn.ə.hɜ.ri</small>	급히	6708
동	ignite <small>ɪɡ.naɪt</small>	점화[촉발]하다	6709
명	ignition <small>ɪɡ.nɪʃ.n</small>	점화(장치)	6710
명	indignation <small>ɪn.dɪɡ.neɪʃ.n</small>	분개	6711
형	indignant <small>ɪn.dɪɡ.nənt</small>	분개한	6712
형	immune <small>ɪ.mjun</small>	면역의, 면제된	6713
명	immunity <small>ɪ.mju.nə.ti</small>	면역, 면제	6714
동	be immune to <small>bi.ɪ.mjun.tu</small>	~에 면역이 되다	6715
명	immunization <small>ɪ.mju.nə.zeɪʃ.n</small>	면역, 예방접종	6716
형	autoimmune <small>ɔto.ʊɪ.mjun</small>	자가면역의	6717
명	implement <small>ɪm.plə.mənt</small>	시행하다, 도구	6718
명	implementation <small>ɪm.plə.men.teɪʃ.n</small>	시행	6719
형명	incentive <small>ɪn.sen.tɪv</small>	장려(하는), 보상의	6720
동	instigate <small>ɪn.stə.ɡet</small>	선동하다, 부추기다	6721
명	journal <small>dʒɝ.nl</small>	신문, 잡지, 일지	6722
명	journalism <small>dʒɝ.nə.lɪ.zəm</small>	언론(계)	6723
명	journalist <small>dʒɝ.nə.ləst</small>	언론인	6724
형	laudable <small>lɒ.dəb.l</small>	칭찬할 만한, 훌륭한	6725

명	applause ə.plɔz	박수, 칭찬	6726
명	laudation lɔ.deɪ.ʃən	칭찬	6727
형	plausible plɑ.zəb.l	그럴듯한, 타당한	6728
동	applaud ə.plɔd	박수치다, 칭찬하다	6729
명동	laud lɔd	칭찬[칭송](하다)	6730
형	liberal lɪ.bə.rəl	진보주의의, 자유로운	6731
명	liberty lɪb.ərt.i	자유, 해방	6732
명	liberation lɪ.bə.reɪʃ.ŋ	해방	6733
명	libertarian lɪ.bər.te.riən	자유주의자	6734
명	liberalization lɪ.brə.lə.zeɪʃ.ŋ	자유화	6735
동	liberate lɪ.bə.ret	자유롭게 하다	6736
명	liberalism lɪ.bə.rə.lɪ.zəm	자유[진보]주의	6737
명동	lodge lɑdʒ	오두막, 제기하다	6738
명	logging lo.gɪŋ	벌목	6739
명	logger lɑ.gər	벌목꾼	6740
명동	catalog = catalogue kæt.ə.lɔg	목록(을 만들다), 홍보책자	6741
명동	clog klɑg	막다, 나막신	6742
명	monolog = monologue moʊno.ʊ.lɔg	독백, 1인극	6743
명	prologue proʊ.lɔg	머리말, 서막	6744
명동	log lɔg	통나무, 기록(하다)	6745
명	magnitude mæg.nə.tud	규모	6746
명	magnificence mæg.nɪ.fə.səns	웅장, 호화	6747
동	magnify mæg.nə.faɪ	확대[과장]하다	6748
형	magnificent mæg.nɪ.fə.sənt	웅장한, 훌륭한	6749
명동	marvel mɑrv.l	놀라다, 경이로움	6750

형	**marvelous** mar.vo.ləs	놀라운, 경이로운	6751
동	**melt** melt	녹(이)다 ③ melt | melted | melted, molten	6752
동	**melt away** melt.ə.wer	녹아 사라지다	6753
명	**meltdown** melt.daʊn	용해, 붕괴	6754
형	**molten** moʊl.tən	녹은, 용해된	6755
명	**minister** mɪ.nə.stər	장관, 성직자	6756
명	**ministry** mɪ.nə.stri	-부, 정부기관	6757
명	**molecule** mɑ.lə.kjul	분자	6758
형	**molecular** mə.le.kjə.lər	분자의	6759
명	**motion** moʊʃ.n	동작	6760
형	**murderous** mɜ.də.rəs	살인적인, 흉악한	6761
형	**mutual** mju.tʃə.wəl	상호간의, 공통의	6762
명	**niche** nɪtʃ	틈새, 영역	6763
형	**noisy** nɔɪz.i	시끄러운	6764
동	**make (a) noise** meɪk.ə.nɔɪz	시끄럽게 하다	6765
명	**passion** pæʃ.n	열정, 분노, 열애	6766
형	**passionate** pæ.ʃə.nət	열렬한	6767
형	**impassioned** ɪm.pæʃ.ŋd	열렬한	6768
명	**path** pæθ	작은 길, 통로	6769
명	**pathway** pæ.θwe	경로, 오솔길	6770
동	**appease** ə.piz	진정시키다	6771
형	**peaceful** pi.sfəl	평화로운	6772
명동	**peer** pɪr	바라보다, 동료	6773
동	**peek** pik	엿보다	6774
동	**peep** pip	엿보다	6775

형	**pervasive** pər.veɪ.sɪv	만연한, 퍼지는, 스며드는	6776
동	**pervade** pər.veɪd	퍼지다, 스며들다	6777
명	**insecticide** ɪn.sek.tə.saɪd	살충제	6778
명	**pesticide** pe.stə.saɪd	살충제	6779
명	**pest** pest	해충, 골치	6780
명동	**plummet** plʌ.mət	추락[급락]하다, 가늠추	6781
동	**plunge** pləndʒ	추락[급락]하다	6782
명	**slump** sləmp	불황, 부진	6783
동	**pretend** prɪ.tend	~인 체하다	6784
명	**pretense** prɪ.tens	가식, 위장	6785
형	**pretentious** prɪ.ten.ʃəs	허세적인, 건방진	6786
명	**pretext** prɪ.tekst	핑계, 위장	6787
명	**pretence** prɪ.tens	위장	6788
형	**unpretentious** ʌn.prɪ.ten.ʃəs	가식 없는	6789
형	**primitive** prɪ.mə.tɪv	원시적인, 초기의	6790
형	**primeval** praɪ.miv.l	원시시대의	6791
명동	**privilege** prɪ.vləʤ	특권, 특혜(주다)	6792
형	**underprivileged** ʌn.də.prɪ.və.lɪʤd	혜택 없는, 불우한	6793
동	**derail** dɪ.reɪl	탈선하다	6794
명	**railing** reɪl.ɪŋ	난간, 철길	6795
명	**reputation** re.pjə.teɪʃ.n	명성	6796
형	**reputable** re.pjə.təb.l	명성 있는	6797
명동	**rescue** re.skju	구조(하다)	6798
명형	**resident** re.zə.dənt	거주민, 거주하는, 고유의	6799
형	**residential** re.zə.den.tʃl	주거의	6800

통	**reside** rə.zaɪd	거주[존재]하다	6801
명	**residency** re.zə.dən.si	거주, 전속	6802
명	**residence** re.zə.dəns	거주지, 소재	6803
형	**resonant** re.zə.nənt	울려 퍼지는	6804
명	**dissonance** dɪ.sə.nəns	불협화음, 불화	6805
명	**consonance** kɒn.sə.nəns	일치, 조화, 화음	6806
명	**resonance** re.zə.nəns	반향, 울림	6807
통	**resonate** re.zə.net	(잘) 울려 퍼지다	6808
통	**revere** rɪ.vɪr	존경하다	6809
명통	**reverence** re.və.rəns	존경[숭배](하다)	6810
통	**revive** rɪ.vaɪv	회복[부활]하다	6811
명	**revision** rɪ.vɪʒ.n	수정, 복습	6812
통	**revise** rɪ.vaɪz	수정하다	6813
명	**revival** rɪ.vaɪv.l	재생, 회복, 부흥	6814
명	**sake** seɪk	유익, 이득	6815
	own sake oʊn.seɪk	~을 위해	6816
	for the sake of fər.ðə.seɪk.ʌv	~을 위해서	6817
통	**forsake** fər.seɪk	버리다	6818
부	**scarcely** sker.sli	거의 않(-다), 간신히	6819
형	**scarce** skers	부족한, 드문, 적은	6820
명	**scarcity** sker.sə.ti	부족, 결핍, 기근	6821
명	**sheet** ʃit	얇은 판[천, 종이]	6822
	a sheet of ə.ʃit.ʌv	~한 장	6823
명	**skeleton** ske.lət.n	골격, 해골	6824
형	**skeletal** ske.lət.l	골격의, 해골의	6825

명	**skull** skəl	두개골	6826
명	**supper** sʌ.pər	저녁 식사, 만찬	6827
동	**speculate** spe.kjə.let	추측[투기]하다	6828
명	**speculation** spe.kjə.letʃ.n	사색, 추측, 투기	6829
형	**speculative** spe.kjə.lə.tɪv	사색적인, 추리하는	6830
명부	**square** skwer	정사각형, 광장, 제곱, 똑바로	6831
부	**squarely** skwer.li	정직하게, 똑바로	6832
명	**stairs** sterz	계단	6833
부형명	**upstairs** əp.sterz	위층(의, 에)	6834
부형명	**downstairs** dɑwn.sterz	아래층(의, 에)	6835
동	**stratify** stræ.tə.faɪ	(계)층을 이루다	6836
동	**starve** stɑrv	굶다, 굶어 죽다	6837
명	**starvation** stɑrveɪʃ.ŋ	굶주림, 아사	6838
형	**sugary** ʃʊ.gə.ri	달콤한, 설탕 같은	6839
명	**blood sugar** bləd.ʃʊ.gər	혈당	6840
명동	**survey** sər.veɪ	설문조사[측량](하다)	6841
명	**surveillance** sər.veɪ.ləns	감시	6842
명동	**swallow** swɑlo.ʊ	삼키다, 제비	6843
명	**synthesis** sɪn.θə.səs	종합, 통합, 합성	6844
동	**synthesize** sɪn.θə.saɪz	종합[합성]하다	6845
형	**synthetic** sɪn.θe.tɪk	합성의, 종합의	6846
명	**synthetics** sɪn.θe.tɪks	합성물	6847
명	**photosynthesis** foʊto.ʊ.sɪn.θə.sɪs	광합성	6848
명	**symposium** sɪmpo.ʊ.zɪəm	학술회	6849
명	**syndicate** sɪn.dɪkət	연합체	6850

	단어	뜻	번호
영	synopsis sə.nɑp.səs	개요	6851
동	tear tɪr	찢다 ③ tear | tore | torn	6852
영	tears tɪrz	눈물	6853
영	scope skoʊp	범위, 영역, -경 *보는 장치	6854
영	telescope te.lɪskoʊp	망원경	6855
영	microscope maɪk.rə.skoʊp	현미경	6856
형	tenable te.nəb.l	지킬 수 있는, 유지된	6857
영	tenacity tə.næ.sə.ti	고집, 끈기	6858
형	tenacious tə.neɪ.ʃəs	고집스런, 끈질긴	6859
형	toxic tɑk.sɪk	독성의, 유독한	6860
영	toxin tɑk.sən	독소	6861
동	intoxicate ɪn.tɑk.səket	중독[만취]시키다	6862
형	transcendental træn.sən.den.tl	초월적인	6863
동	transcend træn.send	초월하다	6864
영	transcendence træn.sen.dəns	초월, 탁월	6865
형영	transcendent træn.sen.dənt	초월적인, 초월자	6866
형	vital vaɪt.l	필수적인, 생명의	6867
형	viable vaɪəb.l	생존[실행]가능한	6868
영	viability vaɪə.bɪ.lə.ti	생존력, 실용성	6869
영	vitality vaɪ.tæ.lə.ti	생명력, 활기	6870
동	revitalize ri.vaɪ.tə.laɪz	재활성화[소생]시키다	6871
동	wander wɑn.dər	방황하다, 헤매다	6872
형	extravagant ɪk.stræ.və.gənt	낭비하는	6873
영	vagary veɪ.gə.ri	엉뚱함, 변덕	6874
형영	vagrant veɪ.grənt	방랑자, 방랑하는	6875

형명	**vagabond** væ.gəband	방랑자, 방랑하는	6876
명	**web** web	거미줄	6877
명동	**weave** wiv	짜다, 짜임 ③ weave | wove | woven	6878
명동	**wheel** hwil	바퀴, 핸들, 돌리다	6879
동	**wrap** ræp	감싸다	6880
동	**unwrap** ʌn.ræp	포장을 풀다	6881
동	**wrestle** res.l	싸우다	6882
동	**wrest** rest	비틀다, 왜곡하다	6883
명	**wrist** rɪst	손목	6884
동	**warp** wɔrp	왜곡하다	6885
명	**wrath** ræθ	(뒤틀린) 분노	6886
명	**wrinkle** rɪŋk.l	주름	6887
동	**wrench** rentʃ	비틀다, 왜곡하다	6888
형	**weird** wɪrd	기묘한	6889
동	**wriggle** rɪg.l	꿈틀거리다	6890
형	**wry** raɪ	찡그린, 뒤틀린	6891
명	**backyard** bæk.jɑrd	뒤뜰	6892
명	**orchard** ɔr.tʃərd	과수원	6893
명	**courtyard** kɔr.tjɑrd	뜰, 마당	6894
동	**accuse** ə.kjuz	고발[비난]하다	6895
명	**accusation** æ.kjə.zeɪʃ.n	고발, 비난	6896
형	**accusatory** ə.kju.zə.tɔ.ri	고발[비난]하는	6897
동	**acknowledge** æk.nɑ.lɪdʒ	인정[확인]하다, 감사하다	6898
명	**alliance** ə.laɪəns	동맹	6899
명동	**ally** æl.aɪ	동맹[결합]시키다, 동맹국	6900

품사	단어	뜻	번호
명·동	**rally** ræ.li	집회, 모이다, 경주	6901
동	**annoy** ə.nɔɪ	짜증나게[화나게]하다	6902
명	**annoyance** ə.nɔɪəns	짜증	6903
동	**anticipate** æn.tɪ.sə.peɪt	기대[예상]하다	6904
명	**anticipation** æn.tɪ.sə.peɪʃ.n̩	기대, 예상	6905
명	**archaeologist** ɑrk.i.ɑ.lə.dʒəst	고고학자	6906
명	**archaeology** ɑrk.i.ɑ.lə.dʒi	고고학	6907
형	**archaic** ɑrkeɪɪk	고대의, 구식의	6908
명	**ash** æʃ	재	6909
형	**arid** æ.rəd	건조한, 빈약한	6910
명	**arson** ɑr.sn̩	방화	6911
동	**assign** ə.saɪn	배정[임명]하다	6912
명	**assignment** ə.saɪn.mənt	과제, 숙제, 배정	6913
형	**awesome** ɑ.səm	굉장한, 두려운	6914
명	**awe** ɑ	경외, 두려움	6915
형	**awful** ɑf.l̩	굉장한, 끔찍한	6916
동	**be in awe of** bi.ɪn.ɑ.ʌv	~을 경외[두려워]하다	6917
명	**band** bænd	악단, 무리, 끈, 범위	6918
동	**disband** dɪs.bænd	해산하다	6919
전	**beneath** bə.niθ	밑에, ~보다 못한	6920
명·동	**bet** bet	내기(하다), 확신하다 ③ bet | bet | bet	6921
동	**bless** bles	축복하다	6922
명	**blessing** bles.ɪŋ	축복	6923
명	**bliss** blɪs	행복	6924
동	**boil** bɔɪl	끓(이)다	6925

형	hard-boiled hɑrd.bɔɪld	(달걀) 완숙된, 비정한	6926
명동	bomb bɑm	폭탄, 폭격하다	6927
명동	boom bum	호황, "쾅", 폭등하다	6928
동	bombard bɑmbɑrd	폭격하다	6929
명	border bɔr.dər	국경, 경계	6930
명	borderline bɔr.dər.laɪn	국경, 경계	6931
명	borderland bɔr.də.lænd	국경 지역	6932
형	borderless bɔ.də.lɪs	국경 없는	6933
형	cross-border krɒs.bɔr.dər	국경을 넘는	6934
명	bush bʊʃ	덤불	6935
형	bushy bʊ.ʃi	무성한	6936
명	bouquet buk.eɪ	꽃다발	6937
형	hot-button hɑt.bʌt.n	쟁점적인	6938
동	calculate kæl.kjə.leɪt	계산[추정]하다	6939
명	calculation kæl.kjə.leɪʃ.n	계산, 측정	6940
명	candidate kæn.də.deɪt	후보자	6941
형	candid kæn.dəd	솔직한	6942
명	candor kæn.dər	정직	6943
명	chief tʃif	최고의, 책임자, -장 *직책	6944
명	chef ʃef	주방장	6945
명	mischief mɪs.tʃəf	해악, 장난	6946
부	chiefly tʃi.fli	주로	6947
명	coherence koʊ.hɪə.rəns	일관성	6948
명	coherency koʊ.hɪə.rən.si	일관성	6949
형	coherent koʊhɪ.rənt	일관된	6950

명	cohesion koʊ.hiʒ.n	응집력, 화합	6951
명	incoherence ɪnko.ʊ.hɪə.rəns	일관성 없음, 모순	6952
명	cohort koʊ.hɔt	집단	6953
형	cohesive koʊ.hi.sɪv	화합[결합]하는	6954
형	incoherent ɪnko.ʊ.hɪə.rənt	일관성 없는	6955
명	colony kɑ.lə.ni	식민지, 군집	6956
형	colonial kəlo.ʊ.niəl	식민지의	6957
동	colonize kɑ.lə.naɪz	식민화하다	6958
동	complain kəm.pleɪn	불평[항의]하다	6959
명	complaint kəm.pleɪnt	불평, 항의, 고소	6960
명	plaintiff pleɪn.təf	고소인	6961
명	comprehension kɑm.prɪ.hen.ʃn	이해력, 포함	6962
동	comprehend kɑm.prɪ.hend	이해[포함]하다	6963
형	comprehensive kɑm.prɪ.hen.sɪv	종합적인, 이해력 있는	6964
형	incomprehensible ɪŋk.ɑm.prə.hen.səb.l	이해 불가능한	6965
형	comprehensible kɑm.prɪ.hen.səb.l	이해 가능한	6966
형	conscientious kɑn.ʃi.en.ʃəs	양심적인, 성실한	6967
명	conscience kɑn.ʃəns	양심	6968
명	continent kɑn.tə.nənt	대륙	6969
명	subcontinent səbk.ɑn.tə.nənt	아대륙 *대륙보단 작지만 큰 땅	6970
형	continental kɑn.tə.nen.tl	대륙의	6971
형	controversial kɑn.trə.vɝ.ʃl	논란이 많은	6972
명	controversy kɑn.trə.vər.si	논쟁, 논란	6973
형	uncontroversial ʌnk.ɑn.trə.vɝ.ʃl	논란이 없는	6974
명	craft kræft	공예, 기술, 선박	6975

명	**craftsman** kræft.smən	장인	6976
명	**craftsmanship** kræft.smən.ʃɪp	장인정신	6977
명	**craftwork** kræft.wɜk	공예품	6978
명	**curiosity** kju.ri.ɑ.sə.ti	호기심	6979
형	**curious** kju.riəs	호기심 많은, 이상한	6980
숙	**be curious about** bi.kju.riəs.ə.baut	~을 궁금해 하다	6981
형	**dear** dɪr	친애하는, 소중한	6982
동	**endear** en.dir	사랑 받게 하다	6983
명	**dearth** dɝθ	부족, 결핍	6984
명	**deception** də.sep.ʃn	속임, 사기	6985
동	**deceive** də.siv	속이다	6986
형	**deceptive** də.sep.tɪv	속이는	6987
명	**deceit** də.sit	속임, 사기	6988
동	**declare** dɪ.kler	선언[단언]하다	6989
명	**declaration** de.klə.reɪʃ.n	선언, 발표, 진술	6990
동	**dedicate** de.dəket	바치다, 전념하다	6991
형	**delicate** de.lɪkət	연약한, 섬세한	6992
명	**delicacy** de.lɪk.ə.si	섬세함, 연약함	6993
명	**deviation** di.vi.eɪʃ.n	일탈, 탈선, 편차	6994
명	**deviance** di.viəns	일탈, 편차	6995
형명	**deviant** di.viənt	벗어난, 변태	6996
동	**deviate** di.vi.et	벗어나다	6997
동	**dig** dɪg	파다, 캐내다 ③ dig | dug | dug	6998
명	**discipline** dɪ.sə.plən	규율, 훈련, 연습	6999
명	**disciple** də.saɪp.l	제자	7000

형	**disciplinary** dɪ.sə.plə.ne.ri	훈련의, 징계의	7001
동	**diverge** dɪ.vɝdʒ	갈라지다, 빗나가다	7002
형	**divergent** daɪ.vɝ.dʒənt	갈라지는, 다른, 상이한	7003
동	**converge** kən.vɝdʒ	한 점에 모이다, 집중하다	7004
명	**underdog** ʌn.dər.dɔg	약자, 패배자	7005
	wag the dog wæg.ðə.dɔg	꼬리가 개를 흔든다 *주객전도	7006
형	**dogged** dɔgd	완강한, 끈질긴	7007
형동	**doze** douz	선잠(자다)	7008
형	**drowsy** draʊ.zi	졸리는, 활기 없는	7009
형	**dreary** drɪ.ri	쓸쓸한, 따분한	7010
동	**droop** drup	처지다, 시들다	7011
동	**embarrass** em.be.rəs	당황하게 하다	7012
명	**empire** em.paɪər	제국	7013
명	**emperor** em.pə.rər	황제	7014
형	**enormous** ə.nɔr.məs	막대한, 엄청난	7015
명	**enormity** ə.nɔr.mə.ti	악독함, 막대함	7016
명	**eruption** ɪ.rʌp.ʃn	(화산)폭발, 분출	7017
동	**erupt** ɪ.rʌpt	분출[폭발]하다	7018
형	**ethnic** eθ.nɪk	민족의, 인종의	7019
부	**ethnically** eθ.nɪk.li	민족[인종]적으로	7020
명	**ethnicity** eθ.nɪ.sə.ti	민족성	7021
명동	**exploit** ek.splɔɪt	이용[착취, 개발]하다, 위업	7022
명	**exploitation** ek.splɔɪ.teɪʃ.n	이용, 착취, 개발	7023
형	**fabric** fæ.brɪk	직물, 구조, 조직	7024
동	**fabricate** fæ.brəket	제조하다, 꾸며내다	7025

형명동	**fake** feɪk	가짜의, 위조(하다)	7026
명	**fabrication** fæ.brɪk.eɪʃ.n	조작, 제조	7027
동	**fascinate** fæ.sə.net	매혹하다	7028
명	**fascination** fæ.sə.netʃ.n	매혹, 매력	7029
명	**fault** fɒlt	잘못, 결점	7030
명	**default** də.fɒlt	체납, 부족, 기권, 기본	7031
형	**faulty** fɒl.ti	불완전한, 결함 있는	7032
형	**faultless** fɒlt.ləs	흠 없는, 완벽한	7033
명	**fee** fi	요금, 수수료	7034
명동	**fare** fer	요금, ~되다	7035
명	**flash** flæʃ	번쩍이다, 섬광	7036
명	**flashback** flæʃ.bæk	회상	7037
형명	**folk** foʊk	민족, 민속의	7038
명	**folklore** foʊ.klɔr	민속, 전통	7039
명	**folktale** foʊk.teɪl	민간 설화	7040
형	**unforgiving** ən.fər.gɪv.ɪŋ	용서하지 않는	7041
명	**framework** freɪm.wərk	뼈대, 체계	7042
동	**frighten** fraɪt.n	놀라게[무섭게]하다	7043
명	**fright** fraɪt	놀람, 두려움	7044
명	**grocery** groʊ.sə.ri	식료품점	7045
명	**groceries** groʊ.sə.rɪz	식료품류	7046
명동	**guess** ges	추측(하다), ~라 생각하다	7047
명	**harmony** har.mə.ni	조화, 일치	7048
형	**harmonic** harmɒ.nɪk	화성[화음]의	7049
형	**harmonious** harmoʊ.niəs	조화로운	7050

동	harmonize hɑr.mə.naɪz	조화하다	7051
형	heroic hɪro.ʊɪk	영웅적인	7052
명	heroism hero.ʊɪ.zəm	영웅적 행위	7053
형	downhill daʊn.hɪl	내리막의	7054
명	hillside hɪl.saɪd	중턱	7055
형	uphill ʌp.hɪl	오르막의	7056
명	sinkhole sɪŋkhol	땅꺼짐	7057
형	hollow hɑlo.ʊ	공허한, 우묵한	7058
명	loophole lúphoʊl	허점, 구멍	7059
명	horror hɔ.rər	공포	7060
동	horrify hɔ.rə.faɪ	무섭게 하다	7061
형	horrific hɒ.rɪ.fɪk	끔찍한, 무시무시한	7062
형	horrible hɔ.rəb.l	무서운, 끔찍한	7063
동	illustrate ɪ.lə.stret	설명[예시]하다	7064
명	illustration ɪ.lə.streɪʃ.ŋ	삽화, 설명, 예시	7065
형	illustrative ɪ.lə.strə.tɪv	(예를) 보여주는	7066
동	imitate ɪ.mə.tet	모방하다	7067
명	imitation ɪ.mə.teɪʃ.ŋ	모방, 모조품	7068
형	imitative ɪ.mə.te.tɪv	모방적인	7069
동	induce ɪn.dus	유도[설득]하다	7070
동	seduce sə.dus	유혹하다	7071
동	interfere ɪn.tər.fir	간섭[방해]하다	7072
명	interference ɪn.tər.fɪ.rəns	간섭	7073
명	cuisine kwɪ.zin	요리(법)	7074
동	laugh læf	웃다	7075

명	laughter ˈlæf.tər	웃음	7076
명	librarian laɪˈbrer.iən	사서	7077
명	license = licence ˈlaɪ.səns	면허, 허가	7078
형	illicit ɪˈlɪs.ət	불법적인, 금지된	7079
형/동	loose lus	느슨한, 풀린, 풀다	7080
부	loosely ˈlu.sli	느슨히, 대충	7081
동	loosen ˈlus.n̩	풀다, 늦추다	7082
명	laissez faire ˌleɪ.zeɪˈfer	자유방임주의	7083
명	magician məˈdʒɪʃ.n̩	마법사	7084
형	magical ˈmæ.dʒɪk.l̩	마법의	7085
명	gimmick ˈgɪ.mɪk	속임수 (장치)	7086
명	maneuver məˈnu.vər	기동, 조작, 술책	7087
동	manipulate məˈnɪ.pjə.leɪt	조작[조종]하다, 속이다	7088
명	manipulation məˌnɪ.pjəˈleɪʃ.n̩	조작, 조종, 속임수	7089
형	manipulative məˈnɪ.pjə.le.tɪv	다루는, 속임수의	7090
형/동	march mɑrtʃ	행진(하다), 3월	7091
형	unmasking ʌnˈmæsk.ɪŋ	가면을 벗기는, 폭로하는	7092
형	mere mɪr	겨우 ~뿐인	7093
부	merely ˈmɪr.li	그저, 단지	7094
형	mild maɪld	순한, 약한	7095
	Milky Way ˈmɪlk.i.weɪ	은하(계)	7096
형/동	moderate ˈmɑ.də.rət	적당한, 완화하다	7097
명	moderator ˈmɑ.də.re.tər	중재자	7098
명	moderation ˌmɑ.dəˈreɪʃ.n̩	적당, 중간, 절제	7099
형	moonless ˈmun.ləs	달 뜨지 않은	7100

형	moonlit mun.lɪt	달빛이 비치는	7101
	once in a blue moon wəns.ɪn.ə.blu.mun	극히 드물게	7102
형동	narrow nero.ʊ	좁은, 좁히다	7103
명	negotiation nɪgo.ʊ.ʃɪ.eɪʃ.n̩	교섭, 협상	7104
동	negotiate nɪgo.ʊ.ʃɪeɪt	협상하다	7105
명	negotiator nɪgo.ʊ.ʃɪeɪ.tə	협상자	7106
형	negotiable nɪgo.ʊ.ʃɪəb.l̩	협상할 수 있는	7107
형	neural nʊ.rəl	신경의	7108
명	neuron njʊə.rɒn	신경 세포	7109
명	obstacle ɑb.stək.l̩	장애, 방해(물)	7110
동	tackle tæk.l̩	부딪히다, 처리하다	7111
형	optimistic ɑp.tə.mɪ.stɪk	낙관적인	7112
명	optimism ɑp.tə.mɪ.zəm	낙관론	7113
명	optimist ɑp.tə.mɪst	낙관론자	7114
형	oral ɔ.rəl	입의, 말로 하는	7115
명	oracle ɔr.ək.l̩	신탁, 예언	7116
명	orator ɔ.rə.tər	연설가	7117
형	oriented ɔ.ri.en.təd	~을 지향하는	7118
명	disorientation dɪ.sɔ.riɒn.teɪʃ.n̩	혼란, 방향 상실	7119
형명동	orient ɔ.ri.ent	~을 향하다, 적응하다, 동양	7120
동	pave peɪv	도로포장하다, 덮다	7121
명	pavement peɪv.mənt	보도, 포장도로	7122
동	perish pe.rɪʃ	죽다, 멸망하다	7123
형	imperishable ɪm.pe.rɪ.ʃəb.l̩	불멸의	7124
형	perishable pe.rɪ.ʃəb.l̩	썩기 쉬운	7125

명동	pile paɪl	더미, 많은, 쌓다, 말뚝	7126
동	compile kəm.paɪl	수집[편집]하다	7127
명	compilation kɑm.pə.leɪʃ.n	편집	7128
명	pillar pɪ.lər	기둥, 기념비	7129
명동	pinprick pɪn.prɪk	구멍, 귀찮음, 찌르기(하다)	7130
동	underpin ʌn.dər.pɪn	보강[지지]하다	7131
명동	pinpoint pɪn.pɔɪnt	정확히 짚다, 핀 끝	7132
명	pinnacle pɪ.nək.l	절정	7133
명동	pitch pɪtʃ	음조, 던지다, 조절하다	7134
동	pitch in pɪtʃ.ɪn	협력하다	7135
형명	plain pleɪn	분명한, 솔직한, 평지	7136
형	explicit ɪk.splɪ.sət	명백한, 솔직한	7137
명형	plural plu.rəl	복수의, 다수의	7138
명	surplus sɜ.pləs	잉여, 흑자	7139
동	postpone postpoun	연기하다, 후순위이다	7140
명	postponement postpoun.mənt	연기, 지연	7141
명	prey preɪ	먹이, 사냥감	7142
명동	prison prɪz.n	교도소, 가두다	7143
명	prisoner prɪ.zə.nər	죄수	7144
동	imprison ɪm.prɪz.n	가두다	7145
명	imprisonment ɪm.prɪ.zən.mənt	투옥, 감금	7146
동	prohibit prohɪ.bət	금지[방해]하다	7147
동	inhibit ɪn.hɪ.bət	억제하다	7148
동	prohibit from ~ing prohɪ.bət.frəm	~을 금지하다	7149
동	inhibit from ~ing ɪn.hɪ.bət.frəm	~을 금지하다	7150

명	proliferation proli.fə.reɪʃ.n	확산, 급증	7151
동	proliferate proli.fə.ret	급증하다	7152
형	prolific proli.fik	다산[다작]의, 풍부한	7153
형	proud praʊd	자랑스런, 오만한	7154
명	pride praɪd	자존심, 자부심, 자만	7155
명	province prɑ.vəns	지방, 분야	7156
명	qualification kwɑ.lə.fək.eɪʃ.n	자격	7157
동	qualify kwɑ.lə.faɪ	자격을 주다, 한정하다	7158
동	disqualify dɪ.skwɑ.lə.faɪ	실격시키다	7159
형	unqualified ʌn.kwɑ.lə.faɪd	자격[제한]없는	7160
형	random ræn.dəm	무작위의	7161
명	randomness ræn.dəm.nəs	무작위	7162
동	randomize ræn.də.maɪz	무작위로 하다	7163
명	reef rif	암초	7164
동	render ren.dər	~(하게) 하다[만들다]	7165
명동	surrender sə.ren.dər	항복[포기, 자수](하다)	7166
명동	rent rent	빌리다, 임대(료)	7167
명	rental ren.tl	임대(료)	7168
동	rend rend	찢다, 나누다	7169
동	replicate re.pləket	복제하다	7170
명동	reply rə.plaɪ	대답[대응](하다)	7171
동	reply for rə.plaɪ.fɔr	~대신 답하다	7172
명	reptile rep.taɪl	파충류	7173
형명	reptilian rep.tɪ.lɪən	파충류(의)	7174
동	resign rə.zaɪn	사퇴[포기]하다	7175

명	resignation re.zɪg.neɪʃ.n	사퇴	7176
동	resign oneself to rə.zaɪn.wʌn.self.tu	~을 순순히 따르다	7177
형	ridiculous rə.dɪ.kjə.ləs	웃기는, 터무니없는	7178
명동	ridicule rɪ.də.kjul	조롱(하다)	7179
동	deride dɪ.raɪd	조롱하다	7180
명	rivalry raɪ.vəl.ri	경쟁	7181
형	unrivaled ən.raɪ.vəld	독보적인, 무적의	7182
형	royal rɔɪəl	왕(실)의, 장엄한	7183
명	royalty rɔɪəl.ti	왕권, 저작권료	7184
명	rubber rʌ.bər	고무, 지우개	7185
동	rub rəb	문지르다	7186
동	rub off on rəb.ɒf.ɑn	~에 영향 주다	7187
동	scrub skrəb	문질러 닦다[씻다]	7188
동	scrape skreɪp	문지르다	7189
형	rural rʊ.rəl	시골의	7190
명동	sail seɪl	항해(하다), 돛	7191
명	shadow ʃædo.ʊ	그림자, 암시	7192
명동	shade ʃeɪd	그늘(지다), 음영	7193
형	shady ʃeɪ.di	그늘진	7194
명동	shed ʃed	흘리다, 비추다, 헛간	7195
동	shed light on ʃed.laɪt.ɑn	~을 밝히다	7196
명	shore ʃɔr	물가, 해안	7197
부	ashore ə.ʃɔr	물가에, 해변에	7198
형	offshore ɒf.ʃɔr	연안의, 국외의	7199
명	shoreline ʃɔr.laɪn	해안선	7200

품사	단어	뜻	번호
동	**shrink** ʃrɪŋk	수축하다, 줄다 ③ shrink | shrank | shrunk	7201
동	**sink** sɪŋk	가라앉다 ③ sink | sank | sunk	7202
형	**sunk** səŋk	침몰된, 물밑의	7203
형	**sunken** sʌŋkən	침몰한, 움푹한	7204
형동	**smooth** smuð	매끈한, 매끄럽게 하다, 평온한	7205
동	**soar** sɔr	치솟다	7206
동	**soar away** sɔr.ɔ.weɪ	치솟다	7207
명	**software** sɔf.twer	프로그램	7208
명	**hardware** hɑr.dwer	기구, 기계	7209
명	**ware** wer	제품	7210
명	**warehouse** wer.haʊs	창고	7211
형	**sore** sɔr	아픈, 슬픈	7212
형	**sorrowful** sɔr.oʊ.fl	슬퍼하는, 비참한	7213
명	**sorrow** sɑro.ʊ	슬픔, 애도	7214
명동	**spill** spɪl	흘리다, 유출(하다) ③ spill | spilled, spilt | spilled, spilt	7215
동	**spill the beans** spɪl.ðə.binz	비밀을 말하다	7216
명동	**steam** stim	증기(나다)	7217
형	**steamy** sti.mi	증기의, 안개 짙은	7218
명	**stem** stem	줄기	7219
동	**stem from** stem.frʌm	~에서 유래하다	7220
명	**stereotype** ste.riə.taɪp	진부함, 관례	7221
형	**stereotypical** ste.rio.ti.pɪkəl	진부한, 관례적인	7222
형	**stark** stɑrk	명확한, 냉혹한, 황량한	7223
형	**stern** stɜrn	엄격한, 황량한	7224
형	**sterile** ste.rəl	불모의, 불임의, 살균한	7225

동	sterilize ste.rə.laɪz	살균[불임케]하다	7226
명	stuff stəf	재료, 물질	7227
형	stuffed stəft	가득 채운, 박제된	7228
형	stuffy stʌ.fi	답답한, 딱딱한	7229
동	stun stən	기절시키다, 놀라게 하다	7230
형	geometric dʒiə.me.trɪk	기하학적인	7231
형	symmetrical sə.me.trɪk.l̩	대칭적인	7232
명	asymmetry e.sɪ.mə.tri	불균형, 비대칭	7233
명	geometry dʒi.ɑ.mə.tri	기하학	7234
명	symmetry sɪ.mə.tri	대칭	7235
동	terminate tɝ.mə.net	끝내다, 끝나다	7236
동	exterminate ɪk.stɝ.mə.net	박멸하다	7237
명	termination tər.mə.neɪʃ.n̩	종료	7238
형명	terminal tɝ.mən.l̩	종점, 말기의	7239
형	all thumbs ɔl.θʌmz	손재주가 없는	7240
명	thumbnail θʌm.nel	엄지손톱, 견본	7241
명	tissue tɪ.sju	(생체)조직, 직물, 화장지	7242
형명	textile tek.staɪl	직물(의)	7243
명	texture teks.tʃər	직물, 질감	7244
형동	tune tun	곡, 조율하다	7245
형동	tone toʊn	어조, 음조, 색조, 조절하다	7246
동	attune ə.tun	조율[조화]하다	7247
명	intonation ɪn.tə.neɪʃ.n̩	억양	7248
명	topic tɑ.pɪk	주제, 화제	7249
형	topical tɑ.pɪk.l̩	주제의, 시사적인	7250

형동	utter ʌ.tər	완전한, 말하다	7251
형	utterance ʌ.tə.rəns	발언, 발성	7252
형	versatile vɜ.sə.təl	다재다능한, 다목적의	7253
형	versatility vər.sə.tɪ.lə.ti	대재다능, 다양성	7254
형	virtuous vɜ.tʃuəs	도덕적인	7255
형	virtue vɜ.tʃu	미덕, 장점	7256
	by virtue of baɪ.vɜ.tʃu.ʌv	~덕분에	7257
형동	abuse ə.bjus	남용[학대](하다)	7258
형	abusive ə.bju.sɪv	모욕적인, 학대하는	7259
형	acute ə.kjut	극심한, 예리한	7260
형	acuity ə.kjuə.ti	날카로움	7261
형	acumen ə.kju.mən	통찰, 예리함	7262
형	addiction ə.dɪk.ʃn	(마약)중독, 몰두	7263
동	addict ə.dɪkt	중독시키다	7264
형	addictive ə.dɪk.tɪv	중독성의	7265
동	interdict ɪn.tər.dɪkt	금지하다	7266
형	adolescent æ.də.le.sənt	청소년의	7267
형	adolescence æ.də.le.səns	청소년기	7268
동	amend ə.mend	수정하다	7269
형	angle æŋ.gl	각도, 관점, 모서리	7270
형	triangle traɪæŋ.gl	삼각형	7271
형	rectangular rek.tæŋ.gjə.lər	직사각형의	7272
형	rectangle rek.tæŋ.gl	직사각형	7273
형	triangular traɪæŋ.gjə.lər	삼각형의	7274
형	ankle æŋk.l	발목, 관절	7275

동	**announce** ə.naʊns	발표하다, 알리다	7276
형	**unannounced** ʌ.nə.naʊnst	예고 없는	7277
형	**arrogant** e.rə.gənt	오만한	7278
명	**arrogance** e.rə.gəns	오만함	7279
명	**astonishment** ə.stɑ.nɪ.ʃmənt	놀람	7280
동	**astonish** ə.stɑ.nɪʃ	놀라게 하다	7281
동	**astound** ə.staʊnd	놀라게 하다	7282
형	**atomic** ə.tɑ.mɪk	원자(력)의	7283
명	**atom** æ.təm	원자	7284
명	**bond** bɑnd	유대감, 채권, 계약, 속박, 접착	7285
명	**bondage** bɑn.dɪdʒ	속박, 노예	7286
명	**brilliance** brɪ.ljəns	광채, 총명, 탁월	7287
형	**brilliant** brɪ.ljənt	빛나는, 뛰어난	7288
형명	**bulk** bəlk	부피, 대량의, 대부분	7289
형	**bulky** bʌlk.i	거대한	7290
명동	**bump** bəmp	충돌(하다), "쾅!"	7291
동	**bump into** bəmp.ɪn.tu	~을 마주치다	7292
명	**cancellation** kæn.sə.leɪʃ.n	취소	7293
형	**cardiac** kɑr.di.æk	심장의	7294
명	**carnivore** kɑr.nɪ.vɔr	육식 동물	7295
동	**devour** dɪ.vaʊər	먹어치우다	7296
형	**voracious** vɒ.reɪ.ʃəs	탐욕스런	7297
명	**carnival** kɑr.nəv.l̩	(육식) 축제	7298
명	**cannibal** kæ.nə.bəl	육식 동물, 식인종	7299
명	**cannibalism** kæ.nə.bə.lɪ.zəm	식인 풍습	7300

형	**carnivorous** karnɪ.və.rəs	육식성의	7301
명	**omnivore** ɒm.nɪ.vɔr	잡식 동물, 잡식성	7302
형	**omnivorous** amnɪ.və.rəs	잡식성의	7303
동	**cast** kæst	던지다, 드리우다, 주조[배정]하다 ③ cast | cast | cast	7304
명동	**broadcast** brɒdkæst	방송(하다) ③ broadcast | broadcast | broadcast	7305
형동	**overcast** oʊv.ə.k.ʌst	흐린, 흐려지다, 우울한 ③ overcast | overcast | overcast	7306
형명	**outcast** aʊtkæst	추방된(사람)	7307
명	**chairman** tʃer.mən	위원장, 회장	7308
형	**cheerful** tʃɪr.fəl	쾌활한, 기꺼이	7309
명동	**cheer** tʃɪr	환호[격려](하다)	7310
명	**cheerleading** tʃɪr.lid.ɪŋ	응원	7311
형	**choking** tʃoʊkɪŋ	숨막히는	7312
동	**choke** tʃoʊk	질식시키다, 막다	7313
동	**chop** tʃɑp	자르다, 썰다	7314
동	**cite** saɪt	예를 들다, 인용하다	7315
명	**citation** saɪ.teɪʃ.ŋ	인용(문)	7316
동	**recite** rə.saɪt	낭독하다	7317
명	**recital** rə.saɪt.ḷ	연주회	7318
형	**clinical** klɪ.nək.ḷ	임상의, 병실의	7319
명	**clinic** klɪ.nɪk	진료소	7320
명	**column** kɑ.ləm	기둥, 신문 논평	7321
명동	**compliment** kɑm.plə.ment	칭찬(하다)	7322
명	**conceit** kən.sit	자만, 비유	7323
형	**conceited** kən.si.təd	자만하는	7324
동	**conceive** kən.siv	생각[이해, 임신]하다	7325

형	conceivable kən.si.vəb.l	(상상) 가능한	7326
명	contraception kɑn.trə.sep.ʃn	피임	7327
명	contraceptive kɑn.trə.sep.tıv	피임약	7328
동	conform kən.fɔrm	따르다, 따르게 하다	7329
명	conformity kən.fɔr.mə.ti	따름, 순응	7330
	in conformity with ın.kən.fɔr.mə.ti.wıθ	~에 따라	7331
명	congratulation kən.græ.tʃə.leıʃ.n	축하	7332
동	gratify græ.tə.faı	만족시키다	7333
동	congratulate kən.græ.tʃə.let	축하하다	7334
동	contaminate kən.tæ.mə.net	오염시키다	7335
명	contamination kən.tæ.mə.neıʃ.n	오염, 더러움	7336
명	contaminant kən.tæ.mə.nənt	오염 물질	7337
명	copyright kɑ.pi.raıt	저작권	7338
형	copious koʊ.pıəs	풍부한, 많은	7339
명	council kaʊn.sl	의회, 위원회	7340
명	councillor kaʊn.sə.lər	의원	7341
동	be crazy about bi.kreı.zi.ə.baʊt	~에 미치다	7342
명	craze kreız	대유행, 광기	7343
형동	debate də.beıt	토론[논쟁](하다)	7344
형	debatable də.beı.təb.l	논쟁의 여지가 있는	7345
동	defy də.faı	반항[저항]하다	7346
명	defiance də.faıəns	반항, 저항	7347
형	defiant də.faıənt	반항[저항]하는	7348
형	dental den.tl	치아의, 치과의	7349
명	dentist den.təst	치과의사	7350

동	**descend** də.send	내려가다, 전해지다	7351
명	**descendant** də.sen.dənt	자손, 후손	7352
명	**descent** də.sent	하강, 강하, 출신, 상속	7353
동	**ascend** ə.send	오르다, 상승하다	7354
명	**ascent** ə.sent	상승, 오름, 오르막	7355
동	**condescend** kʊn.də.send	낮춰 주다, 잘난척 하다	7356
동	**devastate** de.və.stet	황폐[파괴]하다	7357
형	**devastating** de.və.stet.ɪŋ	파괴[압도]적인	7358
동	**diagnose** daɪəgnoʊz	진단하다	7359
형	**diagnostic** daɪəg.nɑ.stɪk	진단의	7360
명	**diagnosis** daɪəgno.ʊ.sɪs	진단(법)	7361
명	**dictionary** dɪk.ʃə.ne.ri	사전	7362
동	**dictate** dɪk.teɪt	지시[글쓰게]하다	7363
명	**diction** dɪk.ʃn	발음, 용어	7364
명	**dilemma** də.le.mə	진퇴양난	7365
명	**dirt** dɝt	먼지, 때, 흙	7366
형	**dirty** dɝ.ti	더러운, 더럽히다	7367
명동	**disguise** dɪs.gaɪz	변장[위장](하다)	7368
명동	**disgust** dɪs.gəst	혐오감(주다)	7369
형	**disgusting** dɪs.gə.stɪŋ	역겨운	7370
동	**disperse** dɪ.spɝs	흩어지다, 퍼트리다	7371
명동	**dispute** dɪ.spjut	논쟁[저항](하다)	7372
형	**indisputable** ɪn.də.spju.təb.l	반박 불가의	7373
명동	**drift** drɪft	표류(하다)	7374
동	**drift apart** drɪft.ə.pɑrt	멀어지다	7375

통	**drift away from** drıft.ə.wer.frʌm	~에서 떠내려가다[멀어지다]	7376
통	**drift back** drıft.bæk	되돌아오다	7377
명	**dweller** dwe.lər	거주자	7378
통	**dwell** dwel	살다, 머무르다 ③ dwell | dwelt | dwelt	7379
통	**dwell on** dwel.ɑn	~에 몰두[거주]하다	7380
형	**dynamic** daɪ.næ.mɪk	역동적인, 역학의	7381
명	**dynamics** daɪ.næ.mɪks	역학, 기계학, 원동력	7382
명	**dynamism** daɪ.nə.mɪ.zəm	역동성	7383
형	**elderly** el.dər.li	늙은, 구식의	7384
명	**elitism** ə.li.tɪ.zəm	엘리트주의	7385
통	**embrace** em.breɪs	포옹[수용]하다	7386
명통	**brace** breɪs	떠받치다, 버팀대	7387
형	**enthusiastic** en.θu.zi.æ.stɪk	열렬한	7388
명	**enthusiast** en.θu.zi.æst	광팬, 열성가	7389
명	**atheist** eɪ.θiəst	무신론자	7390
명	**atheism** eɪ.θi.ɪ.zəm	무신론	7391
명	**enthusiasm** en.θu.zi.æ.zəm	열광, 열정	7392
형	**unerasable** ən.ɪ.reɪ.sə.bəl	지울 수 없는	7393
명	**erosion** ɪro.ʊʒ.n	부식, 침식, 약화	7394
통	**erode** ɪroʊd	부식[침식]하다	7395
명	**corrosion** kəro.ʊʒ.n	부식	7396
통	**corrode** kəroʊd	부식하다	7397
명	**estate** ə.steɪt	소유지, 재산, 계급	7398
명	**real estate** ri.l.ə.steɪt	부동산	7399
통	**exaggerate** ɪg.zæ.dʒə.reɪt	과장하다	7400

명	exaggeration /ɪɡ.zæ.dʒə.reɪʃ.n/	과장	7401
동	expire /ɪk.spaɪr/	만료되다, 죽다	7402
명	expiration /ek.spə.reɪʃ.n/	만료, 기한	7403
동	explode /ɪksploʊd/	폭발하다[시키다]	7404
명	explosion /ɪksploʊʒ.n/	폭발	7405
형명	explosive /ɪksploʊsɪv/	폭발물, 폭발적인	7406
동	implode /ɪmploʊd/	파열[붕괴]하다	7407
동	extol /ɪkstoʊl/	극찬하다	7408
동	exalt /ɪg.zɒlt/	높이다, 칭찬하다	7409
형	federal /fe.də.rəl/	연방의	7410
명	federation /fe.də.reɪʃ.n/	연방 국가, 연합	7411
명동	fold /foʊld/	접다, 주름	7412
형	숫자-fold /foʊld/	~겹의, ~배의	7413
형명	manifold /mæ.nɪfoʊld/	다양한, 다양성	7414
동	unfold /ʌnfoʊld/	펼치다	7415
부	forth /fɔrθ/	앞으로, 이후에	7416
형부	forthright /fɔr.θraɪt/	솔직한, 똑바로	7417
동	foster /fɑ.stər/	양육[조성]하다	7418
명	fungus (pl. fungi) /fʌŋ.ɡəs/	진균류, 곰팡이류	7419
형	antifungal /æn.taɪ.fʌŋ.ɡəl/	항균의	7420
형	fungal /fʌŋ.ɡl/	균류의, 곰팡이의	7421
형	futile /fju.təl/	헛된, 소용 없는	7422
명	futility /fju.tɪ.lə.ti/	무의미, 헛됨	7423
명동	gauge /ɡeɪdʒ/	계량기, 판단[측정]하다	7424
명	gadget /ɡæ.dʒət/	장치, 도구	7425

	영	**widget** wɪ.dʒət	장치, 도구	7426
	영	**gloss** glɒs	광택, 해설	7427
	형	**glossy** glɒ.si	광택이 나는	7428
	형/동	**glow** gloʊ	빛나다, 빛남, 작열	7429
	형	**ingrain** ɪn.greɪn	뿌리 깊은, 타고난	7430
	영	**whole grain** hoʊl.greɪn	통곡물	7431
	형	**grassy** græ.si	풀로 덮인	7432
	영	**grazing** greɪz.ɪŋ	목초지	7433
	영	**grasshopper** græs.hɑ.pər	메뚜기	7434
	영	**grassland** græs.lænd	초원	7435
	영	**grief** grif	슬픔	7436
	동	**grieve** griv	슬퍼하다	7437
	영	**grievance** gri.vəns	불만	7438
	형	**gross** groʊs	총-, 전체의, 역겨운	7439
	동	**engross** ɪngroʊs	몰두[독점]하다	7440
	동	**be engrossed in** bi.ɪngroʊst.ɪn	~에 몰두하다	7441
	영	**gulf** gəlf	만 *지형	7442
	동	**engulf** en.gʌlf	삼키다, 둘러싸다	7443
	영	**gym** dʒɪm	체육관	7444
	영	**gymnastics** dʒɪm.næ.stɪks	체조	7445
	영	**harbor** hɑr.bər	항구, 피난처	7446
	영	**haven** heɪv.ŋ	항구, 피난처	7447
	영	**hatred** heɪ.trəd	증오	7448
	형	**hateful** heɪt.fəl	혐오스런, 싫은	7449
	형	**hesitant** he.zə.tənt	망설이는	7450

동	**hesitate** he.zə.tet	망설이다	7451
형	**humble** hʌm.bl̩	하찮은, 겸손한	7452
동	**humiliate** hju.mɪ.li.et	굴욕감을 주다	7453
명	**humility** hju.mɪ.lə.ti	겸손, 비하	7454
명	**humiliation** hju.mɪ.li.eɪʃ.n̩	굴욕, 창피	7455
동	**impair** ɪm.per	손상[악화]시키다	7456
명	**impairment** ɪm.per.mənt	장애, 손상, 훼손	7457
동	**impede** ɪm.pid	방해[지연]하다	7458
명	**impediment** ɪm.pe.də.mənt	방해(물), 장애	7459
명	**increment** ɪn.krə.mənt	증가(량), 이익	7460
형	**incremental** ɪn.krə.men.tl̩	증가하는, 점진적인	7461
동	**indulge** ɪn.dəldʒ	즐기다, 빠져들다	7462
형	**indulgent** ɪn.dəl.dʒənt	관대한, 멋대로 놔두는	7463
명	**infection** ɪn.fek.ʃn̩	감염	7464
형	**infectious** ɪn.fek.ʃəs	전염성의	7465
동	**infect** ɪn.fekt	감염[오염]시키다	7466
동	**infer** ɪn.fɝ	추측[의미]하다	7467
명	**inference** ɪn.fə.rəns	추론	7468
형	**innocent** ɪ.nə.sənt	순진한, 결백한	7469
명	**innocence** ɪ.nə.səns	무죄, 결백, 순결	7470
형	**instinct** ɪn.stɪŋkt	본능, 재능, 직감	7471
형	**instinctive** ɪn.stɪŋk.tɪv	본능적인	7472
동	**intimidate** ɪn.tɪ.mə.det	위협하다	7473
명	**intimidation** ɪn.tɪ.mə.deɪʃ.n̩	협박, 위협	7474
형	**timid** tɪ.məd	겁 많은, 소심한	7475

동	**invite** ɪn.vaɪt	초대하다	7476
명	**invitation** ɪn.və.teɪʃ.n	초대(장)	7477
형	**uninvited** ʌ.nɪn.vaɪ.təd	초대받지 않은	7478
명	**jam** dʒæm	혼잡, 고장, [음식] 잼	7479
명	**traffic-jam** træ.fɪk.dʒæm	교통 마비	7480
명	**lord** lɔrd	영주, 하느님(Lord)	7481
명	**overlord** oʊv.r̩.lɔrd	대영주	7482
명동	**loaf** loʊf	덩어리, 놀고 먹다	7483
형	**lazy** leɪ.zi	게으른	7484
명	**laziness** leɪ.zi.nəs	게으름	7485
명동	**lecture** lek.tʃər	강의(하다), 잔소리	7486
동	**give a lecture** gɪv.ə.lek.tʃər	강의하다	7487
명동	**lock** lɑk	자물쇠, 잠그다	7488
명동	**interlock** ɪn.tər.lɑk	연동(하다)	7489
동	**unlock** ʌn.lɑk	열다, 풀다	7490
동	**madden** mæd.n̩	미치게[화나게]하다	7491
부	**madly** mæd.li	미친 듯이	7492
명	**madness** mæd.nəs	광기	7493
형	**malicious** mə.lɪ.ʃəs	악의적인, 고의의	7494
명	**malefactor** mæ.lə.fæk.tər	악인	7495
명	**malice** mæ.ləs	악의	7496
형	**malignant** mə.lɪg.nənt	악의적인	7497
형동	**malign** mə.laɪn	비방하다, 해로운	7498
동	**submerge** səb.mɝdʒ	가라앉다, 잠수하다	7499
동	**merge** mɝdʒ	합병하다	7500

통	immerse <small>ɪ.mɜːs</small>	담그다, 몰입하다	7501
명	merit <small>me.rət</small>	장점, 이점, 가치	7502
명	demerit <small>di.me.rət</small>	단점, 벌점	7503
명	meteor <small>mi.tiər</small>	유성	7504
명	meteorite <small>mi.tiə.raɪt</small>	운석	7505
형	meteorological <small>mi.ti.ɔ.rə.lɑ.dʒək.l̩</small>	기상(학)의	7506
명	meteorology <small>mi.tiə.rɑ.lə.dʒi</small>	기상학	7507
명	microbe <small>maɪk.roʊb</small>	미생물, 균	7508
형	microbial <small>maɪ.kroʊb.i.əl</small>	미생물의	7509
형	micro <small>maɪk.roʊ</small>	소량의, 미시적인	7510
형	macro <small>mækro.ʊ</small>	대규모의, 거시적인	7511
형	miserable <small>mɪ.zə.rəb.l̩</small>	불쌍한, 궁핍한	7512
명	misery <small>mɪ.zə.ri</small>	고통, 불행	7513
형	modest <small>mɑ.dəst</small>	겸손한, 정숙한, 적당한	7514
명	modesty <small>mɑ.də.sti</small>	겸손, 얌전함	7515
명	moisture <small>mɔɪs.tʃər</small>	습기	7516
형	moist <small>mɔɪst</small>	촉촉한, 습기 있는	7517
통	moisten <small>mɔɪs.n̩</small>	촉촉해지다, 적시다	7518
명	nectar <small>nek.tər</small>	꿀, 과즙	7519
형	nocturnal <small>nɑktɜː.nl̩</small>	야간의, 밤의	7520
형	nomadic <small>noʊ.mæ.dɪk</small>	유목의, 방랑하는	7521
명	nomad <small>noʊ.mæd</small>	유목민	7522
명	noon <small>nun</small>	정오, 한낮	7523
형	nasal <small>neɪz.l̩</small>	코의, 콧소리의	7524
명	nosebleed <small>noʊz.blid</small>	코피	7525

명	runny nose rʌ.ni.noʊz	콧물	7526
동	annihilate ə.naɪə.let	전멸시키다	7527
명	annihilation ə.naɪə.leɪʃ.n	전멸, 소멸	7528
동	annul æ.nʌl	무효화[폐기]하다	7529
형	null nəl	무효의, 없는	7530
동	nullify nʌ.lə.faɪ	무효화[취소]하다	7531
명	nihilism naɪə.lɪ.zəm	허무주의	7532
동	obey obeɪ	복종[준수]하다	7533
명	obedience obi.diəns	복종, 순종	7534
형	obedient obi.diənt	순종적인	7535
동	disobey dɪ.sə.beɪ	반항[거역]하다	7536
형	obscure əb.skjʊr	애매한, 어두운	7537
명	obscurity əb.skjʊ.rə.ti	불분명, 무명	7538
명/동	obsess əb.ses	집착하다(시키다)	7539
명	obsession əb.seʃ.n	강박, 집착	7540
형	obsessive əb.se.sɪv	강박적인	7541
동	be obsessed with bi.əb.sest.wɪθ	~에 사로잡히다	7542
동	appal(l) ə.pɔl.el	오싹하게 하다	7543
형/명	pale peɪl	창백한, 허약한, 말뚝	7544
형	palliative pæ.liə.tɪv	완화하는	7545
명	pan pæn	전체, 냄비	7546
명	panoply pæna.pli	한 벌	7547
명	panorama pæ.nə.ræ.mə	전경	7548
명	panacea pæ.nə.siə	만병통치약	7549
형	pan-european pæn.jʊ.rə.piən	유럽 전체의	7550

형	panel pæn.l	판, 틀, 위원단	7551
형명	panic pæ.nɪk	공황상태(의)	7552
명	paradox pe.rə.dɑks	역설	7553
형	paradoxical pe.rə.dɑk.sɪk.l	역설적인	7554
형	passive pæ.sɪv	수동적인	7555
명	pedestrian pə.de.strɪən	보행자	7556
동	backpedal bæk.ped.l	거꾸로 밟다, 후퇴[철회]하다	7557
명	pedestal pe.də.stl	기초, 받침	7558
명	pedigree pe.də.gri	족보, 유래	7559
명	penalty pe.nəl.ti	형벌, 벌금, 불이익	7560
동	penalize pe.nə.laɪz	처벌하다	7561
형	penal pin.l	형벌의, 심한	7562
형명	pilot paɪ.lət	실험적인, 조종사	7563
형동	plug pləg	마개(를 막다)	7564
동	unplug ʌn.pləg	(마개를) 빼다	7565
명	poison pɔɪz.n	독, 해악	7566
형	poisonous pɔɪ.zə.nəs	유독한, 유해한	7567
명	preponderance pri.pɑn.drəns	많음, 우세	7568
동	ponder pɑn.dər	많이 생각하다	7569
명	premise pre.məs	근거, 토지, 구역	7570
명동	surmise sər.maɪz	추측(하다)	7571
명	procrastination proʊ.kræ.stɪ.neɪʃ.n	지연, 미루기	7572
동	procrastinate proʊ.kræ.stɪ.neɪt	지연하다, 미루다	7573
형	prosperous prɑ.spə.rəs	번영하는, 성공적인	7574
동	prosper prɑ.spər	번영[성공]하다	7575

	단어	뜻	번호
명	prosperity praspe.rə.ti	번영	7576
명	protein proʊ.tin	단백질	7577
부	purely pjʊr.li	순수[깨끗]하게	7578
동	purify pjʊ.rə.faɪ	정화하다	7579
명	purity pjʊ.rə.ti	순수성	7580
명동	purge pɚdʒ	정화[숙청](하다)	7581
명	impurity ɪm.pjʊ.rə.ti	불순(물)	7582
명	Puritan pjʊ.rə.tən	청교도	7583
동	acquiesce æ.kwi.es	묵인하다	7584
부	quietly kwaɪət.li	조용히, 살짝, 침착하게	7585
형	radical ræ.dək.l	극단[근본]적인	7586
동	ratify ræ.tə.faɪ	승인하다	7587
동	register re.dʒə.stər	등록하다	7588
명	registry re.dʒə.stri	등기(소)	7589
형	reluctant rə.lək.tənt	주저하는, 싫은	7590
명	reluctance rə.lək.təns	주저, 싫음	7591
형명	republican ri.pʌ.bləkən	공화당의, 공화국의, 공화주의자	7592
명	republicanism rə.pə.blɪk.ə.nɪ.zəm	공화제	7593
명	resentment rə.zent.mənt	분노	7594
동	resent rə.zent	분개[원망]하다	7595
형	resentful rə.zent.fəl	분개한, 원망하는	7596
형	rhythmic rɪð.mɪk	박자의, 주기적인	7597
명동	rhyme raɪm	운율(을 맞추다)	7598
동	be[get] rid of bi[get].rɪd.ʌv	없애다, 해치다	7599
동	rid A of B rɪd.ə.əv.bi	A에서 B를 없애다	7600

품사	단어	뜻	번호
동	**rip** rip	찢다, 벗겨내다	7601
동	**get ripped off** get.ript.ɔf	바가지 쓰다	7602
형명	**ritual** rɪ.tʃuəl	종교의식(의)	7603
형	**ritualistic** rɪ.tʃuə.lɪ.stɪk	의례적인	7604
명	**rite** raɪt	의례, 관습	7605
형명	**rodent** roʊdnt	설치류(의)	7606
명동	**ruin** ruən	폐허, 파멸(시키다)	7607
형	**saddened** sæd.nd	슬픈	7608
부	**sadly** sæd.li	슬프게, 슬프게도	7609
명	**sadness** sæd.nəs	슬픔	7610
동	**sadden** sæd.ŋ	슬프게 하다	7611
형	**salient** seɪ.liənt	특징적인, 중요한	7612
동	**underscore** ʌn.dər.skɔr	강조하다	7613
부	**seldom** sel.dəm	거의 않(-다), 드물게	7614
형	**sheepish** ʃi.pɪʃ	양 같은, 소심한	7615
명동	**sketch** sketʃ	그리다, 소묘, 초안	7616
명	**schema** ski.mə	개요, 설계	7617
명	**scheme** skim	계획, 설계, 조직, 음모	7618
형명	**slave** sleɪv	노예(의)	7619
명	**slavery** sleɪ.və.ri	노예 제도	7620
동	**enslave** ens.leɪv	노예화하다	7621
명	**thrall** θrɒl	노예	7622
동	**snap** snæp	"찰칵"(찍다)	7623
동	**snatch** snætʃ	"홱"(잡아채다)	7624
형	**solar** soʊ.lə	태양의	7625

명동	**spear** spɪr	창, 찌르다	7626
명	**sparring** spɑr.ɪŋ	다툼, 대련	7627
동	**pierce** pɪrs	뚫다	7628
형	**splendid** splen.dəd	화려한, 눈부신	7629
동	**spoil** spɔɪl	망치다, 상하다 ③ spoil | spoilt | spoilt	7630
형	**spoiled** spɔɪld	버릇없는, 상한	7631
형	**spontaneous** spɑnteɪ.niəs	자발적인	7632
형	**statistics** stə.tɪ.stɪks	통계학	7633
형	**statistical** stə.tɪ.stɪk.l̩	통계적인	7634
형	**statistician** stæ.tə.stɪʃ.n̩	통계학자	7635
명동	**stride** straɪd	보폭, 큰 걸음 (걷다)	7636
명	**stadium** steɪ.diəm	(육상) 경기장	7637
명동	**stamp** stæmp	발 구르다, 우표, 도장	7638
동	**outstrip** aʊt.strɪp	추월하다	7639
형명	**subordinate** sə.bɔr.də.net	하위의, 부하	7640
동	**subdue** səb.du	정복[완화]하다	7641
동	**subjugate** sʌb.dʒə.get	정복하다, 복종시키다	7642
명	**subordination** sə.bɔr.də.neɪʃ.n̩	종속, 하위	7643
명동	**substitute** sʌb.stə.tut	대체하다, 대리인	7644
명동	**surrogate** sɜ.rə.gət	대리(하다), 대리인	7645
형명	**sub** səb	아래의, 하위의, 후보	7646
동형	**successive** sək.se.sɪv	연속하는	7647
형	**succession** sək.seʃ.n̩	연속, 계승	7648
명	**successor** sək.se.sɚ	후임, 상속자, 후속	7649
동	**supervise** su.pɚ.vaɪz	감독[관리]하다	7650

명	**supervision** su.pər.vɪʒ.n	감독, 지도	7651
명	**supervisor** su.pər.vaɪ.zər	감독자, 관리인	7652
명동	**surge** sɜːdʒ	밀려들다, 급증	7653
명동	**surf** sɜːf	파도(타다)	7654
동	**surpass** sər.pæs	능가하다	7655
형	**unsurpassed** ʌn.sər.pæst	최고의	7656
형	**susceptible** sə.sep.təb.l	민감한, 취약한	7657
명	**susceptibility** sə.sep.tə.bɪ.lə.ti	민감성, 취약	7658
동	**tap** tæp	수도꼭지, 톡 치다	7659
형	**untapped** ʌn.tæpt	미개발의, 꼭지 없는	7660
명동	**target** tur.gət	표적, 목표(하다)	7661
명	**therapy** θe.rə.pi	치료	7662
명	**therapist** θe.rə.pəst	치료사	7663
형	**towering** taʊər.ɪŋ	치솟은	7664
동	**vanish** væ.nɪʃ	사라지다	7665
형	**vain** veɪn	헛된, 자만하는	7666
명	**vanity** væ.nə.ti	허영심, 공허함	7667
	in vain ɪn.veɪn	헛되이	7668
명	**vibration** vaɪ.breɪʃ.n	진동, 떨림	7669
명	**vibe** vaɪb	느낌, 진동	7670
형	**vibrant** vaɪ.brənt	진동하는, 활기찬	7671
동	**vibrate** vaɪ.breɪt	진동하다, 떨리다	7672
동	**violate** vaɪə.leɪt	위반[성폭행]하다	7673
명	**violation** vaɪə.leɪʃ.n	위반, 성폭행	7674
형	**inviolable = inviolate** ɪn.vaɪə.ləb.l	침범할 수 없는	7675

형	vivid vɪ.vəd	생생한, 발랄한	7676
명	witch wɪtʃ	마녀	7677
형	wicked wɪkəd	사악한	7678
명	witchcraft wɪtʃ.kræft	마법	7679
명	wizard wɪ.zərd	마법사	7680
동	zero in on zɪro.ʊ.ɪn.ɑn	~에 집중하다	7681
명	zone zoʊn	지역, 구역	7682
명	zoning zoʊn.ɪŋ	지역 설정	7683
동	accommodate ə.kɑm.ə.deɪt	수용[조절, 적응]하다	7684
명	accommodation ə.kɑm.ə.deɪʃ.n̩	숙박[편의]시설, 조정	7685
동	acquaint ə.kweɪnt	알게[익히게]하다	7686
동	be acquainted with bi.ə.kweɪn.təd.wɪθ	~을 알다	7687
명	acquaintance ə.kweɪn.təns	지인, 지식	7688
동	adore ə.dɔr	좋아[숭배]하다	7689
동	adorn ə.dɔrn	(아름답게) 꾸미다	7690
형	adorable ə.dɔ.rəb.l̩	사랑스런	7691
형	aesthetic es.θe.tɪk	미적인	7692
명	aesthetics es.θe.tɪks	미학	7693
명	affair ə.fer	사건, 일, 연애	7694
동	afflict ə.flɪkt	괴롭히다	7695
명	infliction ɪn.flɪk.ʃn̩	고통, 민폐	7696
동	inflict ɪn.flɪkt	고통(민폐) 주다	7697
명	affliction ə.flɪk.ʃn̩	괴로움	7698
명	ailment eɪl.mənt	병, 고통	7699
형	ailing eɪl.ɪŋ	병든, 고통스런	7700

형	**akin** əkın	~와 비슷한, 혈족의	7701
명	**kinship** kın.ʃɪp	혈연관계, 유사	7702
형	**allergic** ə.lɚ.dʒɪk	알레르기의	7703
명	**allergy** æ.lɚ.dʒi	알레르기	7704
동	**allude** ə.lud	암시[언급]하다	7705
형	**allusive** ə.lu.sɪv	암시적인	7706
명	**allusion** ə.luʒ.n	암시, 언급	7707
명	**altitude** æl.tə.tud	고도, 높이	7708
명	**latitude** læ.tə.tud	위도	7709
형	**ample** æm.pl̩	충분한, 풍부한, 넓은	7710
동	**amplify** æm.plə.faɪ	확대[증폭]하다	7711
형	**anecdotal** æ.nɪkdo.ʊt.l̩	일화의, 입증 안된	7712
명	**anecdote** æ.nɪkdoʊt	일화	7713
형	**anonymous** ə.nɑ.nə.məs	익명의	7714
명	**anonymity** æ.nə.nɪ.mə.ti	익명	7715
명	**protagonist** protæ.ɡə.nəst	주창자, 주인공	7716
명	**antagonist** æn.tæ.ɡə.nəst	상대역, 악역	7717
동	**apprehend** æ.prə.hend	이해[걱정, 체포]하다	7718
형	**apprehensive** æ.prə.hen.sɪv	걱정하는, 이해하는	7719
명	**apprentice** ə.pren.təs	견습생	7720
명	**apprenticeship** ə.pren.təs.ʃɪp	견습 기간	7721
명	**apprehension** æ.prə.hen.ʃn	이해, 걱정, 체포	7722
명	**architecture** ɑrk.ə.tek.tʃɚ	건축학, 양식, 구조	7723
형	**archetypal** ɑrktaɪp.l̩	전형적인	7724
형	**architectural** ɑrk.ə.tek.tʃə.rəl	건축술의	7725

명	architect ɑrk.ə.tekt	건축가, 설계자	7726
명	aristocrat ə.rɪ.stə.kræt	귀족	7727
형	aristocratic ə.rɪ.stə.kræ.tɪk	귀족층의	7728
명	aristocracy e.rə.stɑ.krə.si	귀족(정치)	7729
명동	aspire ə.spaɪr	열망(하다)	7730
명	aspiration æ.spə.reɪʃ.n	열망	7731
형	bent bent	구부러진, 휜	7732
동	bend bend	구부리다, 굴복시키다 ③ bend | bent | bent	7733
명동	bid bɪd	입찰(하다), 명하다 ③ bid | bade, bid | bidden, bid	7734
형	bold boʊld	대담한, 뻔뻔한	7735
명	boldness boʊld.nəs	대담, 뚜렷함	7736
명	bowl boʊl	(오목한) 사발	7737
명	boulder boʊl.də	둥근 바위	7738
명	brink brɪŋk	가장자리, 위기	7739
명동	bully bʊ.li	양아치, 괴롭히다	7740
명	cyber bullying saɪ.bər.bʊ.li.ɪŋ	사이버 폭력	7741
명동	camouflage kæ.mə.flɑʒ	위장(하다)	7742
명	catastrophe kə.tæ.strə.fi	재앙	7743
명	ceiling sil.ɪŋ	천장	7744
형	celestial sə.les.tʃəl	하늘의, 천국의	7745
명	channel tʃæn.l	해협, 수로, 경로	7746
명	canal kə.næl	운하, 수로	7747
명동	clap klæp	박수(치다)	7748
명동	coat koʊt	외투, 덧칠하다	7749
명	overcoat oʊv.əkoʊt	외투	7750

명동	**coin** kɔɪn	동전, 신조어를 만들다	7751
명	**collar** kɑ.lər	옷깃	7752
형	**blue-collar** blu.kɒ.lər	육체 노동자의	7753
형	**white-collar** waɪt.kɒ.lər	두뇌 노동자의	7754
동	**collide** kə.laɪd	충돌[상충]하다	7755
명	**collision** kə.lɪʒ.n	충돌, 사고	7756
동	**commute** kə.mjut	통근하다	7757
형	**compulsory** kəm.pəl.sə.ri	강제[의무]적인	7758
형	**compulsive** kəm.pəl.sɪv	강제적인	7759
명	**compulsion** kəm.pəl.ʃn	강제, 충동	7760
동	**computerize** kəm.pju.tə.raɪz	전산화하다	7761
동	**compute** kəm.pjut	계산하다	7762
형	**computational** kɑm.pju.teɪʃ.nəl	계산적인	7763
명동	**concert** kɑn.sərt	연주회, 협조하다	7764
동	**disconcert** dɪs.kən.sɜt	당황하게 하다	7765
동	**condemn** kən.dem	비난[선고]하다	7766
명	**condolence** kəndo.ʊ.ləns	애도, 조의	7767
명동	**console** kənsoʊl	위로[격려]하다, 장치	7768
명	**solace** sɑ.ləs	위안	7769
동	**confess** kən.fes	자백[고백]하다	7770
명	**confession** kən.feʃ.n	자백, 고백	7771
형	**conspicuous** kən.spɪ.kjuəs	눈에 띄는	7772
형	**inconspicuous** ɪŋk.ɑn.spɪ.kwəs	눈에 띄지 않는	7773
형	**stellar** ste.lər	별의	7774
명	**constellation** kɑn.stə.leɪʃ.n	별자리	7775

형	interstellar ɪn.tɜr.stɛ.lər	행성 간의	7776
명	consultant kən.sʌl.tənt	상담가, 고문	7777
명	consultation kʌn.səl.teɪʃ.n	상담, 자문, 협의	7778
동	consult kən.sʌlt	상담[참고]하다	7779
명	counselor kaʊn.sə.lər	상담자, 고문	7780
명동	counsel kaʊn.sl	조언[상담](하다)	7781
동	countervail kaʊn.tə.veɪl	대항[무효화]하다	7782
형	valiant væ.ljənt	용감한	7783
명	valor væ.lər	용기	7784
명동	crack kræk	갈라진 금, 틈, 갈라지다	7785
명	crackdown kræk.daʊn	단속, 탄압	7786
명동	cramp kræmp	경련(하다), 조이다	7787
동	cram kræm	밀어넣다, 잔뜩 넣다	7788
명동	clamp klæmp	꺽쇠, 조이다	7789
형명	crook krʊk	굽은, 사기꾼	7790
동	crouch kraʊtʃ	구부리다	7791
명	hook hʊk	갈고리, 걸이	7792
동	hook up hʊk.ʌp	연결하다	7793
형	cruel kruəl	잔혹한, 무자비한	7794
명	cruelty krʊl.ti	잔혹(한 행위)	7795
명동	crush krəʃ	으깨다, 군중, 좋아함	7796
동	squash skwɒʃ	으깨다	7797
명동	crunch krʌntʃ	오독오독 씹다, 곤경	7798
동	munch mʌntʃ	우적우적 먹다	7799
형	cryptic krɪp.tɪk	수수께끼의, 비밀스런	7800

동	encrypt en.krɪpt	암호화하다	7801
명	encryption en.krɪp.ʃən	암호화	7802
명동	dare der	~을 감히 하다, 도전(하다)	7803
형	daring der.ɪŋ	대담한, 무모한	7804
형명	deaf def	귀머거리(의)	7805
동	deafen def.n	귀먹게 하다	7806
명	debt det	빚	7807
명	debit de.bɪt	인출	7808
명동	decay dək.eɪ	부패하다[시키다], 부패, 부식	7809
형	decadent dek.ə.dənt	퇴폐적인	7810
형	deciduous də.sɪ.dʒuəs	낙엽성의, 허무한	7811
형	decent di.sənt	괜찮은, 점잖은	7812
형	indecent ɪn.di.sənt	부적당한	7813
명	decency di.sən.si	예절	7814
명	docility doʊ.sɪ.lɪ.ti	온순함	7815
명	deduction də.dək.ʃn	추론, 공제, 차감	7816
형	inductive ɪn.dʌk.tɪv	귀납적인 *경험에 의한 추측	7817
동	deduct də.dəkt	빼다, 공제하다	7818
형	deductible də.dək.təb.l	공제 가능한	7819
동	deduce də.dus	추론하다	7820
동	deem dim	~라 생각하다	7821
명	delinquency də.lɪŋ.kwən.si	직무 태만, 범죄	7822
동	relinquish rə.lɪŋ.kwɪʃ	포기[양도]하다	7823
동	deplete də.plit	비우다, 고갈시키다	7824
명	depletion də.pliʃ.n	고갈	7825

명	**relic** re.lik	유물, 유품, 유적, 자취	7826
명	**dereliction** de.rə.lik.ʃn	포기, 태만	7827
형명	**derelict** de.rə.likt	버려진, 낙오자	7828
명	**diploma** diplo.ʊ.mə	졸업장	7829
명	**diplomat** di.plə.mæt	외교관	7830
형	**diplomatic** di.plə.mæ.tik	외교적인	7831
명	**diplomacy** diplo.ʊ.mə.si	외교(술)	7832
동	**discern** di.sɜn	알아채다, 분별하다	7833
형	**discernible** di.sɜ.nəb.l	알 수 있는	7834
형동	**dissent** di.sent	반대(하다), 의견이 다르다	7835
형명	**dissident** di.sə.dənt	반대하는 (사람)	7836
명동	**dive** daiv	잠수[급강하](하다)	7837
명	**nosedive** nouz.daiv	급강하, 폭락	7838
동	**donate** dou.neit	기부하다	7839
명	**donation** dou.neiʃ.ŋ	기부(금)	7840
명	**donor** dou.nɔr	기부자	7841
동	**drain** drein	배수[배출]하다	7842
명	**drainage** drei.nədʒ	배수(로)	7843
명동	**drill** dril	훈련(하다), 뚫다	7844
동	**drown** draʊn	익사하다[시키다], 잠기게 하다	7845
형	**drowned** draʊnd	익사한	7846
명동	**dump** dəmp	버리다, 쓰레기장	7847
명	**ego** igo.ʊ	자아, 자존심	7848
형	**egocentric** ego.ʊ.sen.trik	이기적인	7849
형	**eligible** e.lə.dʒəb.l	자격 있는, 적절한	7850

동	be eligible for bi.e.lə.dʒəb.l.fɔr	~할 자격이 있다	7851
형	ineligible ɪ.ne.lɪ.dʒəb.l	자격 없는	7852
형	elusive ə.lu.sɪv	회피하는, 어려운	7853
동	elude ə.lud	피하다	7854
동	endow en.dau	기부[부여]하다	7855
명	endowment en.dau.mənt	기부, 재능	7856
명	entrepreneur ɑn.trə.prə.nɝ	기업가	7857
명	enterprise en.tər.praɪz	기업, 사업	7858
동	entice en.taɪs	유혹[유인]하다	7859
동	eradicate ɪ.ræ.dəket	근절하다	7860
동	escalate e.skə.let	확대되다	7861
동	dilate daɪ.leɪt	확장[팽창]하다	7862
명	exponent ekspo.ʊ.nənt	대표자, 해설자	7863
형	exponential ekspo.nen.tʃl	급격한, 대표적인	7864
명	proponent prəpo.ʊ.nənt	지지자, 제안자	7865
명동	prop prɑp	지지대, 지지하다	7866
형동	faint feɪnt	희미한, 어지러운, 기절하다	7867
명	fellow felo.ʊ	동료	7868
명	fellowship felo.ʊ.ʃɪp	동료애, 모임	7869
형	festival fe.stəv.l	축제	7870
명	feast fist	연회, 축제	7871
형	festive fe.stɪv	축제의, 즐거운	7872
형	fierce fɪrs	격렬한, 사나운	7873
명동	flap flæp	덮개, 펄럭이다	7874
동	flatter flæ.tər	아첨하다, 돋보이다	7875

명	flattery flæ.tə.ri	아첨	7876
명	foggy fa.gi	안개가 낀	7877
명	fort fɔrt	요새	7878
통	fortify fɔr.tə.fai	요새화하다	7879
명	fortitude fɔr.tə.tud	용기	7880
명	fortress fɔr.trəs	요새	7881
명	fur fɚ	모피	7882
명	furniture fɚ.nɪ.tʃər	가구	7883
통	furnish fɚ.nɪʃ	제공[비치]하다	7884
명	gear gɪr	톱니바퀴, 장치	7885
통	be geared to bi.gɪrd.tu	~에 중점두다	7886
명	germ dʒɚm	균, 싹	7887
명	disgrace dɪs.greɪs	망신, 수치	7888
형	graceful greɪ.sfəl	우아한	7889
형	gracious greɪ.ʃəs	정중한, 우아한	7890
형	disgraceful dɪs.greɪ.sfəl	수치스런	7891
명통	guard gɑrd	경비원, 보호하다	7892
명	guardian gɑr.diən	보호자, 감시인	7893
명	vanguard væn.gɑrd	선두, 선발대	7894
명	heathen hið.n	이방인, 이교도	7895
명	heresy he.rə.si	이단	7896
명	heretic he.rə.tɪk	이교도	7897
형	holy hoʊ.li	신성한	7898
명	horn hɔrn	뿔	7899
형	horned hɔrnd	뿔 달린	7900

명	humidity hju.mɪ.də.ti	습기	7901
형	humid hju.məd	습한	7902
명	humidifier hju.mɪ.də.faɪər	가습기	7903
	i.e. = id est aɪ..i	즉	7904
형	imperial ɪm.pɪ.riəl	제국의, 황제의	7905
명	imperialism ɪm.pɪ.riə.lɪ.zəm	제국주의	7906
동	impose ɪmpoʊz	부과[제재, 강요]하다	7907
명	imposition ɪm.pə.zɪʃ.n̩	부과, 부담	7908
동	impose on ɪmpoʊz.ɑn	~을 강요하다	7909
형	imposing ɪmpo.ʊz.ɪŋ	인상적인	7910
형	incumbent ɪnk.əm.bənt	현직의, 의무적인	7911
동	succumb səkəm	굴복하다	7912
형	cumbersome kʌm.bər.səm	번거로운	7913
명	interval ɪn.tər.vl̩	간격, 틈, 휴식	7914
동	intervene ɪn.tər.vin	개입[간섭]하다	7915
명	intervention ɪn.tər.ven.tʃn̩	개입, 중재	7916
형	intrinsic ɪn.trɪn.sɪk	고유한, 본질적인	7917
형	ironclad aɪərn.klæd	철갑의, 견고한	7918
동	iron out aɪərn.aʊt	해결[다림질]하다	7919
명	irony aɪ.rə.ni	반어법, 풍자	7920
형	ironic aɪ.rɑ.nɪk	반어적인, 비꼬는	7921
형	juicy dʒu.si	즙[물]많은	7922
명	junk dʒɑŋk	쓰레기	7923
명	junkie dʒʌŋk.i	중독자	7924
동	launch lɒntʃ	착수[개시, 발사]하다	7925

형	**legendary** le.dʒən.de.ri	전설적인	7926
형명	**leisure** le.ʒər	여가(시간), 한가한	7927
명	**loyalty** lɔɪəl.ti	충성, 성실	7928
명	**disloyalty** dɪs.lɔɪəl.ti	불성실, 불충	7929
형	**loyal** lɔɪəl	충성스런, 성실한	7930
형	**lyric** lɪ.rɪk	서정적인, 서정시의	7931
명	**mammal** mæm.l̩	포유 동물	7932
형	**mandatory** mæn.də.tɔ.ri	의무적인, 강제의	7933
명동	**mandate** mæn.det	권한, 명령(하다)	7934
동	**remand** rɪ.mænd	구속시키다	7935
형동	**manifest** mæ.nə.fest	명백한, 명백히 하다, 나타나다	7936
명	**manifestation** mæ.nə.fe.steɪʃ.n̩	표명, 징후	7937
형명	**manual** mæ.njuəl	손의, 수동의, 설명서	7938
명	**marble** mɑr.bl̩	대리석, 구슬	7939
형	**marginal** mɑr.dʒən.l̩	미미한, 변두리의	7940
명	**margin** mɑr.dʒən	차이, 여백, 이익, 가장자리	7941
명	**mate** meɪt	동료, 친구, 배우자	7942
명	**comrade** kʌm.ræd	동무	7943
명	**inmate** ɪn.met	수감자	7944
명동	**mess** mes	엉망, 혼란, 망치다	7945
형	**messy** me.si	지저분한, 엉망인	7946
동	**mess up** mes.ʌp	~을 망치다	7947
형	**metabolic** me.tə.bɑ.lɪk	신진대사의	7948
명	**metabolism** mə.tæ.bə.lɪ.zəm	신진대사	7949
형동	**mirror** mɪ.rər	거울, 반영하다	7950

명	mirage mə.rɑʒ	신기루, 망상	7951
명	mortar mɔr.tər	회반죽, 절구, 박격포	7952
형	brick-and-mortar brɪk.ənd.mɔr.tər	오프라인의, 전통적인	7953
명	mortality mɔr.tæ.lə.ti	죽을 운명, 사망률	7954
형	immortal ɪ.mɔr.tl	죽지 않는, 불멸의	7955
형	mortal mɔr.tl	죽을 운명의, 치명적인	7956
동	immortalize ɪ.mɔr.tə.laɪz	영원하게 하다	7957
형	mutant mju.tənt	돌연변이의	7958
형	mutable mju.təb.l	변하기 쉬운	7959
명	mutation mju.teɪʃ.n	변화, 돌연변이	7960
동	mutate mju.tet	변이[변화]하다	7961
형	immutable ɪ.mju.təb.l	불변의	7962
명	obesity oʊ.bi.sɪ.ti	비만	7963
명	optics ɑp.tɪks	광학	7964
형	optic(al) ɑp.tɪk	눈의, 시력의, 광학의	7965
형	palatable pæ.lə.təb.l	맛 좋은, 즐거운	7966
명	palate pæ.lət	미각, 입맛	7967
명	peasant pe.zənt	농부	7968
동	imperil ɪm.pe.rəl	위태롭게 하다	7969
명	peril pe.rəl	위험	7970
형	perilous pe.rə.ləs	위험한, 모험적인	7971
형	peripheral pə.rɪ.fə.rəl	지엽적인, 주변의	7972
명	periphery pə.rɪ.fə.ri	주변	7973
동	permeate pɜ.mi.et	스며들다, 퍼지다	7974
형	impermeable ɪm.pɜ.miəb.l	스며들지 않는	7975

형동	plague pleɪg	전염병, 괴롭히다	7976
명	politeness pə.laɪt.nəs	공손함	7977
형	polite pə.laɪt	공손한	7978
형	impolite ɪm.pə.laɪt	무례한	7979
명동	polish pɑl.ɪʃ	광택(내다), 품위	7980
명	potter pɑ.tər	도예가	7981
명	pottery pɑ.tə.ri	도자기	7982
형	jackpot dʒæk.pɑt	대박	7983
동	pour pɔr	붓다, 쏟다	7984
명	downpour daʊn.pɔr	폭우	7985
명	pregnancy preg.nən.si	임신, 풍부	7986
형	pregnant preg.nənt	임신한	7987
형	impregnable ɪm.preg.nəb.l	철벽의, 수정[임신]가능한	7988
명	priest prist	성직자	7989
명	profile proʊ.faɪl	윤곽, 옆얼굴, 개요	7990
형	eminent e.mə.nənt	뛰어난, 유명한, 돌출한	7991
명	prominence prɑ.mə.nəns	명성, 두각, 돌기	7992
형	prominent prɑ.mə.nənt	뛰어난, 유명한, 돌출한	7993
형	preeminent pri.e.mə.nənt	뛰어난	7994
동	pronounce prə.naʊns	발음[선언]하다	7995
명	prototype proʊ.tə.taɪp	기본형, 본보기	7996
명	protocol proʊ.təkɒl	조약, 의례	7997
명	proxy prɑk.si	대리(인)	7998
명	pulse pəls	맥박, 파동	7999
명	puzzle pʌz.l̩	수수께끼	8000

명	**quantum** kwɑn.təm	양, 몫, [물리학] 양자	8001
명	**quantity** kwɑn.tə.ti	양, 수량	8002
동	**quantify** kwɑn.tə.faɪ	수량을 세다	8003
동	**quit** kwɪt	그만두다 ③ quit | quit | quit	8004
동	**acquit** ə.kwɪt	면제[석방]하다	8005
명동	**ramp** ræmp	진입로, 경사, 위협하다	8006
형	**rampant** ræm.pənt	만연한, 격노한	8007
명	**rampage** ræm.pedʒ	난동	8008
명동	**rebel** re.bəl	반역자, 반역하다	8009
명	**rebellion** rə.be.ljən	반란, 폭동	8010
형	**rebellious** rə.be.ljəs	반역하는, 반항적인	8011
명	**revolt** rɪvoʊlt	반란, 반항	8012
동	**reciprocate** rə.sɪ.prəket	보답[보복]하다	8013
형	**reciprocal** rə.sɪ.prək.l	상호간의, 보복의, 대등한	8014
형	**reckless** re.kləs	무모한, 부주의한	8015
동	**reckon** rekən	생각[예상]하다	8016
명	**recollection** rek.ə.lek.ʃn	기억(력), 회상	8017
동	**recollect** rek.ə.lekt	기억해 내다	8018
명	**refrigerator** rə.frɪ.dʒə.re.tər	냉장고	8019
동	**refrigerate** rə.frɪ.dʒə.ret	냉장[냉각]하다	8020
형	**resilient** rə.zɪ.ljənt	탄력[회복력]있는	8021
형	**resiliency** rə.zɪ.ljən.si	탄력, 회복력	8022
형	**respective** rə.spek.tɪv	각각의	8023
전	**irrespective of** ɪ.rə.spek.tɪv.ʌv	~에 상관없이	8024
명동	**resume** rə.zum	재개하다, 개요, 이력서	8025

동	**resurrect** re.zə.rekt	부활시키다	8026
명	**resurrection** re.zə.rek.ʃn	부활	8027
명동	**ring** rɪŋ	반지, 고리, (종, 벨) 울리다 ③ ring | rang, ringed | rung, ringed	8028
형	**ringing** rɪŋɪŋ	(종, 전화) 울리는	8029
동	**rob** rɑb	강탈하다	8030
명	**robbery** rɑ.bə.ri	강도(질)	8031
명	**robber** rɑ.bər	강도	8032
동	**rob A of B** rɑb.əv	A에게 B를 빼앗다	8033
형	**romantic** roʊmæn.tɪk	낭만적인, 연애의	8034
명	**romance** roʊ.mæns	연애, 낭만	8035
명	**row** roʊ	열, 줄	8036
	in a row ɪn.ə.roʊ	연이어, 한 줄로	8037
명	**rumor = rumour** ru.mər	소문	8038
형	**savage** sæ.vɪdʒ	야만적인	8039
명동	**ravage** ræ.vɪdʒ	파괴(하다)	8040
동	**scan** skæn	조사[검사]하다	8041
동	**sculpt** skəlpt	조각하다	8042
명동	**sculpture** skʌlp.tʃər	조각(하다)	8043
동	**seize** siz	(붙)잡다, 압류하다	8044
명	**seizure** si.ʒər	장악, 압수, 발작	8045
명	**shell** ʃel	껍질, 포탄	8046
명	**shellfish** ʃel.fɪʃ	조개&갑각류	8047
형	**shiny** ʃaɪ.ni	빛나는, 밝은	8048
형	**sheer** ʃɪr	순전한, 얇은, 빛나는	8049
동	**shine** ʃaɪn	빛나다, 반짝이다	8050

형	**sincere** sɪn.sɪr	진정한, 성실한	8051
명	**sincerity** sɪn.se.rə.ti	진정성, 성실성	8052
명	**slice** slaɪs	썰다, 조각	8053
명	**slit** slɪt	트임, 쪼개짐	8054
	a slice of ə.slaɪs.ʌv	~한 조각	8055
명동	**spell** spel	철자를 말하다[쓰다], 마법	8056
명	**spelling** spel.ɪŋ	맞춤법	8057
동	**misspell** mɪs.spel	철자를 틀리다	8058
동	**spell out** spel.aʊt	설명하다	8059
명동	**spice** spaɪs	양념(을 넣다)	8060
형	**spicy** spaɪ.si	매콤한	8061
명동	**spin** spɪn	회전(하다) ③ spin | spun | spun	8062
형	**spiral** spaɪ.rəl	나선형의, 소용돌이의	8063
형	**staggering** stæ.gər.ɪŋ	비틀대는, 놀라운	8064
동	**steer** stɪr	조종하다, 나아가다	8065
형	**stiff** stɪf	경직된, 굳은	8066
동	**stiffen** stɪf.ŋ	굳어지다	8067
동	**suffocate** sʌ.fəket	질식하다[시키다]	8068
동	**stifle** staɪ.fəl	억제하다, 질식시키다	8069
동	**stir** stɝ	휘젓다, 뒤섞다, 움직이다	8070
동	**stir up** stɝ.ʌp	일으키다	8071
명	**stomach** stʌ.mək	위, 복부	8072
명	**stomachache** stʌ.mək.eɪk	복통	8073
형	**stubborn** stʌ.bərn	고집 센, 단단한	8074
명	**stump** stəmp	그루터기	8075

명	**genocide** dʒe.nə.saɪd	대량 학살	8076
명	**homicide** hɑ.mə.saɪd	살인	8077
명동	**suicide** suə.saɪd	자살(하다)	8078
형	**suicidal** suə.saɪd.l	자멸적인	8079
형	**surgical** sɝ.dʒɪk.l	외과적인, 수술의	8080
명	**surgeon** sɝ.dʒən	외과의사	8081
명동	**sweat** swet	땀 (흘리다)	8082
형	**sweaty** swe.ti	땀투성이의, 땀 나는	8083
	No sweat noʊ.swet	"별 일 아니야"	8084
형	**tangible** tæn.dʒəb.l	명백한, 만져지는, 유형의	8085
형	**intangible** ɪn.tæn.dʒəb.l	무형의, 만질 수 없는	8086
명	**tentacle** ten.tək.l	촉수	8087
명	**antenna** æn.te.nə	더듬이	8088
형	**tender** ten.dər	부드러운, 다정한	8089
형	**tentative** ten.tə.tɪv	임시적인	8090
명	**theft** θeft	절도	8091
명	**thief** θif	도둑	8092
동	**thieve** θiv	훔치다	8093
형	**thermal** θɝ.ml	열의, 온도의, 뜨거운	8094
명	**thermometer** θər.mɑ.mə.tər	온도계	8095
동	**thrive** θraɪv	번창[성장]하다	8096
명	**thrift** θrɪft	절약, 성장	8097
형	**thrifty** θrɪf.ti	절약하는, 성장하는	8098
동	**clear one's throat** klɪr.wʌnz.θroot	헛기침하다	8099
형	**cutthroat** kət.θrot	살인적인, 잔인한	8100

형명	toddler tɑd.lər	유아(용의)	8101
명동	treasure tre.ʒər	보물, 소중히 하다	8102
명	treasurer tre.ʒə.rər	총무, 회계원	8103
명	turbine tɜ.baɪn	원동기	8104
명	turbulence tɜ.bjə.ləns	난기류	8105
명동	turmoil tɜ.mɔɪl	혼란(시키다)	8106
형	turbulent tɜ.bjə.lənt	난기류의	8107
동	twist twɪst	비틀다, 왜곡하다	8108
동	intertwine ɪn.tər.twaɪn	뒤얽히다	8109
형	unprecedented ʌn.pre.sə.den.təd	전례 없는	8110
동	precede prə.sid	앞서다, 우선하다	8111
명	precedent pre.sə.dənt	선례, 판례	8112
명	precedence pre.sə.dəns	우선	8113
형	preceding pri.sid.ɪŋ	이전의	8114
형	antecedent æn.tə.si.dənt	이전의	8115
동	verify ve.rə.faɪ	입증[증명]하다	8116
형	verifiable ve.rə.faɪəb.l	입증 가능한	8117
명	verification ve.rə.fək.eɪʃ.n	입증, 확인	8118
형	veritable ve.rə.təb.l	진정한	8119
명	bandwagon bæn.dwæ.gən	우세한 편, 악단 차량	8120
동	jump on the bandwagon dʒəmp.ɑn.ðə.bæn.dwæ.gən	우세한 편에 붙다	8121
동	abdicate æb.dəket	포기[사임]하다	8122
명	abdication æb.dɪk.eɪʃ.n	포기, 사임	8123
동	abhor æb.hɔr	혐오하다	8124
형	abominable ə.bɑ.mə.nəb.l	혐오스런, 끔찍한	8125

형	**abrupt** ə.brʌpt	갑작스런, 퉁명한	8126
형	**absurd** əb.sɚd	불합리한, 어리석은	8127
명통	**accent** ək.sent	말투, 강조하다	8128
통	**accentuate** ək.sen.tʃuet	강조하다	8129
명	**alga** (pl. algae) æl.gə	해조류	8130
형	**aloof** ə.luf	떨어져서, 냉담한	8131
명	**altar** ɒl.tər	제단	8132
명	**altruism** æl.tru.ɪ.zəm	이타주의	8133
형	**altruistic** ɒl.tru.ɪ.stɪk	이타적인	8134
형	**ambitious** æm.bɪ.ʃəs	야망 있는	8135
명	**ambition** æm.bɪʃ.ṇ	야망	8136
명	**amenity** ə.me.nə.ti	쾌적함, 편의시설, 예의 (amenities)	8137
형	**amiable** eɪ.miəb.ḷ	상냥한	8138
형	**amenable** ə.me.nəb.l	순종적인	8139
형	**amicable** æ.mɪk.əb.ḷ	상냥한, 우호적인	8140
명	**amity** æ.mə.ti	친선	8141
형	**affable** æ.fəb.ḷ	상냥한	8142
통	**amuse** ə.mjuz	즐겁게 하다	8143
명	**amusement** ə.mjuz.mənt	오락, 놀이, 재미	8144
형	**apathetic** æ.pə.θe.tɪk	무관심한, 무신경한	8145
명	**apathy** æ.pə.θi	무관심	8146
명	**appetite** æ.pə.taɪt	식욕, 욕구	8147
명	**aqua** æ.kwə	물, 액체	8148
형	**aquatic** ə.kwɒ.tɪk	물의, 물에 사는	8149
형	**aquarium** ə.kwe.riəm	수족관	8150

명	**archer** ɑr.tʃər	궁수	8151
명	**archery** ɑr.tʃə.ri	궁술	8152
명	**arrow** ær.oʊ	화살	8153
형명	**arch** ɑrtʃ	궁형, 주요한	8154
명	**arc** ɑrk	궁형	8155
명	**arcade** ɑrkeɪd	궁형 지붕	8156
형	**arctic** ɑrk.tɪk	북극의, 극한의	8157
형	**audacious** ɑdeɪ.ʃəs	대담한, 뻔뻔한	8158
명	**audacity** ɑdæ.sə.ti	대담함, 뻔뻔함	8159
명	**autonomy** ɒ.tɑ.nə.mi	자치권, 자율성	8160
형	**autonomic** ɒ.tə.nɑ.mɪk	자치의, 자율적인	8161
형	**autonomous** ɒ.tɑ.nə.məs	자치의, 자율적인	8162
명	**aviation** eɪ.vi.eɪʃ.ŋ	비행, 항공	8163
형	**avid** æ.vəd	탐욕스런, 열심인	8164
형	**bald** bɒld	대머리의, 노골적인	8165
명동	**bark** bɑrk	짖다, 나무 껍질	8166
명동	**barter** bɑr.tər	물물교환(하다)	8167
형	**benevolent** bə.ne.və.lənt	자비로운, 자선적인	8168
명	**beverage** be.və.rɪdʒ	음료	8169
명동	**brew** bru	양조(하다)	8170
명동	**blaze** bleɪz	타오르다, 불꽃, 섬광	8171
명	**blast** blæst	폭발	8172
명동	**blend** blend	섞다, 혼합 ③ blend | blent | blent	8173
형	**blunt** blənt	둔한, 솔직한	8174
명동	**blur** blɜ	흐림, 흐리게 하다	8175

	단어	뜻	
형	**blurry** bləːri	흐릿한, 모호한	8176
명	**backbone** bækboʊn	등뼈, 중추	8177
명	**boredom** bɔːr.dəm	지루함	8178
형	**boring** bɔːr.ɪŋ	지겨운	8179
형명	**bourgeois** bʊrʒ.wɑ	중산층(의), 속물적인	8180
명	**boyhood** bɔɪ.hʊd	어린 시절	8181
형	**boyish** bɔɪʃ	소년 같은	8182
형	**girlish** gɝ.lɪʃ	소녀 같은	8183
명동	**bubble** bʌb.l	거품(이 일다)	8184
명동	**bud** bəd	싹(트다)	8185
동	**burgeon** bɝ.dʒən	싹트다, 급증하다	8186
명동	**buoy** bui	부표, 떠오르다	8187
명	**buoyancy** bɔɪən.si	부력	8188
형	**buoyant** bɔɪənt	부력 있는, 올라간	8189
동	**bury** be.ri	파묻다, 숨기다	8190
명	**burial** be.riəl	매장	8191
명동	**burrow** bɝ.oʊ	굴(파다), 숨다	8192
동	**encapsulate** enk.æp.sə.let	캡슐에 넣다, 요약하다	8193
동	**carve** kɑrv	조각하다	8194
동	**carve up** kɑrv.ʌp	나누다	8195
형	**casual** kæ.ʒə.wəl	우연한, 간편한, 임시의	8196
명	**casualty** kæ.ʒə.wəl.ti	(불의의) 참사, 사상자	8197
명	**cattle** kæt.l	소떼	8198
명	**concession** kən.seʃ.ŋ	양보, 양해	8199
동	**concede** kən.sid	인정[양보]하다	8200

품사	단어	뜻	번호
동	recede rə.sid	물러나다, 빠지다	8201
동	cede sid	양도하다	8202
동	accede æk.sid	동의하다	8203
명	ceremony se.rəmo.ʊ.ni	의례, 격식	8204
명	chaos keɪɑs	혼돈, 무질서	8205
형	chaotic ke.ɑ.tɪk	무질서한, 혼란한	8206
동	cheat tʃit	속이다, 바람 피다	8207
형	clement kle.mənt	온화한	8208
형	inclement ɪn.kle.mənt	험악한	8209
형	clever kle.vər	영리한, 능숙한	8210
명동	coach koʊtʃ	감독, 지도하다	8211
명	coal koʊl	석탄	8212
명동	coil kɔɪl	감다, 감긴 것	8213
명	comedy kɑ.mə.di	희극	8214
형명	comic kɑ.mɪk	희극(의), 만화의	8215
명	comment kɑ.ment	논평, 해설	8216
명	compassion kəm.pæʃ.n	연민, 동정심	8217
형	compassionate kəm.pæ.ʃə.nət	인정 많은	8218
형	concrete kɑn.krit	구체적인	8219
동	concretize kɑn.krə.taɪz	구체화하다, 굳히다	8220
동	conquer kɑŋkər	정복[극복]하다	8221
명	conquest kɑŋ.kwest	정복	8222
명	conqueror kɑŋk.ə.rər	정복자, 승전국	8223
동	vanquish væŋ.kwɪʃ	정복[극복]하다	8224
동	contemplate kɑn.təm.plet	숙고[응시]하다	8225

명	contemplation kɑn.təm.pleɪʃ.n̩	숙고, 응시	8226
형동	coordinate koʊ.ɔ.dɪ.neɪt	조율[조직]하다, 동등한	8227
명	coordinator koʊ.ɔ.dɪ.neɪt.ə	담당자, 조정자	8228
명	coordination koʊ.ɔ.dɪn.eɪʃ.n̩	조직력, 협조	8229
형	corrupt kə.rəpt	부패한, 타락한	8230
형	corruptible kə.rʌp.təb.l̩	부패하기 쉬운	8231
명	corruption kə.rəp.ʃn̩	부패, 타락, 변질	8232
형	courteous kɜ.tiəs	예의 바른	8233
명	courtesy kɜ.tə.si	예의	8234
형	crispy krɪ.spi	바삭한	8235
형	crisp krɪsp	또렷한, 바삭한	8236
동	crumple krʌm.pl̩	구기다, 부수다	8237
동	crumble krʌm.bl̩	바스러지다	8238
명	crust krəst	(빵) 껍질, 지각	8239
명	cube kjub	정육면체	8240
형	cubic kju.bɪk	정육면체의, 입체의	8241
명	culprit kʌl.prət	범인	8242
명	curator kjʊ.reɪ.tər	(전시장) 관리자	8243
형	curatorial kjʊ.rə.tɔ.riəl	관리자의, 관리적인	8244
명	curriculum kə.rɪ.kjə.ləm	교육과정	8245
형	extracurricular ek.strək.ɔ.rɪ.kjə.lər	정규 과정 외의	8246
명	dam dæm	댐, 둑	8247
동	dangle dæŋ.gl̩	매달리다	8248
명동	defect di.fekt	결함, 단점, 도망가다	8249
형	defective də.fek.tɪv	결함 있는	8250

명동	**delegate** de.lə.get	대표, 대리인, 위임하다	8251
명	**delegation** de.lə.geɪʃ.n̩	대표단, 위임	8252
동	**relegate** re.lə.get	강등[좌천]시키다	8253
명동	**deluge** de.ljudʒ	홍수, 범람(시키다)	8254
동	**delve** delv	뒤지다, 조사하다	8255
동	**denounce** də.naʊns	비난[고발]하다	8256
명	**denunciation** də.nən.si.eɪʃ.n̩	비난, 고발	8257
명동	**deposit** də.pa.zət	예금(하다), 보증금, 맡기다, 놓다	8258
명	**deposition** de.pə.zɪʃ.n̩	퇴적(물)	8259
명	**depot** dipo.ʊ	창고, 차고, 정거장	8260
동	**derogate** de.rə.geɪt	폄하하다	8261
형	**derogatory** də.rɑ.gə.tɔ.ri	폄하하는	8262
동	**deserve** də.zɝv	~할 자격이 있다, ~할 만하다	8263
동	**designate** de.zɪg.net	지정[임명]하다, 나타내다	8264
명	**designation** de.zɪg.neɪʃ.n̩	지정, 지명	8265
명동	**despond** dɪ.spɒnd	낙담(하다)	8266
형	**despondent** dɪ.spɑn.dənt	낙담한	8267
형동	**diffuse** də.fjus	분산시키다, 퍼지다, 퍼진	8268
동	**effuse** ər.juz	새다, 발산하다	8269
동	**dignify** dɪg.nə.faɪ	위엄을 높이다	8270
형	**dignity** dɪg.nə.ti	위엄, 존엄성	8271
형	**dilapidated** də.læ.pə.de.təd	황폐한	8272
형	**diligent** dɪ.lɪ.dʒənt	근면한, 성실한	8273
명	**diligence** dɪ.lə.dʒəns	부지런함	8274
동	**dilute** daɪ.lut	희석[저하]하다	8275

형동	**dim** dɪm	어두운, 어두워지다	8276
형	**dire** daɪr	무서운, 지독한	8277
동	**disseminate** dɪ.se.mə.net	전파하다, 뿌리다	8278
명	**dissemination** dɪ.se.mə.neɪʃ.n	파종, 보급, 유포	8279
형	**dizzy** dɪ.zi	어지러운	8280
명	**doom** dum	운명, 파멸	8281
명동	**dread** dred	두려워하다, 공포	8282
형	**dreadful** dred.fəl	끔찍한, 지독한	8283
명	**drizzle** drɪz.l̩	이슬비	8284
명동	**drip** drɪp	물방울, 떨어지다	8285
동	**dribble** drɪb.l̩	흘리다, 드리블하다	8286
형동	**duplicate** du.plə.kət	복사하다, 중복의, 두배의	8287
명	**duplication** dju.plək.eɪʃ.n	복사, 중복	8288
명동	**echo** eko.ʊ	메아리(울리다)	8289
동	**elicit** ə.lɪ.sət	이끌다	8290
동	**disembark** dɪ.sem.bɑrk	내리다, 상륙하다	8291
동	**embark** em.bɑrk	승선[시작]하다	8292
동	**encroach** ɪnkroʊʃ	침해[침입]하다	8293
명	**encroachment** ɪnkro.ʊt.ʃmənt	침해, 침입	8294
명동	**envy** en.vi	부러워하다, 질투(하다)	8295
형	**envious** en.viəs	부러운, 질투하는	8296
명	**epidemic** e.pə.de.mɪk	유행병	8297
명	**pandemic** pæn.de.mɪk	세계적 유행병	8298
명	**endemic** en.de.mɪk	풍토병, 고질적인	8299
동	**exacerbate** ɪg.zæ.sər.beɪt	악화시키다	8300

동	**exasperate** ɪg.zæ.spə.ret	화나게 하다	8301
형	**exquisite** ɪk.skwɪz.ɪt	아름다운, 정교한	8302
명	**famine** fæ.mən	기근	8303
명	**feather** fe.ðər	깃털	8304
명	**fiction** fɪk.ʃn	소설, 허구	8305
형	**fictitious** fɪk.tɪ.ʃəs	허구의	8306
형	**fictional** fɪk.ʃnəl	소설적인, 허구의	8307
동	**fictionalize** fɪk.ʃə.nə.laɪz	소설화[영화화]하다	8308
명	**flesh** fleʃ	살, 고기, 피부	8309
형	**foamless** foʊm.les	거품 없는	8310
형	**foamy** foʊ.mi	거품의	8311
동	**forbid** fər.bɪd	금지하다 ③ forbid | forbade | forbidden	8312
형	**forbidden** fər.bɪd.ŋ	금지된	8313
형	**forensic** fə.ren.sɪk	과학수사의, 법의학의	8314
형	**fragrant** freɪ.grənt	향기로운	8315
명	**fragrance** freɪ.grəns	향기	8316
명	**frost** frɒst	서리, 결빙	8317
명	**frostbite** frɒst.baɪt	동상	8318
동	**defuse** də.fjuz	완화하다	8319
명동	**fuse** fjuz	신관, 녹(이)다	8320
명	**fusion** fjuʒ.ŋ	융합	8321
명	**galaxy** gæ.lək.si	은하(계)	8322
형	**galactic** gə.læk.tɪk	은하계의	8323
명동	**gamble** gæm.bl̩	도박(하다)	8324
명	**endgame** end.geɪm	마지막 단계	8325

형	**gamesome** gem.səm	장난스런	8326
형	**generous** dʒe.nə.rəs	관대한	8327
명	**generosity** dʒe.nə.rɑ.sə.ti	관대함	8328
형	**grateful** greɪt.fəl	감사하는	8329
명	**gratitude** græ.tə.tud	감사	8330
형	**gratuitous** grə.tuə.təs	불필요한, 무료의	8331
명	**greed** grid	탐욕	8332
형	**greedy** gri.di	탐욕스런	8333
명	**grid** grɪd	격자, 석쇠	8334
명동	**grill ▪ grille** grɪl	석쇠(에 굽다)	8335
명	**gum** gəm	잇몸, 껌	8336
명	**gut** gət	배(짱), 내장	8337
형	**gutless** gʌt.les	배짱 없는	8338
동	**hack** hæk	해킹하다, 자르다	8339
명	**hallucination** hə.lu.sə.neɪʃ.n̩	환각, 환영	8340
동	**hallucinate** hə.lu.sə.net	환각에 빠지다	8341
동	**hamper** hæmp.r̩	방해하다, 막다	8342
명동	**harness** hɑr.nəs	동력화[이용]하다, 말 안장	8343
명동	**haste** heɪst	서두르다, 서두름	8344
동	**hasten** heɪs.n̩	서두르다, 재촉하다	8345
형	**hasty** heɪ.sti	서두른, 성급한	8346
명동	**hatch** hætʃ	부화(하다), 격벽문	8347
동	**exhilarate** ɪg.zɪ.lə.ret	기쁘게 하다	8348
형	**hilarious** hə.le.riəs	재미있는	8349
명	**homage** ɑ.mədʒ	경의, 존경	8350

품사	단어	뜻	번호
동	hop /hɑp/	깡충 뛰다	8351
동	hobble /hɑb.l/	절뚝거리다	8352
형	hostile /hɑ.stəl/	적대적인, 반대하는	8353
명	hostility /hɑstɪ.lə.ti/	적개심, 적대 행위	8354
동	hover /hə.vər/	(공중에서) 맴돌다, 헤매다	8355
명	hybrid /haɪ.brəd/	잡종, 혼혈, 복합	8356
명	hypnosis /hɪpno.ʊ.sɪs/	최면	8357
형	hypnotic /hɪp.nɑ.tɪk/	최면의, 수면의	8358
명	illumination /ɪ.lu.mə.neɪʃ.ŋ/	(불)빛, 조명	8359
형	luminous /lu.mə.nəs/	빛나는, 야광의	8360
동	illuminate /ɪ.lu.mə.net/	밝게[계몽]하다	8361
명	illusion /ɪ.luʒ.ŋ/	환상, 착각, 허상	8362
명동	disillusion /dɪ.sə.luʒ.n/	환멸(을 느끼다), 각성	8363
명	delusion /də.luʒ.n/	망상, 현혹, 착각	8364
동	delude /də.lud/	속이다, 현혹하다	8365
형	illusory /ɪ.lu.sə.ri/	환상에 불과한	8366
형	immense /ɪ.mens/	엄청난	8367
명	impulse /ɪm.pʌls/	충동, 충격, 자극	8368
명	propulsion /prə.pəl.ʃn/	추진(력)	8369
형	impulsive /ɪm.pəl.sɪv/	충동[추진]적인	8370
형	inert /ɪ.nɝt/	무기력한, 비활성의	8371
명	inertia /ɪ.nɝ.ʃə/	관성, 타성, 무기력	8372
동	infringe /ɪn.frɪndʒ/	위반[침해]하다	8373
명	infringement /ɪn.frɪndʒ.mənt/	위반	8374
동	inhale /ɪn.heɪl/	(숨) 들이쉬다	8375

동	**exhale** eks.heɪl	(숨) 내쉬다	8376
동	**interrogate** ɪn.te.rə.geɪt	심문[질문]하다	8377
명	**inventory** ɪn.vən.tɔ.ri	재고, 목록	8378
동	**irrigate** ɪ.rə.geɪt	물을 대다, 세척하다	8379
명	**irrigation** ɪ.rə.geɪʃ.ŋ	물 끌어옴, 세척	8380
명	**jar** dʒɑr	항아리	8381
명	**journey** dʒɜˑ.ni	여행	8382
형	**juvenile** dʒu.və.nəl	젊은, 청소년의	8383
동	**rejuvenate** rɪ.dʒu.və.neɪt	회춘하다, 활기를 되찾다	8384
형	**keen** kin	예민한, 날카로운, 열정적인	8385
명	**kernel** kɝ.nl	곡식알, 핵심	8386
명	**kidney** kɪd.ni	콩팥	8387
명	**kindergarten** kɪn.dər.gɑr.tn	유치원	8388
명동	**dot** dɑt	점(을 찍다), 바르다	8389
명동	**knit** nɪt	뜨개질(하다) ③ knit | knit, knitted | knit, knitted	8390
명동	**knot** nɑt	매듭(을 묶다)	8391
명	**node** noʊd	매듭, 마디	8392
명동	**lament** lə.ment	한탄(하다), 슬퍼하다	8393
형	**lamentable** lə.men.təb.l̩	슬픈, 한탄스런	8394
동	**moan** moʊn	신음[불평]하다	8395
명	**lawn** lɔn	잔디밭	8396
형동	**lean** lin	기울다, 기대다, 야윈 ③ lean | leant, leaned | leant, leaned	8397
동	**lean on** lin.ɑn	~에 기대다[의지하다]	8398
형	**ladder** læ.dər	사다리, 지위, 단계	8399
명동	**leap** lip	도약(하다) ③ leap | leapt, leaped | leapt, leaped	8400

	by leaps and bounds bai.lips.ənd.baʊndz	척척, 순조롭게	8401
명	legion li.dʒən	군단, 다수	8402
명	lid lɪd	뚜껑, 규제	8403
명	limb lɪm	팔다리, 가지	8404
형	limbless lɪm.ləs	팔다리[가지]가 없는	8405
형	nimble nɪm.bḷ	재빠른, 영리한	8406
명	limestone laɪmstoʊn	석회석	8407
명	litter lɪ.tər	쓰레기	8408
형	lounging laʊndʒ.ɪŋ	게으른	8409
형	lunar lu.nər	달의	8410
형	lunatic lu.nə.tɪk	미친 *달을 보고 미침	8411
명,동	allure ə.lʊr	매력, 유혹하다	8412
명,동	lure lʊr	유혹하다, 미끼	8413
동	lurk lɝk	잠복하다, 숨다	8414
명	lust lʌst	욕정	8415
형	lusty lʌ.sti	활발한, 욕정적인	8416
형	martial mɑr.ʃl	싸움의, 전쟁의	8417
명	martial arts mɑr.ʃl.ɑrts	무술	8418
동	mar mɑr	손상시키다	8419
명	mayor meɪər	시장	8420
명	meditation me.də.teɪʃ.ŋ	명상, 심사숙고	8421
동	meditate me.də.tet	명상[계획]하다	8422
명	membrane mem.bren	(얇은) 막	8423
형	merry me.ri	즐거운	8424
형	mirthful mɝθ.fəl	즐거운	8425

형	**metaphor** met.ə.fɔr	은유 [8426]
형	**muddy** mʌ.di	진흙투성의 [8427]
명동	**muddle** mʌd.l	혼란(시키다) [8428]
형	**naked** neɪkəd	벌거벗은, 맨- [8429]
명동	**nap** næp	낮잠(자다), 졸다 [8430]
동	**nod** nɑd	끄덕이다, 졸다 [8431]
형	**nasty** næ.sti	더러운, 불쾌한 [8432]
명	**nobility** noʊ.bɪ.lɪ.ti	귀족, 고결함 [8433]
형	**noble** noʊb.l	고결한, 귀족의 [8434]
동	**ennoble** ɪno.ʊb.l	귀하게[귀족화]하다 [8435]
형	**notorious** noʊ.tə.rɪəs	악명 높은 [8436]
동	**nourish** nɜ.rɪʃ	영양을 주다, 키우다 [8437]
명	**nourishment** nɜ.rɪ.ʃmənt	영양분, 음식물 [8438]
형	**nuclear** nu.kliər	핵의, 원자력의 [8439]
형	**numb** nʌm	무감각한, 마비된 [8440]
	in a nutshell m.ə.ə.nʌ.tʃel	간결히 [8441]
명동	**nutshell** nʌ.tʃel	견과류 껍질, 요약하다 [8442]
명	**oblivion** ə.blɪ.vɪən	망각, 무의식 [8443]
형	**oblivious** ə.blɪ.vɪəs	망각하는 [8444]
명	**odor** oʊ.də	냄새 [8445]
명	**ointment** ɔɪnt.mənt	연고 [8446]
형	**optimal** ɑp.təm.l	최선의, 최적의 [8447]
형명	**optimum** ɑp.tə.məm	최적(의) [8448]
동	**optimize** ɑp.tə.maɪz	최적화하다 [8449]
명동	**orbit** ɔr.bət	궤도(를 돌다) [8450]

형	orbital /ɔr.bət.l/	궤도의	8451
형	exorbitant /ɪg.zɔr.bə.tənt/	과도한	8452
형	oval /oʊv.l/	타원형의	8453
형	ovate /ovet/	달걀형의	8454
명동	paddle /pæd.l/	노(젓다)	8455
명동	parachute /pe.rɪ.ʃut/	낙하산(을 타다)	8456
명동	parade /pə.reɪd/	행진(하다)	8457
명	pastry /peɪ.stri/	반죽	8458
명동	paste /peɪst/	반죽, 풀, 붙이다	8459
명	patriot /peɪ.triət/	애국자	8460
형	patriotic /pe.tri.ɑ.tɪk/	애국적인	8461
명	patriotism /peɪ.triə.tɪ.zəm/	애국심	8462
동	expatriate /ek.speɪ.tri.et/	국외 추방하다	8463
명	peak /pik/	꼭대기, 절정	8464
명	apex /eɪ.peks/	꼭대기, 절정	8465
동	penetrate /pe.nə.tret/	관통[침투]하다	8466
명	penetration /pe.nə.treɪʃ.n/	관통, 침투	8467
형	impenetrable /ɪm.pe.nə.trəb.l/	뚫을 수 없는, 이해불가의	8468
명	perfume /pər.fjum/	향수	8469
명동	fume /fjum/	연기(나다)	8470
형	fuming /fjum.ɪŋ/	내뿜는, 화내는	8471
동	persecute /pɜ.sə.kjut/	박해하다, 괴롭히다	8472
명	persecution /pər.sə.kjuʃ.n/	학대	8473
형	imperturbable /ɪm.pə.tɜ.bəb.l/	침착한	8474
명	phobia /foʊ.bɪə/	공포증	8475

형명	phobic foʊ.bɪk	공포증(의)	8476
동	poke poʊk	찌르다, 쑤시다	8477
형	pompous pɑm.pəs	오만한, 화려한	8478
명	pond pɑnd	연못	8479
명	pope poʊp	교황	8480
형	pragmatic præg.mæ.tɪk	실용적인	8481
명	pragmatism præg.mə.tɪ.zəm	실용주의	8482
동	pray preɪ	기도[간청]하다	8483
형	precarious prɪk.e.riəs	불안정한, 위험한	8484
명	precipitation prə.sɪ.pə.teɪʃ.n̩	강수(량)	8485
동	procure proʊkjʊr	조달하다	8486
형	profane proʊfeɪn	신성 모독의, 세속적인	8487
명	propaganda prɑ.pə.gæn.də	선전	8488
동	propagate prɑ.pə.geɪt	선전[전파]하다	8489
동	protest prə.test	항의[반대]하다	8490
형명	protestant prɑt.ɪst.ənt	개신교도(의)	8491
명	protester proʊt.est.r	시위자	8492
형	imprudent ɪm.pru.dənt	경솔한	8493
명	prudence pru.dəns	신중, 절약	8494
형	prudent pru.dənt	신중한	8495
형	prudential pru.den.tʃl	신중한	8496
형	pseudo sudo.ʊ	허위의, 가짜의	8497
명	pseudo science sudo.ʊ.saɪəns	사이비 과학	8498
명	puberty pju.bər.ti	사춘기	8499
동	punctuate pʌŋk.tʃu.et	중단하다, 구두점을 찍다	8500

명	**punctuation** pʌŋk.tʃu.eɪʃ.n	구두점, 강조하기	8501
명	**quarantine** kwɔ.rən.tin	격리	8502
명동	**quarrel** kwɔ.rəl	불만, 다툼, 다투다	8503
형	**quarrelsome** kwɔ.rəl.səm	싸움을 즐기는	8504
명	**rafting** ræft.ɪŋ	뗏목타기	8505
명동	**rage** reɪdʒ	격분(하다)	8506
명동	**outrage** aʊ.tredʒ	불법행위[격분](하다)	8507
형	**outrageous** aʊ.treɪ.dʒəs	난폭한, 포악한	8508
형	**coarse** kɔrs	조잡한, 천한	8509
형	**hoarse** hɔrs	목이 쉰, 거친	8510
형	**raw** rɑ	날것의, 가공하지 않은	8511
동	**reap** rip	수확하다, 베다	8512
형	**ripe** raɪp	무르익은	8513
동	**rebut** rə.bət	반박하다	8514
명동	**recruit** rə.krut	모집하다, 신병	8515
명	**recruitment** rə.krut.mənt	신병 모집, 채용	8516
명	**rookie** rʊk.i	초심자	8517
동	**refrain from** rə.freɪn.frʌm	~을 그만두다	8518
명	**refrain** rə.freɪn	후렴, 불평	8519
동	**abstain from** əb.steɪn.frʌm	~을 그만두다	8520
동	**refute** rə.fjut	논박하다	8521
동	**relent** rə.lent	누그러지다	8522
형	**unrelenting** ʌn.ri.lent.ɪŋ	끊임없는, 무자비한	8523
형	**relentless** rə.lent.ləs	끊임없는, 무자비한	8524
명동	**remedy** re.mə.di	치료(하다), 요법	8525

형	remedial rə.mi.diəl	치료하는	8526
명	renaissance re.nə.sɑns	부흥, 부활	8527
명	percussion pərk.əʃ.n	타악기	8528
명	repercussion ri.pərk.əʃ.n	영향, 반향	8529
형	reticent re.tə.sənt	과묵한	8530
명	rhetoric re.tə.rɪk	미사여구, 웅변(술)	8531
형	rhetorical rə.tɔ.rɪk.l̩	마사여구의	8532
명	robotics roʊ.bɒ.tɪks	로봇 공학	8533
형	robust roʊ.bʌst	튼튼한	8534
동	corroborate kə.ru.bə.ret	입증[보강]하다	8535
명	sanction sæŋk.ʃn	제재, 처벌, 허가	8536
형	sanitary sæ.nə.te.ri	위생적인	8537
명	sanitation sæ.nə.teɪʃ.n	위생	8538
동	sanitize sæ.nə.taɪz	살균하다	8539
명	sanitizer sæ.nə.taɪzər	살균제	8540
명	satellite sæ.tə.laɪt	(인공)위성	8541
동	scramble skræm.bl̩	기어오르다, 뒤섞다	8542
명동	ramble ræm.bl̩	횡설수설하다, 산책	8543
동	scratch skrætʃ	할퀴다, 긁다	8544
명	scrap skræp	조각, 조금, 폐기물	8545
형	scrupulous skru.pjə.ləs	양심적인, 꼼꼼한	8546
형	unscrupulous ʌn.skru.pjə.ləs	비양심적인, 뻔뻔한	8547
형	semantic sə.mæn.tɪk	의미(론)의	8548
명	semester sə.me.stər	학기, 반년	8549
명	seminar se.mə.nɑr	학술회	8550

혱	**serene** sə.rin	고요한, 평온한	8551
혱	**serenity** sə.re.nə.ti	고요함, 맑음	8552
혱	**sewage** suːdʒ	오물	8553
혱	**sewer** suər	하수도	8554
동	**shout** ʃaut	외치다	8555
혱동	**shuttle** ʃʌt.l	왕복하는, 왕복하다	8556
혱	**skeptical ▪ sceptical** skep.tək.l	의심 많은, 회의적인	8557
혱	**skepticism ▪ scepticism** skep.tə.sɪ.zəm	회의론, 무신론	8558
혱명	**skeptic ▪ sceptic** skep.tɪk	회의적인, 무신론자	8559
동	**skip** skɪp	건너뛰다, 뛰어넘다	8560
동	**slam** slæm	"쾅"(닫다)	8561
혱	**slick** slɪk	매끈한	8562
혱	**sleek** slik	매끈한	8563
혱	**slogan** slou.ɡən	표어	8564
혱	**sluggish** slʌ.ɡɪʃ	느린, 게으른	8565
혱	**sludge** slədʒ	진흙, 찌꺼기	8566
혱	**sober** sou.bə	취하지 않은, 제정신의	8567
동	**soothe** suð	달래다, 진정시키다	8568
혱명	**sovereign** sɑ.vrən	통치자, 자주적인	8569
혱	**sovereignty** sɑ.vrən.ti	주권	8570
명동	**reign** reɪn	통치[지배](하다)	8571
혱동	**spare** sper	여분의, 절약[할애]하다	8572
동	**splash** splæʃ	(물)튀기다	8573
혱	**splashy** splæ.ʃi	(물)튀기는, 눈에 띄는	8574
혱명동	**split** splɪt	쪼개다, 쪼개진, 균열 ③ split | split | split	8575

명	splinter _{splɪn.tər}	파편, 조각	8576
형명	flint _{flɪnt}	부싯돌, 인색한	8577
명	sponsor _{spɑn.sər}	후원자	8578
명	sponsorship _{spɑn.sər.ʃɪp}	후원, 협찬	8579
명	stain _{steɪn}	얼룩, 오염, 오점	8580
형	unstained _{ən.steɪnd}	오점 없는	8581
형	stainless _{steɪn.ləs}	오점 없는	8582
형	staple _{steɪp.l}	주요한	8583
명동	sting _{stɪŋ}	찌르다, 괴롭히다, 침 ③ sting | stung | stung	8584
형	stingy _{stɪn.dʒɪ}	인색한, 부족한, 날카로운	8585
명	stinger _{stɪŋər}	침, 일침	8586
동	stumble _{stʌm.bl}	비틀거리다, 더듬다	8587
동	subsidize _{sʌb.sə.daɪz}	후원하다	8588
명	subsidy _{sʌb.sə.di}	보조금	8589
형명	subsidiary _{səb.sɪ.di.e.ri}	보조적인, 자회사	8590
형	succinct _{sək.sɪŋkt}	간결한	8591
동	suck _{sək}	빨다	8592
명	suction _{sʌk.ʃn}	흡입	8593
형	sullen _{sʌ.lən}	시무룩한, 음침한	8594
명	superstition _{su.pər.stɪʃ.n}	미신	8595
형	superstitious _{su.pər.stɪ.ʃəs}	미신적인	8596
명동	swarm _{swɔrm}	떼(짓다), 군중	8597
동	swarm with _{swɔrm.wɪθ}	~으로 가득하다	8598
형	swollen _{swoʊ.lən}	부푼	8599
동	swell _{swel}	부풀다 ③ swell | swelled | swelled, swollen	8600

명동	**switch** swɪtʃ	전환하다, 개폐기	8601
명	**synonym** sɪ.nə.nɪm	동의어	8602
형	**synonymous** sə.nɑ.nə.məs	동의어의	8603
명	**acronym** æ.krə.nəm	축약어	8604
명	**antonym** æn.tə.nɪm	반의어	8605
명동	**tailor** teɪ.lər	재단사, 맞추다	8606
명	**temple** tem.pl	신전, 절	8607
명	**testament** te.stə.mənt	유언, 증거, 예언서	8608
명	**testimonial** test.əmo.ʊ.niəl	추천서, 상장, 증언	8609
동	**attest** ə.test	증명[증언]하다	8610
동	**testify** test.ə.faɪ	증명[증언]하다	8611
명	**testimony** test.əmo.ʊ.ni	증명, 증언, 고백	8612
명동	**tilt** tɪlt	기울이다, 경사	8613
명	**toe** toʊ	발가락, 발끝	8614
명동	**torment** tɔr.ment	고통(을 주다)	8615
명동	**torture** tɔr.tʃər	고문(하다), 고통	8616
명	**totem** toʊ.təm	숭배물	8617
형	**intractable** ɪn.træk.təb.l	다루기 힘든	8618
형	**tractable** træk.təb.l	다루기 쉬운	8619
형	**tragic** træ.dʒɪk	비극적인	8620
명	**tragedy** træ.dʒə.di	비극, 재앙	8621
명	**trauma** trɒ.mə	정신적 외상[충격]	8622
형	**traumatic** trɒ.mæ.tɪk	충격적인, 외상의	8623
형	**trivial** trɪ.viəl	하찮은	8624
명동	**distrust** dɪ.strəst	의심(하다)	8625

	형	untrustworthy	ʌn.trəs.twər.ði	신뢰할 수 없는	8626
	통	entrust	en.trʌst	맡기다	8627
	명통	mistrust	mɪ.strʌst	불신(하다)	8628
	명	twig	twɪg	잔가지	8629
	명	tyranny	tɪ.rə.ni	독재[전제]정치	8630
	명	tyrant	taɪ.rənt	폭군	8631
	형	unanimous	ju.næ.nə.məs	만장일치의	8632
	명	animosity	æ.nə.mɑ.sə.ti	반감	8633
	형	unflinching	ʌn.flɪntʃ.ɪŋ	불굴의, 단호한	8634
	통	unveil	ən.veɪl	~의 베일을 벗기다	8635
	명통	veil	veɪl	가리다, 면사포	8636
	형	utopian	juto.ʊ.pɪən	이상적인	8637
	명	utopia	juto.ʊ.pɪə	이상세계, 이상향	8638
	명	vaccination	væk.sə.neɪʃ.n̩	예방접종	8639
	통	vaccinate	væk.sə.net	예방접종 하다	8640
	명	vein	veɪn	맥락, 정맥, 광맥	8641
	명	venom	ve.nəm	독	8642
	형	venomous	ve.nə.məs	독이 있는	8643
	명통	vent	vent	배출구, 배출하다	8644
	명	ventilation	ven.tə.leɪʃ.n̩	통풍, 환기	8645
	통	ventilate	ven.tə.let	환기하다	8646
	형명	veteran	ve.tə.rən	퇴역 군인, 노련한(사람)	8647
	형	victorious	vɪk.tə.riəs	승리한	8648
	형	invincible	ɪn.vɪn.səb.l̩	무적의	8649
	통	vie	vaɪ	경쟁하다	8650

품사	단어	뜻	번호
명	**vigilance** vɪ.dʒə.ləns	경계, 불침번	8651
형	**vigilant** vɪ.dʒə.lənt	철야로 지키는	8652
동	**invigorate** ɪn.vɪ.gə.ret	활성화하다	8653
명	**vigor** vɪ.gər	활기, 힘	8654
형	**vigorous** vɪ.gə.rəs	활발한, 격렬한	8655
형	**volatile** vɑ.lə.təl	휘발성의, 변덕스런	8656
명동	**voyage** vɔɪədʒ	항해[여행](하다)	8657
명	**invoice** ɪn.vɔɪs	송장, 청구서	8658
명	**convoy** kɑn.vɔɪ	호송, 호위대	8659
명	**envoy** en.vɔɪ	사절, 외교관	8660
명	**voyager** vɔɪə.dʒər	항해자	8661
명	**vogue** voʊg	유행	8662
동	**wane** weɪn	기울다, 쇠하다	8663
동	**weary** wɪ.ri	피곤한, 싫증난, 지치다	8664
명동	**whistle** wɪs.l̩	휘파람(불다)	8665
명동	**whisper** wɪ.spər	속삭이다, 속삭임	8666
형	**wired** waɪərd	연결된, 유선의	8667
형	**wireless** waɪr.ləs	무선의	8668
명동	**wreck** rek	조난[파멸](하다)	8669
형	**wretched** re.tʃəd	비참한	8670
명	**zoology** zoʊ.lə.dʒi	동물학	8671
	a slew of ə.slu.ʌv	많은	8672
동	**abduct** æb.dʌkt	납치하다	8673
명	**abortion** ə.bɔr.ʃn	낙태, 유산	8674
동	**abort** ə.bɔrt	낙태[유산]하다	8675

형명	**accessory** æk.se.sə.ri	보조적인, 장신구	8676
명동	**ache** eɪk	아프다, 통증, 열망하다	8677
형	**acoustic** ək.u.stɪk	음향의, 청각의	8678
명	**acrimony** æ.krəmo.ʊ.ni	험악함	8679
명	**massacre** mæ.səkər	대학살	8680
동	**adhere** əd.hɪr	고수하다, 들러붙다	8681
명	**adherence** əd.hɪ.rəns	고수, 집착	8682
형	**adhesive** æd.hi.sɪv	접착제, 붙는	8683
명	**adherent** əd.hɪ.rənt	추종자	8684
명	**adjacency** ə.dʒeɪsn.si	인접	8685
형	**adjacent** ə.dʒeɪ.sənt	인접한	8686
동	**adjourn** ə.dʒɜn	연기하다, 옮기다	8687
동	**agitate** æ.dʒə.teɪt	휘젓다, 선동[동요]하다	8688
명	**agitation** æ.dʒə.teɪʃ.n	동요, 시위	8689
명	**agnostic** æg.nɑ.stɪk	불가지론자	8690
명	**algebra** æl.dʒə.brə	대수학	8691
명	**allegation** æ.lə.geɪʃ.n	주장, 변명, 진술	8692
동	**allege** ə.ledʒ	주장하다	8693
동	**be alleged to V** bi.ə.ledʒd.tə	~라고들 주장하다	8694
명	**allegiance** ə.li.dʒəns	충성	8695
명동	**pledge** pledʒ	맹세(하다)	8696
명동	**plight** plaɪt	곤경, 맹세하다	8697
명	**altercation** ɑl.tərk.eɪʃ.n	언쟁	8698
형명	**amateur** æ.mə.tər	비전문가, 취미의	8699
형	**amateurish** æ.mə.tʃə.rɪʃ	아마추어 같은	8700

형	ambassador æm.bæ.sə.dər	대사, 특사	8701
형	embassy em.bə.si	대사관	8702
동	ameliorate ə.mi.ljə.ret	개선[개량]하다	8703
형	amnesia æm.ni.ʒə	기억 상실	8704
형	amnesty æm.nə.sti	사면	8705
형동	anchor æŋkər	닻, 고정하다, 진행자	8706
형	anchorage æŋk.ə.rədʒ	정박지	8707
형형	antarctic æn.tɑrk.tɪk	남극(의)	8708
형	Antarctica æn.tɑrk.tɪk.ə	남극 대륙	8709
형형	antique æn.tik	골동품, 골동의	8710
형	antiquity æn.tɪ.kwə.ti	낡음, 고대	8711
형	antiseptic æn.tə.sep.tɪk	방부제	8712
형	ape eɪp	유인원, 영장류	8713
형	apocalyptic ə.pɑk.ə.lɪp.tɪk	종말론적인	8714
형	apocalypse ə.pɑk.ə.lɪps	종말	8715
형	arboretum ɑr.bə.ri.təm	수목원	8716
형	arcane ɑrk.eɪn	비밀의, 불가사의한	8717
동	archive ɑrk.aɪv	보관하다	8718
형	archives ɑrk.aɪvz	기록 보관소	8719
형	arena ə.ri.nə	(원형) 경기장	8720
형형	arsenic ɑr.sə.nɪk	비소(의)	8721
형	artery ɑr.tə.ri	동맥, 도로	8722
형	artillery ɑrtɪ.lə.ri	대포, 포병	8723
형	astute ə.stut	기민한, 교활한	8724
형	attire ə.taɪər	의복, 복장	8725

	단어	뜻	
명	**auction** ɑk.ʃn	경매	8726
명동	**augment** ɒg.ment	증가(시키다)	8727
형	**autocratic** ɒ.tə.kræ.tɪk	독재적인	8728
명	**autocracy** ɒ.tɑ.krə.si	독재 정치	8729
명	**autocrat** ɒ.tə.kræt	독재자	8730
형	**auxiliary** agzɪ.ljə.ri	보조의	8731
명	**avalanche** æ.və.læntʃ	눈사태	8732
명	**avatar** æ.və.tɑɪr	화신	8733
명	**avenue** æ.və.nu	대로, 길	8734
명	**venue** ve.nju	장소	8735
	avenue to æ.və.nu.tu	~로 가는 길	8736
형	**banal** bə.nɑl	진부한	8737
명	**banquet** bæŋ.kwət	연회	8738
명	**buffet** bə.feɪ	셀프 식당	8739
명	**basin** beɪs.n	분지, 유역	8740
동	**beckon** bekən	손짓[신호]하다	8741
명	**beak** bik	(새) 부리	8742
동	**beg** beg	구걸하다	8743
명	**beggar** be.gər	거지	8744
명	**behest** bɪ.hest	명령	8745
형	**belligerent** bə.lɪ.dʒə.rənt	공격적인	8746
형	**bellicose** be.lɪkoʊs	공격적인	8747
명	**belly** be.li	복부	8748
동	**bestow** bəsto.ʊ	수여[부여]하다	8749
명	**bin** bɪn	쓰레기통, 큰 상자	8750

형	**bland** blænd	싱거운, 단조로운	8751
형	**blatant** bleɪ.tənt	노골적인, 뻔뻔한	8752
명동	**bloom** blum	꽃(피다), 번영하다	8753
동	**blossom** blɑ.səm	(꽃)피다	8754
동	**bolster** boʊl.stə	지지[보강]하다	8755
명	**bombast** bɑm.bæst	장담, 허풍	8756
형	**bombastic** bɑmbæ.stɪk	허풍스런	8757
명	**boon** bun	혜택	8758
명	**bounty** baʊn.ti	현상금, 관대함	8759
명	**bonanza** bə.næn.zə	노다지, 대박	8760
명	**bonus** boʊ.nəs	보너스, 상여금	8761
명	**booth** buθ	노점, 칸막이석	8762
형	**botanical** bə.tæ.nɪk.l	식물의	8763
명	**botanist** bɑ.tə.nəst	식물학자	8764
명	**botany** bɑ.tə.ni	식물(학)	8765
동	**bother** bɑð.r	괴롭히다, 신경쓰다	8766
형	**bothersome** bɑð.r.səm	성가신	8767
명	**bracket** brækɪt	계층, 괄호, 받침대	8768
형	**brash** bræʃ	자신만만한, 성급한	8769
형명	**rash** ræʃ	두드러기, 성급한	8770
명	**brass** bræs	황동, 금관악기	8771
형	**brittle** brɪt.l	부서지기 쉬운	8772
명동	**bulge** bʌldʒ	부풀다, 급증(하다)	8773
명	**bunch** bʌntʃ	다발, 묶음, 떼	8774
명	**bundle** bʌn.dl	묶음, 소포	8775

명	**bureau** bjʊro.ʊ	사무국	8776
형	**bureaucratic** bjʊ.rə.kræ.tɪk	관료적인	8777
명	**bureaucrat** bjʊ.rə.kræt	관료	8778
명	**burglary** bɝ.glə.ri	절도	8779
명	**burglar** bɝ.glər	도둑	8780
명동	**butcher** bʊ.tʃər	정육업자, 도살하다	8781
명	**butler** bʌt.lər	집사	8782
명	**cabinet** kæ.bə.nət	장식장, 내각, 회의실	8783
명	**cabin** kæ.bən	오두막, 객실	8784
동	**cajole** kədʒoʊl	아첨하다	8785
형	**callous** kæ.ləs	굳은, 무감각한	8786
명	**canopy** kæ.nə.pi	차양, 천 지붕	8787
동	**caramelize** ke.rə.mə.laɪz	카라멜화하다	8788
명	**caricature** ke.rək.ə.tʃər	풍자 만화	8789
명	**carpenter** kɑr.pən.tər	목수	8790
명	**catalyst** kæ.tə.ləst	촉매(제)	8791
명	**catapult** kæ.tə.pəlt	새총, 투석기	8792
명	**cataract** kæ.tə.rækts	큰 폭포, 백내장	8793
명	**cemetery** se.mə.te.ri	묘지	8794
명	**census** sen.səs	인구 조사	8795
명	**char** tʃʊr	숯	8796
명	**charcoal** tʃɑkoʊl	숯	8797
형	**charismatic** ke.rəz.mæ.tɪk	지도력있는	8798
명	**charisma** kə.rɪz.mə	지도력	8799
동	**chase** tʃeɪs	추적[추구, 재촉]하다	8800

명	chore	tʃɔr	허드렛일	8801
동	churn	tʃɜn	휘젓다	8802
명동	claw	klɒ	발톱, 할퀴다	8803
명	clerk	klɝk	사무원	8804
명	client	klaɪənt	고객	8805
명	clown	klaʊn	광대	8806
명	coercion	koʊ.ɝʃ.n̩	강요, 강제	8807
동	coerce	koʊ.ɝs	강요[강제]하다	8808
형	coercive	koʊ.ɝ.sɪv	강제적인	8809
형	compatible	kəm.pæ.təb.l̩	호환[공존]가능한	8810
명	compatibility	kəm.pæ.tə.bɪ.lə.ti	양립성, 호환성	8811
형	incompatible	ɪnk.əm.pæ.təb.l̩	호환[공존]불가능한	8812
명	condiment	kɑn.də.mənt	조미료	8813
형	congenial	kən.dʒi.njəl	적절한, 잘 맞는	8814
형	congenital	kən.dʒe.nət.l̩	선천적인	8815
동	congest	kən.dʒest	정체[혼잡]시키다	8816
명	congestion	kən.dʒes.tʃən	정체, 혼잡	8817
형	congruent	kɒŋ.ɡruənt	일치하는, 어울리는	8818
형	incongruous	ɪŋk.ŋ.ruəs	어울리지 않는	8819
동	conspire	kən.spaɪər	음모를 꾸미다	8820
명	conspiracy	kən.spɪ.rə.si	음모	8821
명	contempt	kən.tempt	경멸, 모욕, 무시	8822
동	scorn	skɔrn	경멸하다	8823
형	scornful	skɔrn.fəl	경멸하는	8824
동	convolute	kɑn.və.lut	뒤얽히다, 감다	8825

형	**convoluted** kɑn.və.lu.təd	복잡한, 뒤얽힌	8826
형	**convulsive** kən.vəl.sıv	경련하는	8827
동	**convulse** kən.vʌls	경련하다	8828
형명	**copper** kɑ.pər	구리(의), 동전	8829
명	**corridor** kɔ.rə.dər	복도, 통로	8830
형	**cosmetic** kazme.tık	미용의	8831
명	**cosmetics** kazme.tıks	미용품	8832
명	**cotton** kɑt.n	면직물, 솜	8833
형	**cozy = cosy** koʊ.zi	기분 좋은, 편안한	8834
명	**crane** kreın	기중기, 두루미	8835
형	**cranky** kræŋk.i	괴상한	8836
동	**crank** kræŋk	가동하다	8837
명	**crease** kris	주름	8838
명	**creek** krik	시냇물	8839
동	**creep** krip	기어가다 ③ creep | crept | crept	8840
명동	**cripple** krıp.l	불구(로 만들다), 약화하다	8841
동	**cuddle** kʌd.l	껴안다	8842
형	**culinary** kju.lə.ne.ri	주방의, 요리의	8843
동	**culminate** kʌl.mə.net	절정이 되다, 끝나다	8844
명	**culmination** kʌl.mə.neıʃ.n	절정	8845
형	**cumulative** kju.mjə.lə.tıv	누적된, 점증적인	8846
명동	**cushion** kuʃ.n	방석, 완충하다	8847
형	**cynical** sı.nık.l	냉소적인, 빈정대는	8848
형명	**cynic** sı.nık	냉소적인 (사람)	8849
형명	**dairy** de.ri	유제품의, 낙농업	8850

명형동	damp dæmp	습기(있는), 축축하게 하다	8851
동	dampen dæm.pən	적시다, 꺾다	8852
형	dank dæŋk	축축한	8853
동	dazzle dæz.l	눈부시게 하다	8854
동	daze deɪz	멍하게 하다	8855
동	debilitate də.bɪ.lə.tet	약화시키다	8856
명	debris də.bri	파편	8857
동	debunk də.bəŋk	폭로하다	8858
형	indecipherable ɪn.dɪ.saɪ.frəb.l	해독할 수 없는	8859
동	decipher də.saɪ.fər	풀다, 해독하다	8860
동	defer də.fɜ	미루다, 따르다	8861
형	indelible ɪn.de.ləb.l	지울 수 없는	8862
명	deletion də.liʃ.n	삭제	8863
형	deleterious de.lə.tɪ.riəs	해로운	8864
명	demagogue de.mə.gɑg	선동가	8865
동	demolish də.mɑ.lɪʃ	부수다, 없애다	8866
명	demolition de.mə.lɪʃ.n	파괴, 해체	8867
동	denigrate de.nɪ.gret	모욕[검게]하다	8868
형	deplorable də.plɔ.rəb.l	한탄스런	8869
동	deplore də.plɔr	한탄하다	8870
명	deputy de.pjə.ti	대리인, 보좌관	8871
형	destitute de.stə.tut	궁핍한, 없는	8872
동	detest də.test	혐오하다	8873
형	dew du	이슬	8874
형	diaphanous daɪ.æ.fə.nəs	투명한	8875

형	dichotomy daɪk.ɑ.tə.mi	이분법	8876
명	dictatorship dɪk.teɪ.tər.ʃɪp	독재정권, 독재(기간)	8877
명	dictator dɪk.teɪ.tər	독재자	8878
명	digression daɪ.greʃ.n	여담	8879
동	digress daɪ.gres	벗어나다	8880
명	dimension dɪ.men.ʃn	차원, 관점, 치수	8881
형	dimensional dɪ.men.ʃnəl	차원적인	8882
형	dismal dɪz.məl	음울한, 비참한	8883
명동	dismay dɪ.smeɪ	실망, 경악(하다)	8884
동	disparage di.spe.rɪdʒ	비난하다, 얕보다	8885
명	ditch dɪtʃ	배수로	8886
동	divulge dɪ.vəldʒ	누설[유출]하다	8887
형	vulgar vʌl.gər	천박한	8888
명	dock dɑk	부두	8889
명동	dodge dɑdʒ	회피(하다)	8890
형	dormant dɔr.mənt	휴면기의	8891
명	dormancy dɔr.mən.si	휴면, 잠복	8892
명	dormitory dɔr.mə.tɔ.ri	기숙사, 공동숙소	8893
명	backdraft bæk.dræft	역기류	8894
명동	draft dræft	초안(을 만들다), 바람, 징병	8895
형	drastic dræ.stɪk	극단적인	8896
형	dull dəl	지루한, 둔한, 흐린	8897
동	dwindle dwɪn.dl	줄어든다	8898
명	dynasty daɪ.nə.sti	왕조	8899
명	ebb eb	썰물	8900

명	**ebullience** ə.bu.ljəns	사기충천	8901
명동	**eclipse** ɪ.klɪps	일식, 월식, 가리다	8902
형	**ecstatic** ek.stæ.tɪk	황홀한	8903
명	**ecstasy** ek.stə.si	황홀함	8904
형명	**elastic** ə.læ.stɪk	탄력 있는, 고무줄	8905
명	**elasticity** i.læ.stɪ.sə.ti	탄력	8906
형	**colloquial** kəlo.ʊ.kwɪəl	구어체의, 일상 대화의	8907
형	**eloquent** e.lə.kwənt	유창한	8908
명	**eloquence** e.lə.kwəns	웅변	8909
형	**loquacious** lokweɪ.ʃəs	수다스런	8910
명	**elucidation** ɪ.lu.sɪ.deɪʃ.ŋ	해명, 설명	8911
형	**lucid** lu.səd	투명한, 명쾌한	8912
동	**elucidate** ə.lu.sə.det	해명[설명]하다	8913
형	**pellucid** pe.lu.sɪd	투명한, 명쾌한	8914
동	**embed** em.bed	끼워 넣다, 포함하다	8915
명	**embezzlement** em.be.zəl.mənt	횡령	8916
형	**emblematic** em.blə.mæ.tɪk	상징적인	8917
명	**emblem** em.bləm	상징	8918
명	**embryo** em.brio.ʊ	태아, 초기	8919
동	**emulate** e.mjə.let	모방하다	8920
동	**simulate** sɪ.mjə.let	모방하다	8921
명	**simulation** sɪ.mjə.leɪʃ.ŋ	모방, 모의	8922
명동	**enamel** ə.næm.l̩	도료(칠하다)	8923
동	**entrench** en.trentʃ	확립하다, 참호를 파다	8924
명	**trench** trentʃ	참호, 도랑	8925

명	enzyme en.zaɪm	효소	8926
형	ephemeral e.fe.mə.rəl	일시적인, 하루살이의	8927
명	epitome ə.pɪ.tə.mi	전형, 요약	8928
동	epitomize ə.pɪ.tə.maɪz	전형이 되다, 요약하다	8929
형동	erect ɪ.rekt	세우다, 세운	8930
명	erection ɪ.rek.ʃn	설립, 발기	8931
명동	escort e.skɔrt	호위(하다), 경호원	8932
형	eternal ɪ.tɜ.nl	영원한	8933
명	eternity ɪ.tɜ.nə.ti	영원	8934
동	eulogize ju.lə.dʒaɪz	찬양하다	8935
명	eulogy ju.lə.dʒi	찬양	8936
명	euphemism ju.fə.mɪ.zəm	완곡 어법	8937
형	ex eks	전-, 이전의	8938
동	exhume eks.hjum	파내다	8939
형	expediency ɪk.spi.diən.si	편의	8940
형	expedient ɪk.spi.diənt	편리한, 적당한	8941
동	expedite ek.spə.daɪt	신속 처리하다	8942
명	expedition ek.spə.dɪʃ.n	탐험(대), 원정(대)	8943
명	exuberance ɪg.zu.bə.rəns	충만함	8944
형	exuberant ɪg.zu.bə.rənt	활기찬, 풍부한	8945
형	fabulous fæ.bjə.ləs	굉장한, 전설적인	8946
명	parable pe.rəb.l	우화	8947
명	fable feɪb.l	동화, 전설	8948
형명	fallow fælo.ʊ	묵히는, 휴경지	8949
동	falter fɒl.tər	비틀대다, 주저하다	8950

명	**fang** fæŋ	송곳니	8951
명	**fascism** fæ.ʃɪ.zəm	독재주의	8952
명	**fascist** fæ.ʃəst	독재주의자	8953
명	**faucet** fɒ.sət	수도꼭지	8954
형	**felicitous** fə.lɪ.sə.təs	적절한, 절묘한	8955
명	**felicity** fə.lɪ.sə.ti	큰 행복, 절묘함	8956
명동	**ferment** fɜr.ment	발효(하다), 소동	8957
명	**fever** fi.vər	열(병), 열광	8958
명	**fervor** fɜ.vər	열렬, 열기	8959
형	**fervent** fɜ.vənt	열렬한, 뜨거운	8960
명	**fiber** faɪ.bər	섬유	8961
형	**fickle** fɪk.l	변덕스런	8962
명	**fission** fɪʃ.n	분열	8963
형명	**flagship** flæg.ʃɪp	기함, 대표적인	8964
동	**flee** fli	도망치다, 추방되다 ③ flee | fled | fled	8965
명	**fugitive** fju.dʒə.tɪv	도망자	8966
형	**fleeting** flit.ɪŋ	순식간의	8967
형명	**fleet** flit	함대, 빠른	8968
동	**flutter** flʌ.tər	펄럭이다, 떨리다	8969
동	**flip** flɪp	뒤집다	8970
형	**flippant** flɪ.pənt	경박한	8971
명동	**flock** flɑk	무리(짓다)	8972
동	**flush** fləʃ	홍조를 띄다	8973
명동	**blush** bləʃ	홍조, 부끄러워하다	8974
명	**foe** foʊ	적, 원수	8975

명	**foliage** foʊl.iidʒ	잎	8976
명동	**forge** fɔrdʒ	만들다, 위조하다, 대장간	8977
명	**forgery** fɔr.dʒə.ri	위조	8978
형	**formidable** fɔr.mi.dəb.l	무서운, 엄청난	8979
명	**forum** fɔ.rəm	광장, 공개토론	8980
명	**frugality** fru.gæ.lə.ti	절약	8981
형	**frugal** frug.l	절약하는, 간소한	8982
명	**garage** gə.rɑʒ	차고, 격납고	8983
명동	**gaze** geɪz	응시(하다)	8984
동	**germinate** dʒɝ.mə.net	싹트다	8985
명	**glacier** gleɪ.ʃər	빙하	8986
형	**glacial** gleɪ.ʃəl	빙하의, 차가운	8987
동	**glitter** glɪ.tər	반짝이다	8988
동	**glisten** glɪs.ŋ	반짝이다	8989
동	**glorify** glɔ.rə.faɪ	영광화[미화]하다	8990
형	**glorious** glɔ.riəs	영광스런	8991
명	**glory** glɔr.i	영광	8992
명	**glucose** glukoʊs	포도당	8993
명	**gossip** gɑ.səp	소문, 뒷말	8994
형명동	**grave** greɪv	무덤, 엄숙한, 조각하다	8995
동	**engrave** ən.greɪv	새기다	8996
명	**grease** gris	윤활유, 기름	8997
형	**greasy** gri.si	기름진	8998
동	**greet** grit	환영[인사]하다	8999
형	**gregarious** grə.ge.riəs	사교적인, 떼 짓는	9000

명동	**grub** grəb	파헤치다, 먹다, 유충	9001
명동	**hail** heɪl	우박, 환영하다	9002
동	**haunt** hɒnt	출몰하다, 괴롭히다	9003
명동	**havoc** hæ.vək	파괴(하다)	9004
동	**play havoc with** pleɪ.hæ.vək.wɪθ	~을 혼란시키다	9005
형	**hectic** hek.tɪk	바쁜	9006
명동	**heed** hid	주의[유의](하다)	9007
형	**heedless** hid.ləs	부주의한, 무관심한	9008
명	**hegemony** hi.dʒe.mə.ni	주도권	9009
명동	**hinge** hɪndʒ	경첩, ~에 달려있다	9010
명동	**hoard** hɔrd	비축(하다), 사재기	9011
명	**hoop** hup	테, 고리	9012
명	**husk** həsk	껍질	9013
형	**husky** hʌ.ski	목이 쉰, 껍질의	9014
형	**iconic** aɪk.ɒ.nɪk	우상의, 상징적인	9015
명	**idol** aɪd.l	우상	9016
명	**idiosyncrasy** ɪ.diɒ.sɪn.krə.si	특이	9017
형	**impeccable** ɪm.pek.əb.l	결점[죄]없는	9018
형	**pertinent** pɜ.tə.nənt	적절한, 관련의	9019
동	**pertain** pər.teɪn	관련[적합]하다	9020
형	**impertinent** ɪm.pɜ.tə.nənt	무례한, 부적절한	9021
형	**impudent** ɪm.pju.dənt	뻔뻔스런, 무례한	9022
명	**impugnment** ɪm.pjun.mənt	비난, 공격	9023
형	**inadvertent** ɪ.nəd.vɜ.tənt	의도가 아닌, 부주의한	9024
동	**incinerate** ɪn.sɪ.nə.ret	소각하다	9025

형	**incipient** ɪn.sɪ.piənt	초기의	9026
명	**inception** ɪn.sep.ʃn	시작	9027
명	**indispensability** ɪn.dɪ.spen.sə.bɪ.lɪ.ti	필수	9028
형	**indispensable** ɪn.də.spen.səb.l	필수적인	9029
동	**dispense** dɪ.spens	나누다, 주다	9030
동	**dispense with** dɪ.spens.wɪθ	~을 생략하다	9031
명	**indolence** ɪn.də.ləns	게으름, 나태함	9032
형	**indolent** ɪn.də.lənt	게으른	9033
형	**inexorable** ɪ.nek.sə.rəb.l	거침없는, 불변의	9034
동	**infuriate** ɪn.fjʊ.ri.et	격노시키다	9035
명	**fury** fjʊ.ri	격노	9036
형	**furious** fjʊ.riəs	격노한	9037
명	**inkling** ɪŋk.l.ɪŋ	눈치챔, 암시	9038
명	**inn** ɪn	여관	9039
형	**innocuous** ɪ.nɑ.kjuəs	무해한	9040
형	**noxious** nɑk.ʃəs	유해한	9041
형	**insipid** ɪn.sɪ.pɪd	맛없는, 따분한	9042
형	**insolent** ɪn.sə.lənt	무례한	9043
동	**install** ɪn.stɒl	설치[임명]하다	9044
명	**installation** ɪn.stə.leɪʃ.n	설치, 임명	9045
명	**installment** ɪn.stɒl.mənt	할부, 분할	9046
명	**internship** ɪn.tərn.ʃɪp	견습과정	9047
명동	**intern** ɪn.tərn	견습 직원, 억류하다	9048
형	**intrepid** ɪn.tre.pəd	용감한	9049
동	**intrude** ɪn.trud	침입[방해]하다	9050

명	**intrusion** ɪn.tru:ʒ.n̩	침입	9051
명동	**itch** ɪtʃ	가려움, 가렵다	9052
형	**itinerant** aɪ.tɪ.nə.rənt	떠도는	9053
명	**itinerary** aɪ.tɪ.nə.re.ri	여행 일정	9054
형	**jaded** dʒeɪ.dəd	지친, 진절머리가 난	9055
형	**jealous** dʒe.ləs	질투하는, 부러운	9056
명	**jealousy** dʒe.lə.si	질투	9057
동	**jeopardize** dʒe.pər.daɪz	위태롭게 하다	9058
명	**jeopardy** dʒe.pər.di	위험	9059
형	**jubilant** dʒu.bə.lənt	기뻐하는, 의기양양한	9060
명	**karma** kɑr.mə	업보	9061
명	**ken** ken	시야	9062
형	**kinetic** kə.ne.tɪk	움직임의	9063
명	**knack** næk	요령	9064
명	**labyrinth** læ.bə.rɪnθ	미로, 복잡함	9065
형	**lanky** læŋk.i	키 크고 마른	9066
명동	**lash** læʃ	채찍(질하다), 비난(하다)	9067
형명	**laureate** lɔ.riət	수상자, 영예의	9068
명	**legacy** le.gə.si	유산	9069
명	**lexicon** lek.sɪk.ɑn	사전, 어휘	9070
동	**lick** lɪk	핥다	9071
명	**liquor** lɪkər	독한 술	9072
명	**liquid** lɪ.kwəd	액체	9073
형	**logistical** lə.dʒɪ.stɪkəl	물류의	9074
명	**logistics** lə.dʒɪ.stɪks	물류	9075

	단어	뜻	번호
명동	**loom** lum	나타나다, 베틀	9076
명	**loop** lup	고리(형), 순환	9077
명	**lubricant** lu.brəkənt	윤활유	9078
동	**lubricate** lu.brɪket	기름칠[매끄럽게]하다	9079
형	**lucrative** lu.krə.tɪv	돈이 벌리는, 유리한	9080
명	**luster = lustre** lə.stər.lʌ.stər	광택	9081
형	**majestic** mə.dʒe.stɪk	위엄 있는, 웅장한	9082
명	**majesty** mæ.dʒə.sti	위엄, 폐하	9083
형	**malleable** mæ.liəb.ḷ	변하기 쉬운, 융통성 있는	9084
명	**manacle** mæ.nək.l	속박	9085
형	**manic** mæ.nɪk	미친	9086
명	**mania** meɪ.niə	열광	9087
형명	**maniac** meɪ.ni.æk	미치광이, 미친	9088
명	**marsh** marʃ	늪, 습지	9089
동	**meander** mi.æn.dər	굽이쳐 흐르다, 떠돌다	9090
형명	**melancholy** me.lənk.ɑ.li	우울(한)	9091
동	**menace** me.nəs	위협하다	9092
형명	**merchant** mɝ.tʃənt	상인(의), 상업의	9093
명동	**merchandise** mɝ.tʃən.daɪz	상품, 매매하다	9094
형	**meticulous** mə.tɪ.kjə.ləs	꼼꼼한, 소심한	9095
형동	**mimic** mɪ.mɪk	모방하다, 흉내내는	9096
명	**mimesis** mɪ.mi.sɪs	모방	9097
명	**mist** mɪst	옅은 안개	9098
형	**misty** mɪ.sti	안개 짙은	9099
동	**mitigate** mɪ.tə.get	완화[진정]하다	9100

형	**monstrous** mɑn.strəs	괴물 같은	9101
명	**monument** mɑ.nju.mənt	기념비, 기념물	9102
형	**monumental** mɑ.njə.mɛn.tl̩	기념비적인	9103
명	**morbidity** mɔr.bɪ.də.ti	병적임	9104
명	**motto** mɑto.ʊ	좌우명, 격언	9105
동	**mow** moʊ	깎다, 베다	9106
명	**meadow** mɛdo.ʊ	목초지	9107
형	**muggy** mʌ.gi	찌는 듯한	9108
동	**mull over** məl.oʊv.r̩	~을 숙고하다	9109
형	**mute** mjut	무언의, 침묵한	9110
명	**mutiny** mju.tə.ni	폭동, 반란	9111
명동	**mutter** mʌ.tər	중얼대다, 불평(하다)	9112
동	**murmur** mɝ.mər	중얼대다	9113
동	**mumble** mʌm.bl̩	중얼대다	9114
명동	**muzzle** mʌz.l̩	억압[입막음]하다, 입마개	9115
동	**nag** næg	잔소리하다	9116
형	**naughty** nɒ.ti	장난치는, 무례한	9117
형	**nebulous** nɛ.bjə.ləs	모호한	9118
형	**nefarious** nə.fɛ.riəs	불법의, 사악한	9119
명	**nitrogen** naɪ.trə.dʒən	질소	9120
명	**nuance** nuans	미묘한 차이	9121
명	**nudity** nu.də.ti	나체	9122
형명	**nude** nud	나체(의)	9123
명	**nuisance** nu.səns	민폐, 성가심	9124
명동	**oar** ɔr	노(젓다)	9125

형	obstinate ɑb.stə.nət	고집 센, 완강한	9126
형	obtuse abtus	둔한	9127
명	omen ou.men	(불길한) 징조	9128
형	ominous ɑ.mə.nəs	불길한	9129
명	onslaught ɒns.lɒt	맹공격	9130
명	slaughter slɔ.tər	도살, 학살	9131
동	slay sleɪ	살해[학살]하다 ③ slay | slew | slain	9132
형	opaque ou.peɪk	불투명한	9133
형	opulent ɑ.pjə.lənt	부유한, 풍부한	9134
동	orchestrate ɔrk.ə.stret	조정[지휘]하다	9135
명	orgy ɔr.dʒi	흥청망청	9136
형	ostentatiously ɑ.stən.teɪ.ʃə.sli	과시하는	9137
부	ostensibly asten.sə.bli	표면적으로	9138
명	oxymoron aksi.mɔran	모순 어법	9139
형	pagan peɪ.gən	이교도	9140
명	paralysis pə.ræ.lə.sɪs	마비	9141
동	paralyze pe.rə.laɪz	마비[무력화]시키다	9142
형	paralympic pe.rə.lɪm.pɪk	장애인 올림픽	9143
명	parasite pe.rə.saɪt	기생충	9144
형	parasitic pe.rə.sɪ.tɪk	기생적인	9145
명동	pardon par.dn̩	용서(하다), 사면	9146
	Pardon me par.dn̩.mi	"실례합니다", "잘 못 들었습니다"	9147
형	sparse spars	드문, 부족한	9148
명	parsimony par.səmo.ʊ.ni	절약, 인색	9149
명	pathogen pæ.θə.dʒən	병원균	9150

명	**pathology** pə.θɑ.lə.dʒi	병리학	9151
명	**patio** pæ.tio.o	안뜰	9152
명	**pasture** pæs.tʃər	목초지	9153
명동	**pause** pɔz	중지[휴식](하다)	9154
명동	**paw** pɒ	(동물의) 발, 할퀴다	9155
형	**peculiar** pə.kju.ljər	특이한	9156
명	**peculiarity** pɪ.kju.li.e.rə.ti	특이함	9157
명	**pediatrician** pi.diə.trɪʃ.ŋ	소아과의사	9158
명	**pediatrics** pi.di.æ.trɪks	소아과	9159
명	**perpetrator** pɜ.pə.tre.tər	가해자	9160
동	**perpetrate** pɜ.pə.tret	저지르다	9161
명	**petrol** petrol	석유	9162
형	**pharmaceutical** fɑr.mə.su.tɪk.l	제약의, 약물의	9163
명	**pharmacy** fɑr.mə.si	약국, 약학	9164
명	**pharmacist** fɑr.mə.səst	약사	9165
명	**pickle** pɪk.l	절임	9166
명동	**pinch** pɪntʃ	꼬집다, 조금	9167
명동	**pioneer** paɪə.nɪr	개척자, 개척하다	9168
명동	**pique** pik	자극(하다)	9169
명	**pike** paɪk	창, 봉우리	9170
명동	**prick** prɪk	찌르다, 가시	9171
명동	**pirate** paɪ.rət	해적, 표절하다	9172
명	**piracy** paɪ.rə.si	해적질, 표절	9173
명	**pit** pɪt	구멍, 구덩이	9174
명	**pitfall** pɪt.fɒl	함정	9175

	단어	뜻	
명	cockpit / kʌk.pɪt	조종석	9176
명	pity / pɪ.ti	동정, 연민, 유감	9177
명	piety / paɪə.ti	경건, 신앙심	9178
형	pitiful / pɪ.tə.fəl	가엾은	9179
형	pious / paɪəs	경건한	9180
명	self pity / self.pɪ.ti	자기 연민	9181
동	take a pity on / teɪk.ə.pɪ.ti.ɑn	~을 동정하다	9182
형	pivotal / pɪ.və.təl	중심의, 회전축의	9183
명동	pivot / pɪ.vət	중심, 회전하다	9184
동	plagiarize / pleɪ.dʒiə.raɪz	표절하다	9185
명	plumbing / plʌm.ɪŋ	배관(공사)	9186
명	plumber / plʌ.mər	배관공	9187
명동	plunder / plʌn.dər	약탈(하다)	9188
동	poach / poʊtʃ	밀렵하다, 가로채다	9189
명동	pore / pɔr	숙고하다, (땀)구멍	9190
동	pore over / pɔr.oʊv.r	자세히 보다	9191
명	portfolio / pɔrtfo.lio.ʊ	서류첩, 작품집	9192
형	potable / poʊ.təb.l	마실 수 있는	9193
명	potion / poʊʃ.n	물약	9194
형	dusty / dʌ.sti	먼지투성의	9195
명	dust / dəst	먼지	9196
동	prod into / prɑd.ɪn.tu	~을 자극하다	9197
명동	prod / prɑd	찌르다, 재촉(하다)	9198
형	profuse / prə.fjus	많은	9199
동	promulgate / proməl.geɪt	발표하다	9200

품사	단어	뜻	번호
형/명	**pulp** pʌlp	걸쭉한, 과육	9201
명	**punctuality** pʌŋk.tʃu.æ.lə.ti	시간 엄수, 정확함	9202
형	**punctual** pʌŋk.tʃuəl	시간 엄수의	9203
명	**pundit** pʌn.dət	전문가	9204
명	**pupil** pjup.l	학생, 눈동자	9205
명	**puppet** pʌ.pət	꼭두각시	9206
동	**reimburse** riəm.bɜˈs	갚다	9207
형	**rugged** rʌ.gəd	울퉁불퉁한, 튼튼한	9208
명	**rug** rəg	깔개	9209
형	**ragged** ræ.gəd	해진, 낡은	9210
명	**ramification** ræ.mə.fək.eɪʃ.n	파급력, 나뭇가지, 세분화	9211
명	**rapport** ræ.pɔr	친밀(관계)	9212
동	**redeem** rə.dim	되찾다, 벌충[상쇄]하다	9213
명	**refugee** re.fju.dʒi	난민, 망명자	9214
명	**refuge** re.fjudʒ	피난(처)	9215
동	**refurbish** ri.fɜ.bɪʃ	재단장하다	9216
형/동	**reiterate** ri.ɪ.tə.ret	되풀이하다, 반복된	9217
형	**remunerative** ri.mju.nə.rə.tɪv	수익이 좋은, 유리한	9218
동	**renounce** rɪ.naʊns	포기하다	9219
형	**renowned** rə.naʊnd	유명한	9220
명	**renown** rə.naʊn	명성	9221
명	**residue** re.zə.du	잔여(물), 나머지	9222
형/명	**residual** rə.zɪ.dʒuəl	나머지(의)	9223
동	**retaliate** rə.tæ.li.et	복수하다	9224
형/동	**retreat** ri.trit	후퇴[은퇴](하다)	9225

명	**revenue** re.və.nu	수익	9226
명동	**revoke** rɪvoʊk	취소[폐지](하다)	9227
형	**rife** raɪf	유행하는, 많은	9228
형	**rigid** rɪ.dʒəd	엄격한, 단단한	9229
형	**rigorous** rɪ.gə.rəs	엄격한	9230
동	**roam** roʊm	배회하다	9231
명동	**rust** rəst	녹(슬다)	9232
형	**rusty** rʌ.sti	녹슨	9233
형	**sagacious** sə.geɪ.ʃəs	현명한	9234
형명	**sage** seɪdʒ	현명한, 현자	9235
명	**saliva** sə.laɪ.və	침, 타액	9236
동	**salute** sə.lut	경례[안부 인사]하다	9237
형	**sanguine** sæŋ.gwɪn	낙관적인, 자신있는	9238
명	**sap** sæp	수액	9239
명	**sapling** sæp.l.ɪŋ	묘목	9240
명	**sarcasm** sɑrk.æ.zəm	풍자	9241
형	**sarcastic** sarkæ.stɪk	풍자적인	9242
명	**satire** sæ.taɪər	풍자	9243
형	**satirical** sə.tɪ.rək.l	풍자적인	9244
명	**sash** sæʃ	띠, 창틀	9245
동	**scold** skoʊld	꾸짖다	9246
명동	**scout** skaʊt	정찰병, 정찰(하다)	9247
명	**seam** sim	실밥, 이음새	9248
동	**sew** soʊ	꿰매다	9249
형	**seamless** sim.ləs	이음새가 없는, 매끄러운	9250

명동	**segment** seg.mənt	구획, 부분, 나누다	9251
명	**segregation** se.grə.geɪʃ.n	분리, 차별	9252
동	**segregate** se.grə.get	분리[차별]하다	9253
명	**senator** se.nə.tər	상원의원	9254
명	**sermon** sɜ.mən	설교	9255
형	**shallow** ʃælo.ʊ	얕은, 피상적인	9256
동	**shave** ʃeɪv	면도하다 ③ shave | shaved | shaven	9257
동	**shun** ʃən	피하다	9258
명동	**sigh** saɪ	한숨(쉬다)	9259
명	**sin** sɪn	죄	9260
명	**sinner** sɪ.nər	죄인	9261
형	**sinful** sɪn.fəl	죄악의	9262
형	**sinister** sɪ.nə.stər	악한, 불길한	9263
동	**seep** sip	스미다	9264
명동	**sip** sɪp	한모금(마시다)	9265
동	**soak** soʊk	적시다, 담그다	9266
형	**sizzling** sɪz.l.ɪŋ	지글거리는, 뜨거운	9267
명	**skirmish** skɜ.mɪʃ	교전, 충돌	9268
형	**slimy** slaɪ.mi	끈적한	9269
명	**slot** slɑt	홈, 구멍, 시간대	9270
형	**snobbish** snɑ.bɪʃ	속물 같은	9271
동	**solicit** sə.lɪ.sət	간청하다	9272
형	**somber = sombre** sɑm.bər.sɒm.bər	칙칙한	9273
명	**soot** sʊt	그을음, 매연	9274
형동	**sour** saʊər	신, 시어지다	9275

	단어	뜻	번호
명동	**spawn** spɔn	알(낳다), 생산하다	9276
명동	**spike** spaɪk	못, 찌르다	9277
형	**spinal** spaɪn.l	가시의, 척추의	9278
형	**spiky** spaɪk.i	뾰족한, 깐깐한	9279
명	**spine** spaɪn	가시, 척추	9280
명동	**spit** spɪt	침(뱉다) ③ spit | spat, spit | spat, spit	9281
명동	**squeeze** skwiz	압착(하다), 꽉 쥐다	9282
명동	**stare** ster	응시(하다)	9283
형	**startled** stɑr.tld	놀란	9284
동	**startle** stɑr.tl	놀라게 하다	9285
형동	**steep** stip	가파른, 적시다	9286
명	**steward** stuərd	집사, 남자 승무원	9287
명	**stewardship** stuərd.ʃɪp	관리, 책무	9288
명동	**stitch** stɪtʃ	꿰매다, 솔기	9289
명	**straw** strɔ	짚, 빨대	9290
명	**stud** stəd	징, 장식 못	9291
형	**subliminal** sə.blɪ.mən.l	잠재의식의	9292
명동	**swamp** swɑmp	늪, 뒤덮다	9293
동	**synchronize** sɪŋ.krə.naɪz	동시에 하다	9294
명	**tack** tæk	압정, 방향	9295
명동	**taint** teɪnt	얼룩, 오점, 더럽히다	9296
형	**untainted** ʌn.teɪn.təd	더럽혀지지 않은	9297
형동	**tame** teɪm	길들이다, 길든	9298
형	**tattered** tæ.tərd	찢긴	9299
동	**tease** tiz	괴롭히다, 놀리다	9300

형	**tedious** ti.diəs	지루한	9301
형	**terse** tɜs	간결한, 무뚝뚝한	9302
명	**theocracy** θi.ɑ.krə.si	신권 정치	9303
명	**theology** θi.ɑ.lə.dʒi	신학	9304
명동	**thirst** θɜst	갈증, 목마르다	9305
형	**thirsty** θɜ.sti	목마른, 건조한	9306
명	**thorn** θɔrn	가시	9307
형	**thorny** θɔr.ni	가시가 많은, 험난한	9308
명	**thriller** θrɪ.lər	전율시키는 것	9309
명동	**thrill** θrɪl	전율[감동](시키다)	9310
명동	**throb** θrɑb	고동(치다)	9311
명동	**throne** θroʊn	왕좌, 즉위(하다)	9312
명	**tide** taɪd	조류, 조수	9313
형	**tidal** taɪd.l̩	조수의	9314
형	**tin** tɪn	통조림, 알루미늄	9315
명	**toll** toʊl	통행료	9316
명	**tomb** tum	무덤	9317
명	**torch** tɔrtʃ	횃불, 등불	9318
동	**toss** tɒs	던지다, 젖히다	9319
동	**trample** træm.pl̩	유린하다, 짓밟다	9320
명	**tranquility** træŋ.kwɪ.lə.ti	고요함	9321
형	**tranquil** træŋ.kwəl	고요한	9322
명	**treadmill** tred.mɪl	런닝머신, 단조로움	9323
명동	**tread** tred	걸음, 걷다, 밟다	9324
동	**trickle** trɪk.l̩	흐르다	9325

명동	triumph traɪəmf	승리[성공](하다)	9326
형	triumphant traɪəm.fənt	승리한, 성공한	9327
형	tropical trɑ.pɪk.l̩	열대의, 열렬한	9328
명	tropic trɑ.pɪk	열대지방	9329
동	trounce traʊns	완승하다	9330
동	tuck tək	쑤셔 넣다	9331
동	tumble tʌm.bl̩	떨어[무너]지다	9332
명	tumult tu.məlt	소란, 혼란	9333
동	tweak twik	조정하다, 비틀다	9334
형	ubiquitous ju.bi.kwə.təs	어디에나 있는	9335
명동	umpire ʌm.paɪər	심판 (보다)	9336
형	uncanny ʌnk.æ.ni	불가사의한, 이상한	9337
형	ungrudging ʌn.grʌdʒ.ɪŋ	아끼지 않는, 진심의	9338
명동	grudge grədʒ	원한, 아까워하다	9339
명동	leash liʃ	끈(으로 묶다)	9340
동	unleash ʌn.liʃ	끈을 풀다, 해방하다	9341
동	vacillate væ.sə.let	흔들리다, 동요하다	9342
명동	varnish vɑr.nɪʃ	광택제, 광택 내다	9343
동	veer vɪr	방향을 틀다	9344
형	venal vi.nəl	매수한, 부패한	9345
형	vile vaɪl	불쾌한	9346
명	vendor ven.dər	판매상, 노점상	9347
명	verdict vɝ.dɪkt	평결, 판정	9348
동	indict ɪn.daɪt	기소하다	9349
명	vermin vɝ.mɪn	해충	9350

명	**verse** vɜːs	운문, 시	9351
명	**prose** prouz	산문	9352
형	**vertical** vɜː.tɪk.l̩	수직의, 직립한	9353
명	**vertebrate** vɜː.tə.brett	척추동물	9354
형명	**veterinary** ve.trə.ne.ri	수의학의, 수의사	9355
동	**vindicate** vɪn.dəket	정당화[입증]하다	9356
형명	**virgin** vɜː.dʒən	처녀(의), 순수한	9357
형	**visceral** vɪ.sə.rəl	내장의, 본능적인	9358
명	**vocation** vouk.eɪʃ.n	천직, 직업, 업무	9359
형	**vocational** vouk.eɪ.ʃnəl	직업[업무]상의	9360
형동	**void** vɔɪd	빈, 비우다	9361
형	**devoid** dɪ.vɔɪd	없는	9362
동	**weep** wip	울다 ③ weep | wept | wept	9363
동	**wield** wild	휘두르다, 행사하다	9364
동	**wipe** waɪp	닦다	9365
동	**wither** wɪ.ðər	시들다	9366
동	**wilt** wɪlt	시들다, 지치다	9367
명	**wool** wʊl	양모, 털실, 모직물	9368
형동	**yell** jel	고함(치다)	9369
동	**abide** ə.baɪd	따르다, 참다, 살다 ③ abide | abode, abided | abode, abided	9370
동	**abide by** ə.baɪd.baɪ	~을 따르다	9371
동	**abolish** ə.bɑ.lɪʃ	폐지하다	9372
명	**abrasion** ə.breɪʒ.ŋ	찰과상, 마모	9373
형명	**abrasive** ə.breɪ.sɪv	마모시키는, 연마재	9374
부	**abreast** ə.brest	나란히	9375

통	**abrogate** æ.brə.get	폐지하다	9376
명	**abyss** ə.bɪs	심연	9377
명	**acrobat** æ.krə.bæt	곡예사	9378
형	**acrobatic** æ.krə.bæ.tɪk	곡예의	9379
명통	**puncture** pʌŋk.tʃər	구멍(나다)	9380
명통	**punch** pəntʃ	주먹질하다, 구멍(뚫다)	9381
형부	**ad hoc** æd.hɑk	즉석(의), 특별한	9382
명	**adage** æ.dədʒ	격언	9383
명	**adjective** æ.dʒɪk.tɪv	형용사	9384
통	**admonish** æd.mɑ.nɪʃ	훈계하다	9385
통	**affiliate** ə.fɪ.li.et	제휴[합병]하다	9386
명	**agenda** ə.dʒen.də	안건	9387
형	**agile** æ.dʒəl	민첩한	9388
명	**agility** ə.dʒɪ.lə.ti	민첩함	9389
명	**agony** æ.gə.ni	고통	9390
통	**agonize** æ.gə.naɪz	고통스럽다	9391
명	**agora** æ.gə.rə	광장, 집회	9392
명	**aisle** aɪl	복도, 통로	9393
명	**axis** æk.səs	(중심)축	9394
명	**alcoholic** ælk.ə.hɑ.lɪk	알콜 중독자	9395
명	**alcoholism** ælk.ə.hɑ.lɪ.zəm	알콜 중독	9396
명	**alloy** æ.lɔɪ	합금	9397
명	**alms** ɑlmz	구호품, 자선금	9398
명	**alumnus** (pl. alumni) ə.ləm.nəs	졸업생, 동창생	9399
명	**amalgam** ə.mæl.gəm	혼합물	9400

형	**ambient** æm.biənt	주변의	9401
명	**ambience** æm.biəns	분위기, 환경	9402
명	**anachronism** ə.næ.krə.nɪ.zəm	시대 착오	9403
명	**anthology** æn.θɑ.lə.dʒɪ	모음집	9404
명	**antidote** æn.tidoʊt	해독제	9405
명	**apparatus** æ.pə.ræ.təs	장치, 기관	9406
명	**apparel** ə.pe.rəl	의류	9407
형	**ardent** ɑr.dənt	열렬한	9408
명	**aroma** əro.ʊ.mə	향기	9409
형명	**aromatic** e.rə.mæ.tɪk	향기로운, 향료	9410
명	**atrocity** ə.trɑ.sə.ti	잔혹함	9411
명	**attic** æ.tɪk	다락방	9412
명	**attorney** ə.tɝ.ni	변호사	9413
명	**aura** ɔ.rə	분위기, 기운	9414
명	**autopsy** ɒ.tɑp.si	부검	9415
명동	**revenge** ri.vendʒ	복수(하다)	9416
동	**avenge** ə.vendʒ	복수하다	9417
명	**vengeance** ven.dʒəns	복수	9418
동	**babysit** beɪ.bi.sɪt	아기를 돌보다	9419
동	**baffle** bæf.l	당황[좌절]시키다	9420
명동	**bail** beɪl	보석금(을 내다)	9421
동	**bail out** beɪl.aʊt	퍼내다, 구제하다	9422
명동	**bait** beɪt	미끼, 유혹하다	9423
형	**balmy** bɑ.mi	향기로운, 훈훈한	9424
명	**baptism** bæp.tɪ.zəm	세례	9425

명	**barn** bɑrn	헛간	9426
형	**barren** bæ.rən	메마른, 불모의, 불임의	9427
명동	**batch** bætʃ	묶음, 일괄로 처리하다[굽다]	9428
동	**bake** beɪk	굽다	9429
명	**bay** beɪ	만 *지형	9430
동	**beguile** bɪ.gaɪl	현혹하다, 시간 때우다	9431
형	**gullible** gʌ.ləb.l̩	잘 속는	9432
동	**betray** bə.treɪ	배신[누설]하다	9433
명	**betrayal** bə.treɪəl	배신	9434
명동	**bicker** bɪkər	언쟁(하다)	9435
명동	**billow** bɪloʊ	파도, 소용돌이(치다)	9436
형	**bizarre** bə.zɑr	기이한	9437
명동	**blink** blɪŋk	깜빡이다, 일순간	9438
동	**bloat** bloʊt	부풀다	9439
형명	**blonde** blɑnd	금발의 (여자)	9440
형	**blond** blɑnd	금발의	9441
명	**blot** blɑt	얼룩, 오점	9442
명	**bluff** bləf	허세, 절벽	9443
명	**bluster** blʌ.stər	고함, 허세	9444
명	**borough** bɜroʊ	자치구	9445
명	**boulevard** bʊ.lə.vɑrd	큰 길	9446
명동	**bounce** baʊns	튀다, 튐, 탄력	9447
동	**bounce off** baʊns.ɒf	팅기다, 반사하다	9448
명	**bowel** baʊəl	내장	9449
명동	**boycott** bɔɪ.kɑt	불매(하다)	9450

명	**breeze** briz	산들바람	9451
명동	**bribe** braɪb	뇌물(주다)	9452
명	**bribery** braɪ.bə.ri	뇌물 수수	9453
형부	**brisk** brɪsk	빠른, 바쁜, 딱딱한	9454
명	**brokerage** broʊk.ə.rɪdʒ	중개업	9455
명	**broker** broʊkə	중개인	9456
명	**brook** brʊk	시냇물	9457
명	**broom** brum	빗자루	9458
동	**browse** braʊz	둘러보다	9459
명	**brutality** bru.tæ.lə.ti	야만성	9460
형	**brutal** brut.l	야만적인	9461
명	**brute** brut	야수	9462
명동	**buckle** bʌk.l	잠금장치, 잠그다	9463
동	**buckle up** bʌk.l.ʌp	안전벨트[버클]매다	9464
명동	**buffer** bʌ.fər	완화하다, 완충기	9465
명	**bulb** bəlb	전구	9466
동	**bustle** bʌs.l	서두르다	9467
명	**buttress** bʌ.trəs	지지대	9468
명	**cafeteria** kæ.fə.tɪ.riə	구내식당	9469
명	**calamity** kə.læ.mə.ti	재앙	9470
명	**caliber = calibre** kæ.lə.bər	직경	9471
명	**canyon** kæ.njən	협곡	9472
형	**capricious** kə.prɪ.ʃəs	변덕스런	9473
명	**carcass** kɑrkəs	시체, 잔해	9474
명	**carnage** kɑr.nɪdʒ	대학살	9475

명	**cartel** kar.tel	담합, 연합	9476
통	**cater** keɪ.tər	(음식을) 제공하다	9477
명	**catering** keɪ.tər.ɪŋ	음식 공급(업)	9478
형	**caustic** ku.stɪk	부식성의, 신랄한	9479
명	**censorship** sen.sər.ʃɪp	검열	9480
명통	**censor** sen.sər	검열하다, 검열관	9481
명통	**censure** sen.ʃər	비난(하다)	9482
명	**chamber** tʃeɪm.bər	방, -실,	9483
명통	**chat** tʃæt	잡담(하다)	9484
통	**chatter** tʃæ.tər	재잘대다	9485
명	**chill** tʃɪl	냉기, 추운	9486
명	**clan** klæn	씨족, 파벌, 집단	9487
형	**clandestine** klæn.de.stən	은밀한, 비밀의	9488
명	**clause** kloz	단락, 절, 조항	9489
명	**cliche** kli.ʃeɪ	진부함	9490
명	**cliff** klɪf	절벽	9491
명	**cloak** kloʊk	망토, 은폐	9492
명	**clone** kloʊn	복제[품, 인간]	9493
명	**coalition** koʊə.lɪʃ.n	연합	9494
통	**coax** koʊks	꼬시다	9495
명	**cocktail** kɑk.tel	혼합물	9496
명	**coffin** kɒ.fin	관	9497
통	**collate** kə.leɪt	대조(분석)하다	9498
형	**colossal** kə.lɑs.l	거대한, 놀랄만한	9499
명	**coma** koʊ.mə	혼수상태	9500

품사	단어	뜻	번호
형/명	combatant (kəm.bæ.tənt)	전투적인, 전투원	9501
동	combat (kʌm.bæt)	싸우다	9502
형	combative (kəm.bæ.tɪv)	전투적인	9503
명	comet (kɑ.mət)	혜성	9504
동	commence (kə.mens)	시작하다	9505
형	compact (kʌm.pækt)	소형의, 조밀한	9506
동	condone (kəndoun)	용납하다	9507
명/동	confederate (kən.fe.də.rət)	연합(하다)	9508
명	confederation (kən.fe.də.reɪʃ.n)	연합	9509
동	confiscate (kɑn.fə.sket)	몰수하다	9510
형	fiscal (fɪ.skl)	재정적인	9511
명	conglomerate (kən.glɑ.mə.rət)	집단, 복합체	9512
명/동	conjecture (kən.dʒek.tʃər)	추측(하다)	9513
동	conjure (kʌn.dʒər)	간청[마술]하다	9514
명	constipation (kɑn.stə.peɪʃ.n)	변비	9515
명	corpse (kɔrps)	시체	9516
형	corporal (kɔr.pə.rəl)	신체의, 개인적인	9517
형	corpulent (kɔr.pjə.lənt)	뚱뚱한	9518
형	cosmic (kɑz.mɪk)	우주의, 보편적인	9519
명	cosmos (kɑzmos)	우주, 코스모스 꽃	9520
형	cosmopolitan (kɑz.mə.pɑ.lə.tən)	국제적인	9521
명	countenance (kaʊn.tə.nəns)	얼굴, 표정	9522
동	covet (kʌ.vət)	탐내다	9523
명	coward (kaʊərd)	겁쟁이	9524
동	cozen (kʌz.n)	속이다	9525

형	**cradle** kreɪd.l	아기 침대, 받침대	9526
명	**crater** kreɪ.tər	분화구	9527
동	**crave** kreɪv	갈망[간청]하다	9528
동	**crawl** krɒl	기다, 서행하다	9529
명	**crest** krest	절정, 장식	9530
동	**crystallize** krɪ.stə.laɪz	구체화하다	9531
명	**cult** kəlt	숭배(집단)	9532
형	**occult** əkəlt	초자연적인	9533
형	**cunning** kʌn.ɪŋ	교활한, 교묘한	9534
명동	**curse** kɝs	저주(하다) ③ curse | curst | curst	9535
명	**custody** kʌ.stə.di	감금, 보관, 보호, 양육권	9536
명	**cylinder** sɪ.lən.dər	원통형, 기통	9537
동	**daunt** dɒnt	기죽이다	9538
명	**debacle** də.bɑk.l	실패, 붕괴	9539
동	**decant** dəkænt	옮겨 붓다	9540
명	**deficiency** də.fɪ.ʃən.si	결핍	9541
형	**deficient** də.fɪ.ʃənt	부족한	9542
명	**deficit** de.fə.sət	부족(액), 적자	9543
형	**delirious** də.lɪ.riəs	정신없는	9544
명	**detergent** də.tɝ.dʒənt	세제	9545
명	**dexterity** dek.ste.rə.ti	손재주, 민첩	9546
명	**diaper** daɪ.pər	기저귀	9547
명동	**disdain** dɪs.deɪn	경멸(하다)	9548
동	**dismantle** dɪ.smæn.tl	해체하다	9549
명	**deity** diə.ti	신	9550

명	**divinity** dɪ.vɪ.nə.ti	신성, 신학	9551
형	**divine** dɪ.vaɪn	신의, 신성한	9552
명	**dosage** dou.sɪdʒ	정량, 복용량	9553
명	**dose** dous	(1회) 복용량	9554
명동	**overdose** ouv.ədous	과다 복용(하다)	9555
명	**dough** dou	반죽	9556
명	**dummy** dʌ.mi	(인체)모형	9557
형	**dumb** dəm	벙어리의, 무언의	9558
명동	**dye** daɪ	염색(하다), 염색제	9559
명	**elegance** e.lə.gəns	우아함	9560
형	**elegant** e.lə.gənt	품위 있는, 우아한	9561
동	**emanate** e.mə.net	내뿜다	9562
형	**empirical** em.pɪ.rɪk.l̩	경험적인	9563
명	**empiricism** em.pɪ.rə.sɪ.zəm	경험주의	9564
명	**encore** ɑnk.ɔr	재요청, 재방송	9565
명	**enigma** ə.nɪg.mə	수수께끼	9566
형	**enigmatic** e.nɪg.mæ.tɪk	수수께끼의	9567
명동	**tangle** tæŋ.gl̩	엉킴, 엉키다	9568
동	**disentangle** dɪ.sən.tæŋ.gl̩	풀다, 해방되다	9569
동	**entangle** en.tæŋ.gl̩	얽히다, 혼란시키다	9570
동	**envelop** en.ve.ləp	감싸다	9571
명	**envelope** en.vəloup	봉투	9572
명	**epoch** e.pək	신기원, 시대	9573
명	**ergonomics** ər.gə.nɑ.mɪks	인체 공학	9574
형	**ergonomic** ər.gə.nɑ.mɪk	인체 공학의	9575

명	euthanasia ju.θə.neɪ.ʒə	안락사	9576
명	eviction ɪ.vɪk.ʃn	퇴거	9577
동	evict ɪ.vɪkt	내쫓다	9578
동	exhort ɪg.zɔrt	권고[훈계]하다	9579
동	fade feɪd	사라지다, 시들다	9580
동	fade away feɪd.ə.weɪ	사라지다	9581
형	feasible fi.zəb.l	실행 가능한	9582
명	feasibility fi.zə.bɪ.lə.ti	실현성	9583
형	feeble fib.l	약한	9584
명	felony fe.lə.ni	중범죄	9585
명	felon fe.lən	중죄인	9586
동	fetch fetʃ	가져[데려]오다, 팔리다	9587
형	far fetched far.fetʃt	믿기지 않는	9588
명	fetish fe.tɪʃ	집착, 숭배물	9589
명	fetus fi.təs	태아, 초기	9590
형	fetal fit.l	태아의	9591
명	fidelity fə.de.lə.ti	충실, 충성	9592
명	infidelity ɪn.fə.de.lə.ti	무신론, 배신	9593
명	infidel ɪn.fə.del	무신론자	9594
형	bona fide bou.nə.faɪd	진실된	9595
형	filthy fɪl.θi	더러운	9596
명	filth fɪlθ	오물	9597
명	flake fleɪk	파편	9598
명	flank flæŋk	측면, 옆구리	9599
명	flaw flɒ	결함, 단점	9600

형	**flawless** flɒ.ləs	흠없는	9601
동	**flicker** flɪkər	깜박이다	9602
형	**floppy** flɑ.pi	유연한, 기운 없는	9603
동	**flop** flɒp	자빠지다	9604
동	**flounder** flaʊn.dər	허둥대다	9605
명	**flour** flaʊər	(밀)가루	9606
명	**fluff** fləf	솜털	9607
형	**fluffy** flʌ.fi	솜털[거품] 같은	9608
형	**fluorescent** flu.re.sənt	형광의	9609
동	**forage** fɔ.rɪdʒ	(먹이를) 찾다	9610
동	**forfeit** fɔr.fət	몰수[상실]하다	9611
명	**fountain** faʊn.tən	분수, 샘	9612
형	**frantic** fræn.tɪk	미친	9613
형	**fraudulent** frɒ.dʒə.lənt	사기성의	9614
동	**defraud** də.frɒd	사기치다	9615
명	**fraud** frɒd	사기	9616
형명	**freak** frik	특이(한)	9617
형	**frivolous** frɪ.və.ləs	경솔한, 시시한	9618
명동	**frown** fraʊn	찌푸린 얼굴(을 하다)	9619
명	**funeral** fju.nə.rəl	장례식	9620
명	**funnel** fʌn.l	깔때기, 굴뚝	9621
명	**furnace** fɜr.nəs	용광로	9622
명	**fuss** fəs	소란	9623
형	**gallant** gæ.lənt	용감한	9624
명	**garbage** gɑr.bɪdʒ	쓰레기	9625

386

명	**garment** gɑr.mənt	의복	9626
명	**ghetto** geto.ʊ	빈민가	9627
동	**giggle** gɪg.l	킥킥 웃다	9628
명	**gill** gɪl	아가미	9629
부	**gingerly** dʒɪn.dʒər.li	신중한, 신중히	9630
명	**gist** dʒɪst	요점	9631
형	**glamorous** glæ.mə.rəs	매력적인	9632
명동	**glamor** glæ.mər	매력, 매혹하다	9633
동	**glean** glin	줍다, 모으다	9634
명	**gloom** glum	우울, 침울	9635
형	**gloomy** glu.mi	우울한	9636
명동	**glue** glu	접착제, 붙이다	9637
형	**gorgeous** gɔr.dʒəs	멋진	9638
명	**gourmet** gʊr.me	미식가	9639
명	**graft** græft	접목, 이식	9640
형	**grim** grɪm	무서운, 잔인한	9641
명	**grimace** grɪ.məs	찡그린 얼굴	9642
동	**grin** grɪn	활짝 웃다	9643
형	**grotesque** groʊ.tesk	괴기한	9644
명동	**growl** graʊl	으르렁(대다)	9645
형	**gruesome** gru.səm	무서운, 소름 끼치는	9646
동	**grunt** grənt	꿀꿀대다, 불평하다	9647
명동	**grumble** grʌm.bl	투덜(대다)	9648
명	**guerrilla** gə.rɪ.lə	비정규병	9649
명	**guild** gɪld	협회, 조합	9650

동	gulp gəlp	삼키다	9651
명	gust gəst	돌풍	9652
명동	gush gəʃ	분출(하다)	9653
동	harass hə.ræs	괴롭히다	9654
명동	hash hæʃ	다지다, 재탕	9655
명	haze heɪz	안개	9656
명	hedge hedʒ	울타리, 대비책	9657
명	helix hi.lɪks	나선형	9658
명동	herald he.rəld	알리다, 전조	9659
명	herd hɝd	떼, 대량	9660
명	heap hip	무더기	9661
명동	hiccup hɪkʌp	딸꾹질(하다)	9662
형	hideous hɪ.diəs	끔찍한, 무서운	9663
명동	hijack haɪ.dʒæk	납치(하다)	9664
명	hoax hoʊks	거짓말, 장난	9665
명	hoof huf	발굽	9666
형	horizontal hɔ.rə.zʊn.tl	수평(선)의, 가로의	9667
명	horizon hə.raɪz.n	수평선, 지평선	9668
동	howl haʊl	울부짖다	9669
명	hue hju	빛깔, 색조	9670
명동	hurdle hɝ.dl	장애물, 극복하다	9671
명	hassle hæs.l	번거로운 일[상황]	9672
명동	hustle hʌs.l	밀치다, 혼잡	9673
명	hygiene haɪ.dʒin	위생	9674
명	hyperbole haɪ.pɝ.bə.li	과장	9675

형	hypocrisy hɪˈpɑ.krə.si	위선	9676
명	hypocrite ˈhɪ.pɪ.krɪt	위선자	9677
형	hypocritical hɪ.pɪˈkrɪ.tɪk.l	위선적인	9678
명	idiom ˈɪ.diəm	숙어	9679
형	idle ˈaɪd.l	게으른, 쉬는	9680
형	illegible ɪˈle.dʒəb.l	읽기 어려운	9681
형	legible ˈle.gəb.l	읽을 수 있는	9682
형	immaculate ɪˈmæ.kju.lət	결점 없는, 순결한	9683
명	impeachment ɪmˈpit.ʃmənt	탄핵	9684
동	impeach ɪmˈpitʃ	탄핵하다	9685
형	imperative ɪmˈpe.rə.tɪv	필수적인, 긴급한	9686
명	impetus ˈɪm.pə.təs	힘, 기동력, 자극	9687
형	impetuous ɪmˈpet.ʃwəs	충동적인, 격렬한	9688
형	inaugural ɪˈnɑ.gə.rəl	취임(식)의, 최초의	9689
동	inaugurate ɪˈnɑ.gjə.ret	취임하게 하다	9690
동	infest ɪnˈfest	들끓다, 감염시키다	9691
명	infusion ɪnˈfjuʒ.n	주입	9692
동	infuse ɪnˈfjuz	붓다, 주입하다	9693
동	inoculate ɪˈnɑ.kjə.let	예방접종하다	9694
동	insert ɪnˈsɚt	삽입하다	9695
동	instill ɪnˈstɪl	주입하다	9696
동	distill dɪˈstɪl	증류[추출]하다	9697
동	insult ɪnˈsəlt	모욕하다	9698
형	intermittent ɪn.tɚˈmɪ.tənt	간헐적인	9699
형명	interim ˈɪn.tə.rəm	임시적인, 중간기	9700

품사	표제어	발음	뜻	번호
형명	intestine	m.te.stən	창자, 내부의	9701
동	inundate	ɪ.nʌn.det	침수되다	9702
명동	jet	dʒet	분출(하다)	9703
명	jet lag	dʒet.læg	시차 피로	9704
동	jog	dʒɑg	조깅하다	9705
동	juggle	dʒʌg.l	곡예하다, 속이다	9706
동	enkindle	ɪnk.ɪn.dl	불타게[자극]하다	9707
동	kindle	kɪn.dl	불 붙이다, 빛내다	9708
명	knob	nɑb	손잡이, 혹	9709
명동	lag	læg	지연(되다)	9710
형	lame	leɪm	절름발의, 서투른	9711
형명	limp	lɪmp	절뚝거림, 지친	9712
명	latch	lætʃ	자물쇠	9713
부	lateral	læ.tə.rəl	측면의, 옆으로	9714
형	bilateral	baɪ.læ.tə.rəl	양쪽의	9715
형	multilateral	mʌlt.i.læt.ər.əl	다각적인	9716
형명	collateral	kə.læ.tə.rəl	부수적인, 담보물	9717
형	unilateral	ju.nə.læ.tə.rəl	일방적인	9718
명	laundry	lɒn.dri	세탁소, 세탁물	9719
명	lava	lɑ.və	용암	9720
형	lavish	læ.vɪʃ	사치스런, 풍부한	9721
형	lenient	li.niənt	관대한	9722
형	lethal	liθ.l	치명적인	9723
형	lethargic	lə.θɑr.dʒɪk	혼수상태의, 무기력한	9724
명	lethargy	le.θər.dʒɪ	혼수상태, 무기력	9725

	단어	뜻	
명동	levy leˈvi	부과(하다)	9726
동	libel ˈlaɪbl̩	비방하다	9727
명	litigation lɪˈtəˌɡeɪʃn̩	소송, 고소	9728
명	liver ˈlɪˌvər	간	9729
동	loathe loʊð	싫어하다	9730
형	loath loʊθ	싫은	9731
형	lousy ˈlaʊˌzi	엉망인	9732
명동	lumber ˈlʌmˌbər	목재, 벌목하다	9733
명	lumberjack ˈlʌmˌbərˌdʒæk	벌목꾼	9734
명	lynch lɪntʃ	집단폭행	9735
명	magnet ˈmæɡˌnət	자석, 끌리는 것	9736
형	magnetic mæɡˈneˌtɪk	자석의, 자성을 띈	9737
형	electromagnetic ɪˌlektroʊˌmæɡˈneˌtɪk	전자기의	9738
형	mellow ˈmeloʊ	달콤한, 부드러운	9739
명	mercy ˈmɝˌsi	자비, 인정	9740
	at the mercy of ˌʌvˌðəˌmɝˌsiˌʌv	~의 처분에 달린	9741
형	merciful ˈmɝˌsəˌfəl	자비로운	9742
명	mesh meʃ	망사	9743
형	metropolitan ˌmeˌtrəˌpɑˌləˌtən	대도시의, 수도의	9744
형동	mock mɑk	흉내내다, 모조의	9745
명	mockery ˈmɑkˌəˌri	흉내	9746
명	module ˈmɑˌdʒul	규격 부품, 부분	9747
동	modulate ˈmɑdʒˌjuˌlet	조절하다	9748
명	monk mʌŋk	수도승	9749
명	monastery ˈmɑˌnəˌsteˌri	수도원	9750

형	monotonous mə.nɑ.tə.nəs	단조로운	9751
명	monotony mə.nɑ.tə.ni	단조로움	9752
명동	mop mɑp	대걸레(로 닦다)	9753
명	moratorium mɔ.rə.tɔ.riəm	중단, 지불 유예	9754
명	mortification mɔr.tɪ.fɪk.eɪʃ.ŋ	굴욕	9755
동	mortify mɔr.tə.faɪ	억제하다, 굴욕을 주다	9756
동	mourn mɔrn	슬퍼하다	9757
형	mournful mɔrn.fəl	슬픈	9758
명	mummy mʌ.mi	미이라	8759
형	mundane mʌn.deɪn	속세의, 평범한	9760
명	municipality mju.nɪ.sə.pæ.lə.ti	지방 자치제	9761
형	municipal mju.nɪ.səp.]	지방 자치제의	9762
형	murky mɝk.i	어두운	9763
명	mustache mə.stæʃ	콧수염	9764
동	muster mʌ.stər	모으다	9765
동	mutilate mju.tə.let	훼손[절단]하다	9766
형	myopic maɪɑ.pɪk	근시의, 근시안적인	9767
동	nominate nɑ.mə.net	지명[임명]하다	9768
형	nominal nɑ.mən.]	명목상의, 아주 적은	9769
명	nomination nɑ.mə.neɪʃ.ŋ	지명, 임명	9770
명	nominee nɑ.mə.ni	피지명자	9771
명	nostalgia nɒ.stæl.dʒə	그리움	9772
명동	notch nɑtʃ	단계, 홈(파다)	9773
명	oath oʊθ	맹세, 서약	9774
명	obituary obɪ.tʃu.e.ri	부고	9775

형	obsolete ɑb.sə.lit	구식의	9776
명	obstruction əb.strʌk.ʃn	방해(물), 차단	9777
동	obstruct əb.strʌkt	방해[차단]하다	9778
형	obstructive əb.strʌk.tıv	방해하는	9779
명	ombudsman ɑm.bədz.mən	고충처리원	9780
명	omnibus ɑm.nə.bəs	모음집	9781
전	on behalf of ɑn.bə.hæf.ʌv	~을 대신하여	9782
동	ooze uz	흘러나오다	9783
명	ordeal ɔr.dil	시련	9784
명동	ornament ɔr.nə.mənt	장식(하다)	9785
형	ornamental ɔr.nə.men.tl	장식적인	9786
명	orphan ɔr.fn	고아	9787
명	orphanage ɔr.fə.nədʒ	고아원	9788
명	oscillation ɑ.sə.leıʃ.n	진동	9789
동	oscillate ɑ.sə.let	진동[동요]하다	9790
동	overhaul ouv.ə.hɔl	점검[추월]하다	9791
명동	overture ouv.r.tjuə	교섭(하다)	9792
형	palpable pæl.pəb.l	실재하는, 명백한	9793
동	pant pænt	헐떡이다	9794
형명	parallel pe.rə.lel	평행(의), 유사(한)	9795
명	parchment pɑrt.ʃmənt	양피지	9796
명	parenthesis pə.ren.θə.sıs	괄호, 삽입구	9797
명	parody pe.rə.di	흉내, 풍자	9798
명	parole pəroul	가석방	9799
명동	patrol pətroul	순찰(하다)	9800

품사	단어	뜻	번호
명	**pawn** pɒn	담보	9801
명	**pebble** peb.l	조약돌	9802
명	**pedagogy** pe.də.goʊ.dʒi	교육학	9803
형	**pedagogical** pe.də.gu.dʒɪkəl	교육상의	9804
동	**peel** pil	벗기다	9805
형	**pejorative** pə.dʒɔ.rə.tɪv	경멸적인	9806
형	**penniless** pe.ni.ləs	무일푼의	9807
형	**perverse** pər.vɝs	괴팍한, 고집센	9808
명동	**pervert** pɝ.vərt	왜곡하다, 변태	9809
명동	**petition** pə.tɪʃ.n	청원[탄원](하다)	9810
명	**pill** pɪl	알약	9811
명	**plagiarism** pleɪ.dʒə.rɪ.zəm	표절	9812
명	**plea** pli	애원, 변명	9813
동	**plead** plid	애원[변호]하다	9814
명동	**plow** plaʊ	쟁기, 갈다	9815
명	**furrow** fɝ.oʊ	고랑, 주름	9816
명	**monopoly** mə.nɑ.pə.li	독점	9817
명	**polygamy** pə.li.gə.mi	일부다처제	9818
동	**postulate** pɑs.tʃə.let	상정[가정]하다	9819
명	**prairie** pre.ri	대초원	9820
명	**prank** præŋk	장난	9821
동	**preach** pritʃ	설교[전도]하다	9822
명	**precursor** prik.ɚ.sər	선구자	9823
명	**predicament** prə.dɪk.ə.mənt	곤경	9824
명	**prerogative** prɪ.rɑ.gə.tɪv	특권	9825

형	단어	뜻	번호
명	**prestige** pre.stiʒ	명성, 명문, 일류	9826
형	**prestigious** pre.stɪ.dʒəs	명문의, 일류의	9827
형	**prodigal** prɑ.dɪg.l	낭비하는	9828
명	**prophet** prɑ.fət	예언자	9829
명	**prophecy** prɑ.fə.si	예언	9830
명	**quarry** kwɔ.ri	채석장, 사냥감	9831
형명	**queer** kwɪr	특이한, 동성애자	9832
명동	**queue** kju	줄(서다)	9833
형	**oblique** ə.blik	비스듬한, 간접적인	9834
명	**quotation** kwou.teɪʃ.n	인용문	9835
형	**quota** kwou.tə	할당, 한도	9836
명동	**quote** kwout	인용[예시]하다, 견적	9837
명동	**ransom** ræn.səm	몸값(을 요구하다)	9838
명	**rapture** ræp.tʃər	황홀	9839
동	**rebate** ri.beɪt	부분 환불하다	9840
동	**abate** ə.beɪt	줄이다, 내리다	9841
명동	**rebuke** ri.bjuk	비난(하다)	9842
명	**reel** ril	실타래	9843
명	**rehearsal** rə.hɝ.sl	예행연습	9844
동	**rehearse** ri.hɝs	예행연습하다	9845
동	**relish** re.lɪʃ	즐기다	9846
형	**remorse** rə.mɔrs	후회	9847
명동	**reproach** rɪproutʃ	비난(하다)	9848
동	**rescind** rə.sɪnd	폐지[철회]하다	9849
명	**respite** re.spɪt	중지, 유예	9850

	단어	발음	뜻	번호
형	retarded	rə.tɑr.dəd	지체된	9851
동	retard	rə.tɑrd	감속하다	9852
형	tardy	tɑr.di	늦은	9853
명	retina	re.tə.nə	망막	9854
명동	retrospect	re.trə.spekt	회상[추억](하다)	9855
	in retrospect	ɪn.re.trə.spekt	돌이켜보면	9856
형	retro	retro.ʊ	복고풍의	9857
명	riddle	rɪd.l	수수께끼	9858
명	brim	brɪm	가장자리, 가득	9859
명	rim	rɪm	가장자리, 테	9860
명형동	trim	trɪm	다듬다, 정돈(된)	9861
명	riot	raɪət	폭동	9862
형	roar	rɔr	으르렁대다, 요란한	9863
명	rod	rɑd	회초리, 막대	9864
동	roil	rɔɪl	휘젓다	9865
동	rotate	roʊ.teɪt	회전[교대]하다	9866
명	rotation	roʊ.teɪʃ.n	회전, 교대	9867
형	rotary	roʊ.tə.ri	회전하는	9868
형	rotten	rɑt.ŋ	썩은	9869
명동	rot	rɑt	썩다, 부패	9870
명	rubbish	rʌ.bɪʃ	쓰레기	9871
형명	ruminant	ru.mə.nənt	명상하는, 반추 동물	9872
형	ruthless	ruθ.ləs	무자비한	9873
명	sabotage	sæ.bə.tɑʒ	파괴	9874
형	insane	ɪn.seɪn	정신 나간, 미친	9875

형	**sane** seɪn	제정신인	9876
명	**sanity** sæ.nə.ti	제정신	9877
명	**scaffold** skæfoʊld	처형대, 발판	9878
명동	**slander** slæn.dər	비방(하다)	9879
명	**scandal** skæn.dl̩	추문, 수치, 비방	9880
형	**scanty** skæn.ti	부족한	9881
동	**scour** skaʊər	닦다, 찾다	9882
명	**scourge** skɝdʒ	재앙, 채찍	9883
동	**screw up** skru.ʌp	망치다	9884
동	**sear** sɪr	그을리다	9885
형	**secular** se.kjə.lər	속세의	9886
명	**session** seʃ.n̩	회의, 기간	9887
명	**shelf** ʃelf	선반	9888
동	**shelve** ʃelv	보류하다, 선반에 두다	9889
형	**shrewd** ʃrud	재빠른, 교활한	9890
형	**shrill** ʃrɪl	날카로운	9891
동	**shrug** ʃrəg	으쓱하다	9892
동	**shrug off** ʃrəg.ɔf	무시하다	9893
동	**shuffle** ʃʌf.l̩	섞다	9894
명동	**siege** sidʒ	포위(하다)	9895
명	**silhouette** sɪ.lə.wet	윤곽	9896
부	**silly** sɪ.li	어리석은	9897
명	**silo** saɪloʊ	저장고	9898
동	**skim** skɪm	훑다	9899
형	**slender** slen.dər	날씬한, 가느다란	9900

형	slim slɪm	날씬한, 얇은	9901
명동	sling slɪŋ	던지다, 새총, 팔 붕대 ③ sling | slung | slung	9902
형	sloppy slɑ.pi	엉성한, 더러운	9903
형	sly slaɪ	교활한	9904
명동	smear smɪr	얼룩, 더럽히다	9905
동	smother smʌ.ðər	억누르다, 질식시키다	9906
동	smuggle smʌg.l	밀수하다	9907
동	sneak snik	몰래 가다	9908
명	souvenir su.və.nɪr	기념품	9909
명	span spæn	기간, 간격, 한 뼘	9910
명	sparkle spɑrk.l	쾌활, 불꽃	9911
명동	spark spɑrk	불꽃, 불붙다	9912
명	spoonful spun.ful	한 숟갈	9913
형	spurious spju.riəs	가짜의	9914
명동	stack stæk	무더기, 많음, 쌓다	9915
형	stale steɪl	상한, 진부한	9916
명	stall stɒl	가판대, 마구간	9917
명	stamina stæ.mə.nə	체력	9918
명	stationery steɪ.ʃə.ne.ri	문구점	9919
명동	stink stɪŋk	악취(나다) ③ stink | stank | stunk	9920
명	stool stul	의자, 변기	9921
동	stroll stroʊl	거닐다	9922
형	sturdy stɝ.di	튼튼한	9923
형	stocky stɑk.i	단단한, 튼튼한	9924
형	stout staʊt	뚱뚱한, 튼튼한	9925

동	**submit** səb.mɪt	제출[복종]하다	9926
형	**submissive** səb.mɪ.sɪv	복종하는	9927
동	**summon** sʌ.mən	소환[소집]하다	9928
명	**summit** sʌ.mɪt	정상(회담)	9929
형	**surreptitious** sʌ.rəp.tɪ.ʃəs	은밀한	9930
명동	**swap** swɑp	교환(하다)	9931
동	**swerve** swɜv	빗나가다, 이탈하다	9932
명동	**swindle** swɪn.dl̩	사기(치다)	9933
명	**syllabus** sɪ.lə.bəs	강의 요강, 시간표	9934
명동	**taboo** tæ.bu	금기(하다)	9935
형	**taciturn** tæ.sə.tɜrn	과묵한	9936
명동	**tally** tæ.li	일치하다, 기록, 계산	9937
동	**tamper** tæm.pər	조작[간섭]하다	9938
명	**tattoo** tæ.tu	문신	9939
동	**taunt** tɔnt	조롱하다	9940
명	**tempest** tem.pəst	폭풍	9941
명	**tenant** te.nənt	세입자, 소작농	9942
명	**tenure** te.njər	재직, 보유	9943
명	**tenet** te.nət	교리, 신조	9944
형	**tenuous** te.njə.wəs	미약한, 얇은	9945
형	**tepid** te.pəd	미지근한	9946
명동	**tether** te.ðər	묶다, 밧줄	9947
동	**thwart** θwɔrt	방해[반대]하다	9948
동	**tickle** tɪk.l̩	간지럽히다	9949
형	**tidy** taɪ.di	단정한	9950

형	**untidy** ʌn.taɪd.i	단정치 못한	9951
명	**tier** tir	단계	9952
명	**timber** tɪm.bər	목재	9953
명	**tint** tɪnt	색조, 염색	9954
명동	**toil** tɔɪl	애쓰다, 고역	9955
명	**token** toʊkən	표시, 이용권	9956
명	**treason** triz.n	반역죄	9957
명	**traitor** treɪ.tər	반역자, 배신자	9958
형	**trite** traɪt	진부한	9959
명	**trousers** traʊ.zərz	바지	9960
명	**trunk** trəŋk	줄기, 여행 가방	9961
명	**tow** toʊ	당기다, 견인차	9962
	in tow ɪn.toʊ	뒤따르는	9963
동	**tug** təg	당기다	9964
명	**tug-of-war** təg.əv.wɔr	줄다리기	9965
명	**tumor** tu.mər	종양	9966
형	**ultra** ʌl.trə	초-, 극단의	9967
동	**unravel** ʌn.ræ.vəl	풀다, 해결하다	9968
명	**upheaval** əp.hi.vəl	격변	9969
명	**urine** jɜ.rən	소변	9970
명동	**usher** ʌ.ʃər	인도하다, 안내인	9971
명	**vandalism** væn.də.lɪ.zəm	반달리즘 *문화재 파괴	9972
명	**vault** vɒlt	금고, 뛰어넘기	9973
명	**vector** vek.tər	경로, 방향량	9974
명	**velocity** və.lɑ.sə.ti	속도	9975

형	**venerable** l.nɑ.rəb.|	존경할 만한	9976
명	**verge** vɝdʒ	경계, 변두리	9977
	on the verge of ʌn.ðə.vɝdʒ.ʌv	~하기 직전에	9978
명	**veto** vito.ʊ	거부권	9979
동	**vex** veks	괴롭히다	9980
동	**wade** weɪd	(힘겹게) 걷다, 훑어보다	9981
명	**waiver** weɪ.vər	포기	9982
동	**waive** weɪv	포기[면제]하다	9983
명	**wax** wæks	밀랍	9984
명동	**wedge** wedʒ	쐐기(를 박다)	9985
명동	**weld** weld	용접(하다)	9986
명	**whim** wɪm	변덕	9987
형	**whimsical** wɪm.zɪk.|	변덕스런	9988
동	**whine** waɪn	흐느끼다, 투덜대다	9989
동	**whimper** wɪm.pər	훌쩍이다	9990
명동	**whip** wɪp	채찍(질하다)	9991
동	**whisk** wɪsk	휘젓다	9992
명	**wig** wɪg	가발	9993
명동	**yawn** jɒn	하품(하다)	9994
명	**yeast** jist	효모	9995
명	**zeal** zil	열정	9996
형	**zealous** ze.ləs	열심인, 열렬한	9997
명	**zenith** zi.nəθ	정점	9998
명	**zinc** zɪŋk	아연	9999
명동	**zoom** zum	확대[급증](하다)	10000